Emilio Rivano

DICCIONARIO

DE

OBSCENIDADES CHILENAS

Dictionary of Chilean Dirty Words

@ 2012. Emilio Rivano Fischer. California, USA.
Segunda Edición de *Chileno Obsceno* 2009. Registro de Propiedad Intelectual 183.123
ISBN 978-956-307-033-0
Bravo y Allende Editores. Santiago de Chile.

Notas de Introducción

Del Habla Obscena y del Destape Lingüístico

El habla obscena cumple necesidades básicas de evacuación. La cantidad de mierda que tenemos que comernos en este país todos los días tiene que salir después por algún lado.

Los fenómenos que se manifiestan en modalidad obscena van desde lo más íntimo hasta lo más público de nuestras vidas. Constituyen así radiografías minuciosas y panorámicas generosas de Chile. Como se trata en general de lenguaje tabú, es decir, áreas en las que el poder interviene directamente, estas radiografías y panorámicas son muchas veces productos clandestinos, condenados como ilegales, prohibidos y perseguidos por los oficialismos y sus oficiales.

Las obscenidades chilenas nombran adecuadamente su objeto en los contextos abusivos de nuestra sociedad. Por ejemplo, si sabemos de políticos que roban del presupuesto de Chile, entonces esos sujetos son unos pungas ladrones de mierda.

La descalificación es adecuada. Si percibimos que hay jueces corruptos que fallan no de acuerdo a Derecho, sino de acuerdo a su pertenencia grupal y a intereses personales, entonces podemos juzgarlos de huevones chuecos hijos de puta. Es una sentencia adecuada en las cortes callejeras. Y si la corte Suprema es manejada de esa manera, con jueces corruptos guiados por intereses propios, entonces está cagada por dentro y la Justicia en Chile vale callampa. Veredictos populares y adecuados. Si usted se entera, supongamos, que los colegas de un profesor callan ante la persecución a éste con envidias, mentiras y atropellos, entonces puede juzgarlos de huevones maricones de mierda. Es justo. Es adecuado. Les calza bien el nombre.

Las obscenidades nombran, dibujan, expresan adecuadamente nuestros infinitos sentimientos y las incontables circunstancias en las que nos vemos. Un hombre atractivo es un mino rico. Un sujeto fastidioso es un huevón pesado hinchahuevas. Una erección es andar con la piedra. Ejecutar el sexo es botar la piedra. Alejarse apurado o asustado es apretar cachete o apretar cueva. Si te haces de rogar te puedes meter lo que te pido por la raja. Con el transantiago ya nos metieron la puntita a todos y ahora nos están pichuleando de lo lindo. Se trata de incontables recursos expresivos a nuestra disposición. Es infinito el número y también la variedad de estos productos.

Las obscenidades juegan un papel central en la expresividad del individuo y de la cultura. Por ahí se ha dicho y se dice mucho que el chileno tiene problemas de expresividad (que no tiene vocabulario, que no hila su discurso, etcétera). Pero eso no es así en el campo de lo obsceno. Hay una articulación, una riqueza expresiva en funciones básicas como las del insulto, de la agresión verbal, de la ridiculización, de la aberración, de la humillación, de la rabia, del placer, del dolor, del asombro, del deseo, de la repugnancia, de la injusticia, del rencor, de la desesperación, de la frustración, de la angustia, del error. En fin, todas funciones humanas fundamentales que encuentran en nuestra habla chilena plena expresividad en el plano de lo obsceno. Asunto que habla bien del espíritu chileno y, muchas veces, mal de esta sociedad.

Hay, por último, un destape lingüístico digno de observar en nuestra sociedad. En mi opinión, ha ido creciendo gradualmente los tres últimos decenios. Hoy por hoy, estamos en pleno destape, podría decirse. Las causas son complejas, pero el fenómeno es innegable. Produce cierto escándalo en ciertas esferas (las antiguas esferas que controlaban el micrófono público, aquellos pocos que hablaban, mientras los otros debían callar o, a lo sumo, imitar en breves sílabas a los primeros). El destape está con nosotros, pero lo vemos oficialmente criticado, censurado, tapado de izquierda a derecha. Es rechazado de dientes para afuera. No se advierte que es buen signo este destape. Aquí se pretende hacer democracia en la pizarra (tubos de ensayo no hay). Los Ministerios, los discursos políticos, los programas y proyectos, están colmados de esa alienación, de ese prurito, de esa deformación y equivocación monstruosa y perjudicial. Mañana seremos todos estudiantes como los del Nido de Águilas. Nos encumbraremos como sociedad. Si los pobres se educan, ya no van a ser pobres. Entonces, vamos a ser todos ricos y elegantes. Qué estupidez más grande. Entretanto, claro, hay que darles de palos porque no se educan. No les dentra. Los resultados de medición, (chuchas, se inundó el Liceo de Lota)… en fin, Chile no califica…, hace falta una nueva Reforma. Esa es una estafa (entre tantas otras) que se vende de mil maneras por doquier, muchas veces haciendo que la gente se pregunte qué hice mal, dónde fallé, cómo me mejoro, dónde pongo a mis hijos, cuánto le debo por esa educación. Pero la mierda sale a flote… y el lenguaje obsceno la revela plenamente.

Con el lenguaje obsceno vamos tirando la cadena de los residuos personales y sociales que nos afectan.

El destape lingüístico es bienvenido, para que fluyan libremente las querellas de la gente, que se haga visible y sin censura tanto el placer como el dolor que hay.

SOBRE ESTE DICCIONARIO

El criterio central para esta selección es lo obsceno en el habla de Chile o chileno actual. Por obsceno se entiende, típicamente, expresión espontánea y popular de lo sexual, de lo corporal, de lo orgánico y del excremento. Pero no exclusivamente. Hay también terminología del mundo animal y vegetal, de instrumentos, de vestuario, de oficios y, de hecho, de impredecibles otros campos. Muchos de estos términos son en sí objetos del tabú local. Pero otros no. Lo obsceno no es asunto de las palabras, en sí, sino del habla, es decir, del lenguaje en uso.

Las expresiones "obscenas" efectúan infinitos usos. Una primera tipificación general y superficial de éstos advierte funciones como las del insulto humillante, el insulto agresivo, la descripción grotesca, la caracterización ridícula, la admonición extrema, el nombre grosero, la desfiguración peyorativa del carácter, el énfasis o el disimulo de sentimientos como el de placer, de dolor, de angustia, de hambre, de asco, de frío, la marca o disimulo de emociones como la desesperación, el enojo, la frustración, la irritación, el rencor, los celos, la repugnancia, la rabia, la ira. Pero también se da el nombramiento simplemente figurativo y popular de todo esto, "vulgar", "rústico", "ramplón", acaso, pero sin mayor transgresión, exageración o desfiguración, más allá del dramatismo propio del contexto del caso. Los usos son siempre fenómenos específicos. Valga lo anterior para advertir la importancia de esta expresividad en nuestro diario vivir. Se advierte, igualmente, la futilidad de definir con mayor precisión una taxonomía en estas dimensiones. La expresión de lo obsceno es la expresión de la vida humana, en su infinita complejidad y en su inagotable creatividad.

Como se sabe, estas expresiones no circulan libremente en contextos formales. Algunas de ellas son permisibles en ámbitos de interacción callejera y familiar. La mayoría, sin embargo, son objetos más bien clandestinos, que circulan al interior de células sociales y vías comunicativas más recluidas y más íntimas. Sin embargo, durante los tres últimos decenios hemos apreciado una gradual desinhibición de la lengua, una liberación del lenguaje obsceno de sus tradicionales trabas y encierros. Esta suerte de destape lingüístico, que hace fruncir más de un ceño, es, en mi opinión, principalmente un producto de impactos varios de las tecnologías de comunicación sobre los modos de convivencia y expresión de las nuevas generaciones. La presión tecnológica ha desmoronado ya la composición arcaica de la sociedad chilena, inunda todo el país y produce su apertura geopolítica hacia los nuevos tiempos.

Por lo anterior, estos objetos revelan amplios ámbitos tanto de intimidad como de actualidad cultural. Los fenómenos que se manifiestan en modalidad obscena constituyen visiones tanto radiográficas como panorámicas de la sociedad. Son, así, objetos que conviene conocer si se busca la familiaridad con la sociedad que las emplea o una vista crítica de la misma.

El diseño lexicográfico es sencillo y al punto: (a) entrada, (b) definición, (c) referencia cruzada y (d) puesta en contexto. Cada entrada tiene una definición o explicación de significado en sinónimos, paráfrasis y comentarios aclaratorios. Estos significados definitorios son acepciones callejeras básicas de la entrada del caso. No hay mayor erudición en este procedimiento. Si bien estas acepciones no-estándares son características del chileno, algunas se reencuentran en forma similar en otras partes de América y de Europa. Casi todas las entradas obtienen una lista menor de referencias cruzadas (bajo "cf.") que indica búsquedas o recorridos adicionales relevantes. Finalmente, las entradas se presentan en contextos de uso, ampliando así el registro y sus aplicaciones considerablemente. Esto pone en práctica el empleo de la expresión y libera con mayor fidelidad algún sabor local de la acepción.

Algunos términos de la muestra no pertenecen al léxico obsceno, ni son groserías, ni vulgaridades. Se agregan aquí porque alguna acepción del término sí es una obscenidad o grosería, de modo que importa distinguirlas. Por ejemplo, el término "penca" nombra tanto a un vegetal como al miembro sexual masculino. Se incluyen, entonces, los distintos significados en entradas separadas para informar al lector de ello.

Una segunda sección titulada Personajes y Querellas de la Fauna Chilena introduce con nota aclaratoria un registro menor de papeles y acusaciones en el mercado de las vulgaridades.

La muestra, se entiende, sólo registra lo que cualquier otro diccionario alcanza a registrar: una parte ínfima de la ilimitada expresividad humana. Este diccionario, sin embargo, es la lista más compleata hasta la fecha. El registro se extrae y se adapta de un diccionario mayor de chileno callejero actual: Diccionario Chileno (E. Rivano, 2008, Ms.), trabajo que a su vez se elabora sobre los cimientos de Chileno Callejero (E. Rivano 2005, Cosmigonon Ediciones). Por lo anterior, hay en el presente diccionario indicación (bajo cf.) a expresiones que no se encuentran desarrolladas en su interior, sino en el corpus mayor. Se anotan aquí, sin embargo, por su pertinencia e información.

I
Diccionario de Obscenidades Chilenas

Aa

ABRIR LAS PATITAS

ofrecerse o entregarse sexualmente; entregarse; desistir; dejarse someter; rendirse; cf. tirarse al suelo, tirar la esponja, abrirse de patas, abrir las piernas.

"Mónica, tu eres mi amiga y cuñada y todo, pero lo que es yo, no pienso abrirle las patitas a ese maricón de mierda de tu hermano nunca más; me voy a separar"
"los alcaldes de la Araucanía le abren las patitas a las empresas forestales: allí se destruyen las comunidades y el medioambiente sin resistencia ni recompensa algunas"

ABRIR LAS PIERNAS

ofrecerse o entregarse sexualmente; entregarse; dejarse someter; rendirse; ceder; cf. tirarse al suelo, tirar la esponja, abrirse de patas, abrir las patitas.

"ese trabajo es de lujo y lo necesitaba urgente, así es que, nada, obligada a abrir las piernas; claro que una vez no más, puh"

"ese huevón cree que porque es supervisor una tiene que abrirle las piernas; ni cagando: fui y dejé una constancia en la Inspección del Trabajo y ahora los jefes lo están llamando para que se explique"

"compañeros: Nuestras compañeras cubanas quizás abren sus piernas al perturbado turista en busca de calor humano en las hogueras caribeñas, pero Cuba al Imperialismo Yanqui, ¡jamás!"

ABRIRSE DE PATAS
ofrecerse sexualmente; entregarse; concederlo todo, sin oposición; dejarse someter; cf. abrir las piernas, abrir las patitas.

"-oye, Pamela, y después del cine ¿vamos a mi departamento? -¡Estai loco huevón! ¿Creí que porque me invitai al cine me voy a abrir de patas a la primera?"

"aquí vienen los inversionistas extranjeros y nosotros tenemos que abrirnos de patas y dejar que exploten la riqueza natural y la mano de obra como les plazca"

ACABAR
tener orgasmo; culminar el acto sexual; eyacular; cf. irse cortado, botar la piedra, desocuparse.

"nunca acabamos juntos, mi marido y yo"

"ya pues, mi amor, acabe pronto que tenemos que llegar a tiempo a ese funeral"

"-gordita... -¿Si? -Ya acabé..."

A CAGARSE
mucho; muy; intensamente; con ímpetu; cf. con tuti, más que la cresta, más que la chucha.

"este verano hizo calor a cagarse"

"mi vecino es rajado a cagarse"

"¿ese gallo? No, ni cagando le pidai plata; es cagado a cagarse; más apretado que manito de guagua el huevón"

A Calzón Quitado

sinceramente; sin inhibiciones; abiertamente; sin ocultar nada; cf. la firme, la dura, hablar hasta por los codos, tirar mierda con ventilador, decir las cosas por su nombre, no andarse con rodeos, al pan pan y a al vino vino, cantarlas claritas, no tener pelos en la lengua.

"conversamos los tres toda la noche, a calzón quitado; nos dijimos de todo y hasta nos anduvimos peleando su resto, pero bien, al final, bien"

"quiero que nos digamos la cosas sinceramente, a calzón quitado, flaquita; cómo es la huevá, ¿me estai poniendo el gorro, sí o no?"

Acartuchado

pacato; tímido; miedoso; exageradamente cuidadoso; cf. pechoño, cartucho, acartucharse.

"la Mireya se ha puesto media acartuchada últimamente; hacía calor el otro día y la invité a tomarse una chela y me salió con que mejor que no porque quién sabe qué iban a decir, como no estábamos pololeando…"

"-yo encuentro que la gente en este lugar es media acartuchada, ¿no te parece? -¡Y qué esperabas, huevón, si es un convento!"

Acartucharse

acobardarse; apocarse; demostrar pacatería; no atreverse en el sexo; cf. quedarse, cortarse, echarse pa' atrás, achaplinarse, aconchársele los meados, (no) ir a la pelea, cartucho, acartuchado.

"la María se acartuchó y no fue a la pelea con el Manuel"

"-pero ¡cómo se me acartucha ahora, mi amor, si ya estamos en pelotas en la cama! -Es que me arrepentí… por mi marido"

"-oiga, Carmencita, usted se me acartuchó el otro día, ah; ¿por qué? -Es que andaba con la regla, flaco, por eso -¿O sea que todavía podría ser…? -Ya, lacho, déjate… Conversemos de otra cosa ¿ya?"

Aconchársele los Meados

acobardarse; no atreverse; retroceder; retraerse; recular; retractarse; cf.
amariconarse, acartucharse, achaplinarse, echarse pa' atrás, hacérsele, hacérsele
así el poto, quedarse, cortarse, arrugar.

"me iba a tirar en parapentes, pero se me aconcharon los meados"
"al Manuel se le aconcharon los meados el otro día cuando el hermano de la María
le echó la choreada"
"por suerte se me aconcharon los meados en el rodeo y no me subí al torito; con lo
cocido que estaba eso podría haber terminado mal"

Acoplarse

unirse, especialmente a un grupo o actividad; emparejarse; tener sexo; cf. echar
cachita, tirar, ligarse, culiar, chiflar, darle, hacerlo, ir a la pelea.

"por si acaso, ahora somos cinco al viaje a la playa: el Manuel también se acopló"
"el Manuel y la María se acoplaron cuando tenían diecisiete"
"-Carmen, ¿te acuerdas de ese verano..? -Sí, me acuerdo...-¿y cuándo vamos a
volver a acoplarnos? -Ay, pero si estoy casada, huevón -¿Y qué tiene?"

Acostarse

tener relaciones sexuales; irse a dormir; cf. acoplarse, irse a la cama, tirar, culiar,
echar cachita, chiflar, darle, hacerlo, ir a la pelea.

"la vecina se está acostando con el cartero"
"-tu papá se está acostando con mi mamá -¿No? -¡Sí! -¿Y, entonces, tu papá con
quién se está acostando? -No, es que a él se le dio vueltas el paraguas hace poco...
-Ah, bueno, ...pero no importa, total es verano ¿no? -Huevón, ¿no entendís nada?
Mi viejo salió del closet, es gay, ¿cachai? -Ah, ¿es claustrofóbico?..."

A Culiar a Culiar, que el Mundo se va a Acabar

disfruta el sexo mientras haya ese apetito; a pasarlo bien, que todo termina;
aprovecha de disfrutar la vida, mientras dure; cf. a gozar a gozar que el mundo se
va a acabar, culiar culiar que el mundo se va a acabar, culiar.

"-lo que es yo, soy de la opinión que hay que disfrutar de la vida mientras dure… -O sea a culiar a culiar que el mundo se va a acabar -Justo"

"-Profe, ¿leyó el último rayado del baño? -Sí, Pedrito, he leído en las paredes del baño del liceo la consigna A culiar a culiar que el mundo se va a acabar… Es, querida clase, una doctrina hedonista que suscribimos de todo corazón en nuestro amado Liceo San Ignacio de Molina. El graffiti habría recibido la aprobación del gran Horacio, quien en sus Odas nos legó el consagrado carpe diem, literalmente, a coger el día, es decir, a disfrutar, a gozar"

ACHORADO
valiente; atrevido; insolente; cf. aliñado, choreada, choro, achorarse.

"así de achorado como eres no vas a lograr nada en la vida"
"oye, cálmate, no seas achorado que te puede llegar un combo en l'hocico si seguís hueviando"

ACHORARSE
envalentonarse; decidirse; atreverse; cf. echar la aliñada, echar la encachada, encacharse, choreada, echar la choreada, ser choro, choro, achorado.

"y me le achoré a mi jefe y le dije: oiga, usted no puede tratarme así, ¿quién se cree que soy? ¿Su esclavo?"
"el personaje se estaba tratando de colar, ¿cachai? Todo porque venía así con un tremendo abrigo todo cuático y con dos guardaespaldas detrás. Pero la flaca se achoró igual y le dijo que quién se creía que era, que hiciera la cola como todo el mundo"

A CHUCHADA LIMPIA
por medio de palabrotas y vilipendios; con exceso de palabrotas; cf. a … limpio, a, a puros, a puras chuchadas, chuchada.

"ese sargento nos instruye a chuchada limpia"
"ésta se supone que es una escuela, pero aquí nosotros nos tratamos a chuchada limpia con los compañeros"

ADIÓS MOJÓN POR EL AGUA

adiós; se va; chao; no quiero saber más de ti; es forma despectiva o irónica de despedir a alguien o de anunciar partida o pérdida; cf. chao pescado, filo, mojón.

"yo que tú terminaba con ella al tiro; la mina te está poniendo el gorro, gil, así es que chao pescado, mándala a la cresta y adiós mojón por el agua"

"la dinastía Pinochet duró diecisiete años... y, ahora, adiós mojón por el agua; los ricos tiraron la cadena de la dictadura hace rato; en sus cloacas se hunde esa digestión que tan bien los alimentó por tanto tiempo"

ADONDE TE DIJE

en la zona íntima; en la zona genital; en miembro sexual; en la vagina o en el pene; cf. pico, pichula, Pepito, zorra, choro, chorito, champa, donde te dije.

"-parece que ando con ladillas, mi amor; me pica adonde te dije -Ay, no sea roto, ¿ya?"

"la María pasó a buscar unas copas y sin querer me tocó donde te dije... ¡y justo se me había parado, huevón!"

"...y ¡no le pega una patada adonde te dije! Quedó doblado de rodillas en el suelo como media hora el pobre"

AFILARSE A ALGUIEN

tener relación sexual; desvirgar; fornicar, especialmente hombre a mujer; cf. culiar, chiflar, tirarse, echarse, metérselo, mandárselo guardar, mandarse al pecho.

"-ayer me afilé a mi vecina, compadre... -¿A Cual? ¿A la del piso de abajo? -Esa misma -¿No te habrá afilado ella a ti, huevón?"

"dicen las malas lenguas que en el campo se afilan a las ovejas"

"y, amigui, la firme, ¿te afilaste al Rodrigo anoche, sí o no?"

AFILARSE LOS COLMILLOS

ansiar la ganancia o el provecho; prepararse para la repartija; desear sexualmente; prepararse para el disfrute; cf. cortar el queso, ir en la parada, afilar el cuchillo, babear, hincar el diente.

"el Andrés estaba seguro de ganar el proyecto ese; se estaba afilando ya los colmillos; pero no ganó nada y se quedó con las puras ganas no más"

"la fresca de la Nacha andaba hace tiempo afilándose los colmillos detrás del Rodrigo; y en esa fiesta que dio, ahí le hincó el diente…"

AFORRAR

golpear; dar puñetazos; cf. agarrarse, pegar un combo, dar pape, aforrar un combo en l'hocico.

"le aforraron un puñete en plena cara al pobre Lorenzo"

"te voy a aforrarte si no me dejai tranquilo, longi, ¡ah!"

AFORRAR UN COMBO EN L'HOCICO

golpear de un puñetazo la boca del otro; dar un puñetazo en la cara; cf. dar pape, agarrarse a combos, pegar un combo en l'hocico, aforrar, hocico.

"como no le paró en el paradero, el gallo se fue pa' donde el chofer y le aforró un combo en l'hocico"

"en este bar, si alguien te huevea, hay que puro aforrarle un combo en l'hocico, a la primera"

AGACHÁRSELE

tornarse lacio el pene; no producirse la erección del miembro masculino; cf. parársele el pico, pico agachado, agachársele el pico.

"-mi amor, ¿por qué se le agachó? -No sé, mi amor, serán las tensiones en el trabajo..."

"qué lata cuando se te agacha por curao, justo cuando estai encamado con una mina rica ¿no cierto?"

"-y ¿por qué quiere separarse señora? -Bueno, es que a mi marido se le puro agacha ahora, puh, señor juez, por eso... -Pero, señora, usted tiene noventa y su marido tiene noventa y tres años... -¿Y qué tiene?"

AGACHÁRSELE EL PICO

tornarse lacio el pene; no producirse la erección del miembro varonil; cf. parársele el pico, pico agachado, agachársele, pico.

"se me agachó el pico; esperemos un poco, mijita, ¿ya?"

"-¿por qué se les agacha el pico a los hombres? -Porque deja de fluir sangre a ese órgano, por eso… -Y ¿por qué? -Porque el cerebro desactiva ese impulso -Y ¿por qué? -Ya, pues, mi amor, ¿no ve que se me va a agachar? Déjese de preguntar huevadas y siga bombeando"

AGARRAR

manosear sexualmente; toquetear; tocar con intención en parte íntima; cf. atracar, correr mano, agarrón.

"estaba agarrando de lo lindo cuando llegaron los viejos y tuvimos que prender las luces y se acabó la fiesta"

"una cosa que me gusta de ti, Carmen, es que me dejas que te agarre cuando nos saludamos"

"ya huevón, deja de agarrarme, que terminó el lento"

AGARRAR CACHETE

arrancar; escapar; irse rápido; cf. apretar raja, apretar cueva, rajar, salir apretando cueva, salir cascando, agarrar moto, apretar cachete.

"agarremos cachete que llegaron los pacos"

"tuve que agarrar cachete no más porque empezaron a disparar con escopeta"

AGARRAR PA'L HUEVEO

pitorrearse a alguien; burlarse de alguien; hacer de alguien del grupo la víctima de la mofa; cf. tomar el pelo, agarrar pa'l chuleteo, agarrar pa' la palanca, agarrar pa'l fideo, agarrar pa'l tandeo, agarrar pa'l leseo.

"a mí no me viene usted a agarrar pa'l hueveo, ¿me oye, jovencito?"

"¡no me agarrí' pa'l hueveo, querí' por favor!"

"no agarren pa'l hueveo al Manuel que se deprime"

"oiga, profe, ¿y cómo dicen que hay una nueva ley del Ministerio? Pero a mi hijo igual se lo agarran pa'l hueveo sus compañeros de curso; y no pasa nada ¿ve?"

"si me siguen agarrando pa' l hueveo, no pienso prestarles la pelota ¡ah!"

"señorita, los chiquillos me están agarrando pa'l hueveo aquí"

AGARRADO

prendado; enamorado; cf. babear, baboso, estar agarrado, agarrarse.

"yo creo que el Manuel está agarrado de la María"

"en la adolescencia y en la primera juventud, las parejas que se forman quedan agarradas, los muchachos de las muchachas y viceversa; la naturaleza es sabia, porque con la energía sexual propia de esa edad, si no estuviera el agarre, la orgía sería babilónica"

AGARRARSE

prendarse intensamente; apasionarse la pareja que se inicia; cf. babear, estar agarrado, agarrado.

"-a mis años, así y todo, igual me agarro, amigui, ¿sabías? -De todas maneras; eso no termina nunca; y es súper rico estar agarrada, porque te da una energía nueva, ¿cierto?"

AGARRARSE A CALUGAZOS

besuquearse intensamente; besarse exageradamente; besarse, abrazarse y tocarse apasionadamente; cf. agarrarse a patos, atracar, calugazo.

"al atardecer, en este parque las parejas se agarran a calugazos duro y parejo"

"típico en esas películas antiguas, justo cuando la mina va a decir algo, el huevón la agarra a calugazos; ¿hay cachado?"

AGARRARSE A CHUCHADAS

insultarse con palabrotas; increpar con vilipendios; exaltarse y proferir injurias y voces obscenas; cf. garabato, agarrar a garabatos, echar chuchadas, a puras chuchadas, chuchadas, chucha.

22

"cuando se estaban separando mis viejos se agarraban a chuchadas todos los días"
"en esa grabación aparecían nuestros honorables senadores agarrándose a chuchadas como cualquier carretonero de La Vega, con el perdón de los amigos de La Vega"
"en este barrio cagón los vecinos son unos huevones garabateros de mierda; ayer no más se estaban agarrando a chuchadas la señora Berta con su marido y todo el pasaje escuchando las huevadas que se decían. ¡Cómo no puede haber más educación, digo yo, por la chucha!"

Agarrarse a Patos
besuquearse intensamente; besarse exageradamente; besarse, abrazarse y tocarse apasionadamente; cf. agarrarse a calugazos, atracar, darse un pato, pato.

"no se qué nos pasó, pero de repente nos estábamos agarrando los dos a patos en el sofá"
"-oye, y si me resulta con el Rodrigo, ¿dónde lo llevo para atracar? -Detrás del quincho, poh, huevona; ahí se pueden agarrar a patos y correrse mano todo lo que quieran"

Agarrón
toma fuerte de parte íntima del otro con la mano; toma obscena de parte púdica en el otro; toque indecente; cf. correr mano, atracar, agarrar, tirar un agarrón

"-vi un agarrón de poto en la micro esta mañana… -Ay, esos huevones calientes de mierda no nos dejan tranquilas a las minas -No, huevona, un huevón le tocó el poto a otro hombre, cara de raja -¡Mish!"
"le di un agarrón de tetas a la Rosa el otro día y no me dijo nada"
"estábamos bailando un lento, las luces apagadas, ¡y la mina llegó y me tiró un feroz agarrón donde te dije!"

A Gozar a Gozar, que el Mundo se va a Acabar
hay que pasarlo bien, que la vida es breve; cf. a culiar a culiar que el mundo se va a acabar, culiar culiar que el mundo se va a acabar.

"carpe diem, hermano, carpe diem; la filosofía hedonista dicta: a gozar a gozar, que el mundo se va a acabar" "sentencia del gran Predicador, sabio del Eclesiastés: vanidad de vanidades, todo es vanidad; no hay otro sentido en la vida que gozarla, de modo que, a gozar a gozar, que el mundo se va a acabar"

"-¿no será mucho que me aparezca en la fiesta con un cubano que conocí el otro día? ¿Qué van a pensar de mí? -No te preocupís de huevadas, poh Nacha; es una fiesta ¿no? A gozar a gozar que el mundo se va a acabar, huevona"

AGUANTARSE

contener el deseo de excretar; contener la eyaculación; contenerse; esperar; resistir; cf. aguaitar, aguaite, aguante.

"-tengo ganas de mear, gordi… -aguántate un cachito y paramos para echarle bencina ¿ya?"

"-gordi, se meó la niña… -¡Ay, esta chiquilla, que todavía no aprenda a aguantarse!"

"no aguanto más, mi amor, voy a acabar…"

"-Rodrigo.. no aguanto más…ya, puh… - ¿Qué quiere?, dígame, a ver… -Si tú sabís, poh… -Pero dime.. -Estoy caliente, huevón, métemelo…"

"nos dijo que aguantáramos aquí hasta que llamara por teléfono"

"aguanta lo más que puedas debajo del agua"

AJÍ EN EL POTO

acelerado; irritado; apurado; exaltado; cf. ají puta madre, como con un ají en el poto, poto, ají.

"cuando le dijeron que había una herencia de por medio, partió como con un ají en el poto al funeral"

AJÍ PUTA MADRE

es un pimiento o ají muy fuerte; cf. picante, ají en el poto, ají cacho de cabra, ají, puta madre.

"le puso ají puta madre al chimichurri; le quedó de miedo; picante a cagarse, pero, igual, pruébalo, porque está riquísimo"

ALA
sobaco; hedor de axila; cf. fuerte, andar con ala, andar fuerte de ala.

"levantó el ala y quedamos todos locos; tuvimos que abrir ventanas y escapar al patio por un buen rato hasta que se pasara el olor"
"las francesas son coquetas y todo, pero que no te levanten mucho el ala"
"mi amor, baje los bracitos, ¿quiere?, mire que anda un poquitín fuerte de ala"

A LA CRESTA
lejísimos; en la lejanía más remota; cf. donde el diablo perdió el poncho, el culo del mundo, la chucha de la loma, más lejos que la chucha, irse a la cresta, mandar a la cresta.

"la casa de la vieja del Rodrigo está a la cresta subiendo por Lo Curro"
"nos mandaron a buscar unos repuestos a la cresta, a unas maestranzas a la salida de Santiago"
"no podís ir a pata a esa parcela, queda a la cresta; ensilla un caballo mejor"

ALCAHUETE
chismoso; mentiroso; cuentero; confabulador; conspirador; cf. chivero, pomadiento, cagüinero, pelador.

"no seas alcahuete; deja de hablar mal de gente que no está presente"

ALCAHUETE
proxeneta; cf. cafiche, chulo, cabrón.

"el Johnny es alcahuete de tres minas; o sea es casi gerente ¿cachai?"

AL FONDO A LA DERECHA
la ubicación del retrete; es respuesta estándar, a veces irónica, a la pregunta sobre dónde está el cuarto de baño; expresión cómica en relación al baño; cf. el trono.

"-disculpe, ¿hay baño acá? -Al fondo a la derecha"
"-permiso, vuelvo al tiro -¿Dónde vas? -Voy… al fondo a la derecha"

Aliñado

tipo agresivo y provocador; buscarriñas; buscapleito; cf. choro, camorrero, echar la aliñada.

"¡puta el huevón aliñado ese! Vez que salgo con él, típico que se agarra con alguien"
"por aliñado te pasó: te pegaron un solo combo en el ojo"
"¿estai muy aliñao acaso? ¿Querís combito? Ya puh, pelea, entonces, puh"

A lo Gringo

sin ropa interior; con pantalones y sin calzoncillos o sin calzones; cf. andar a lo gringo.

"-puta, ando pato compadre y necesito comprarme ropa pa' la pega… -Cómprate ropa americana, poh huevón -Tanto como ropa, no; pero a lo gringo, podría ser…"
"hacía tanto calor que nos metimos al mar en calzoncillos y en calzones no más y después nos vinimos a lo gringo pa' Santiago"

A lo Perrito

el hombre detrás y la mujer de rodillas en el acto sexual; coito similar en figura al de los perros; cf. la del misionero, pollo con papas, cucharitas, pollitos pastando.

"-¿te gusta a lo perrito? -Bueno"
"-mi marido ya no se la puede ni a lo perrito, fijaté; está muy viejo ya para esos trotes -Cámbialo, poh huevona"

Al Peo

sin gracia; malo; defectuoso; vulgar; falso; cf. como las huevas, pa' la cagada, mala onda, penca, rasca, mula, ser al peo, estar al peo, andar al peo.

"-No soporto al Lorenzo, lo encuentro un huevón al peo; no salva a nadie; siempre anda con rollos y pidiéndote favores"
"al peo esta exposición; realmente en este país cualquiera pinta cualquier huevada y la cuelga en la galería de la amiga de la tía y ya, vamos saliendo en El Mercurio; qué bosta, vámonos"

"será todo lo masona que tú quieras, pero esta universidad es al peo; todo se improvisa y los académicos son un puro desastre"

AL PEO

ebrio; borracho; cf. cuneteado, con la caña, con la mona, puesto, entonado, enchispado, andar al peo, estar al peo.

"viernes en la noche, barrio Bellavista, todo el mundo medio al peo"
"el Miguel fue a dar el examen de Física al peo; o sea, nada que ver ¿cachai? Volado a un examen de Técnicas Pedagógicas, pase, pero no de Física, poh huevón, ni cagando…"
"anda medio al peo tu tío, Manuel, mejor que manejes tú… por último tu estai volado no más"

AMARICONADO

afeminado; amanerado; delicado; frágil; cf. quebrado, cuático, marica, maricón.

"oiga mi Teniente, con todo respeto, pero si seguimos haciendo simulacros en computadoras en vez de ejercicios en terreno, nos vamos a transformar en un ejército de amariconados"
"el Javier Ignacio no es maricón, pero es medio amariconado, ¿me cachai?"

AMARICONARSE

no atreverse; recular; tornarse demasiado delicado; tornarse homosexual; cf. achaplinarse, echarse pa' atrás, aconchársele los meados, dársele vueltas el paraguas, quemársele el arroz, quedársele la patita atrás, maricón, marica, amariconado.

"se amariconaron todos; el único que entró al agua fue el Rodrigo"
"ustedes eran mineros como nosotros, pero llevan demasiado tiempo en estas oficinitas del sindicato y se están amariconando"
"los criamos muy delicadamente a los niños de hoy, los amariconamos desde niñitos"
"son otros tiempos; por ejemplo, el año pasado, de repente, sin aviso, así no más, se nos amariconó el vecino y empezó a andar de la manito con sus amigos que traía"

AMARRADO

mezquino; avaro; tacaño; cf. apretado, más apretado que manito de guagua, cagado, amarrete.

"es harto amarrado el José: nunca lo he visto invitar a sus amigos"
"no seas amarrado y rájate con unos traguitos, puh; total el bar es tuyo, qué te cuesta"

AMARRETE

avaro; mezquino; tacaño; cf. apretado, cagado, amarrado.

"no seai amarrete puh, Pancho: rájate con una cerveza que sea; la otra vez me tocó a mí rajarme"
"oye Tere, harto amarrete tu hermana, ah; le pedí cinco lucas prestadas y me mandó a freír monos al África"

ANDA A CANTARLE A TU ABUELA

no me cuentes esas mentiras a mí; no te creo; cf. cómo no, anda a contárselo a tu abuela.

"oye, Michael, eso de que Bush exporta la democracia a todo el mundo anda a cantárselo a tu abuela"

ANDA A CONTÁRSELO A TU ABUELA

no te creo; mentiras; con esos cuentos a mí no; cf. cómo no, anda a cantarle a tu abuela.

"¿así es que la culpa de tus notas la tienen tus profesores del Instituto Nacional? Anda a contárselo a tu abuela. Lo que pasa es que eres un flojo"

ANDAR A LO GRINGO

andar sin calzoncillos o calzones debajo de los pantalones; no habituar ropa interior; cf. a lo gringo, andar.

"no sé, amigui, me excita andar a lo gringo, ¿sabí'? Es liberador; fuera que los pantalones apretaditos se ven perfectitos, sin marca de calzones y eso vuelve locos a los hombres"

"me bañé en calzoncillos en el lago y tuve que venirme a lo gringo del paseo"

"a muchas minas les gusta andar a lo gringo"

"Carmencita, usted sabe que yo soy boy scout, siempre listo: ando a lo gringo por si acaso"

ANDAR AL PEO

estar ebrio; estar borracho; cf. andar con la caña, andar con la mona, puesto, entonado, cuneteado, andar arriba de la pelota, andar con agua en el bote, al peo, andar.

"el viernes tipo seis y media andan todos medio al peo ya por la oficina"

"mira ese sujeto en la esquina apoyado en el semáforo; se nota que anda al peo"

ANDAR A PATADAS CON LAS PULGAS

estar muy pobre; pasar por un mal período económico; cf. raspar la olla, en la pitilla, en la cuerera, sin ni uno, estar pato, andar a patadas con los piojos, a patadas con las pulgas, andar.

"dicen que hay prosperidad económica, pero lo que es nosotros acá en la pobla, andamos a patadas con las pulgas"

"en Brasil, un territorio enorme y potencialmente rico, anda la gran mayoría de la gente a patadas con las pulgas"

ANDAR A PATADAS CON LOS PIOJOS

estar muy pobre; padecer pobreza; cf. en la pitilla, en la cuerera, sin ni uno, raspar la olla, estar pato, andar a patadas con las pulgas, a patadas con los piojos, andar.

"aquí en La Candelaria, en invierno no hay nada; no hay fruta, no hay grano, no hay carne, no hay plata. Andamos a patadas con los piojos"

ANDAR A POTO PELADO

ir desnudo; estar desnudo; cf. estar pilucho, estar en pelotas, andar en cueros, con las bolas al aire, con las huevas al aire, a poto pelado, andar.

"oye el país pa' pobre ese, los niños andan todos a poto pelao"
"qué rico poder andar a poto pelado por la casa de uno ¿no te parece?"

ANDAR ARRIBA DE LA PELOTA

estar enchispado por el alcohol; estar eufórico por el alcohol; estar ebrio; cf. estar al peo, andar con agua en el bote, curarse, entonarse, emparafinarse, encopetarse, andar sobre la pelota, arriba de la pelota.

"-son las cuatro de la tarde ¿y ustedes ya andan arriba de la pelota? -Pero si es viernes, poh, huevón; legal"
"estaban todos arriba de la pelota cuando llegué; y como yo venía llegando, lo primero que me pasaron fue un taco de vodka para que me entonara con el resto…"

ANDAR CON ALA

sudar en las axilas; heder del sobaco; cf. ala, andar con el ala fuerte, andar.

"mi amor, baje el ala, mire que anda con un ala de boxeador que no se la puede"
"oiga, compadre, anda con un ala más o menos ¿Estuvo jugando a la pelota?"
"Pepe, andas con ala, con foca y con la ropa asquerosa y te me quejas que las minas no te dan bola, huevón; ubícate, poh"

ANDAR CON ALA FUERTE

heder del sobaco; cf. andar con ala, ala, andar.

"me gustó tu amiga la Carmen Gloria, sobre todo porque andaba con ala fuerte; eso hace a una mina más atractiva, ¿sabí?"
"me dio plancha, porque la mina quería bailar, pero yo andaba con un ala más o menos fuerte, así es que me corrí"

ANDAR CON CARPA

tener erección; estar erecto el pene; cf. andar con la piedra, levantar carpa, parársele el pico, tener el pico parado, estar caliente, andar con roca, andar.

"estaba junto a la puerta, andaba con carpa y la Rosita justo entra, se me acerca y me abraza y me saluda con un beso... Quedamos los dos pa' dentro"
"parece que le gusta esta escena erótica, mi amor, porque lo veo que anda con carpa"

ANDAR CON EL AGUA CORTADA

estar el hombre sin sexo por restricción de su mujer; cf. no verle el ojo a la papa, dar agüita, tener con el agua cortada.

"mi mujer se lo pasa en el sicólogo últimamente; ni un brillo; yo ando con el agua cortada desde hace un mes"

ANDAR CON EL POTO EN DOS MANOS

estar estresado; deber apresurarse; andar apurado; estar preocupado; estar asustado; cf. andar a saltitos, andar con el corazón en dos manos, andar.

"en este trabajo nos tienen a todos andando con el poto en dos manos; es demasiada la locura"
"el pobre Andrés anda con el poto en dos manos desde que trabaja doble jornada"

ANDAR CON LA FOCA

tener mal aliento; heder a alcohol en la boca; cf. tufo, comer en la morgue, echar la foca, foca, andar.

"oye, anda a ver al dentista que andai con una foca de miedo, viejo"
"el Manuel anda con una foca, compadre, que se marchitan las flores"

ANDAR CON LA JETA ABIERTA

descuidarse y pagar las consecuencias; divagar cuando se requiere presencia de mente; no atender al peligro; desconcentrarse; cf. andar en la luna, andar con la boca abierta, caérsele la jeta, jetudo, jetón, jeta.

"-no me vas a creer pero choqué de nuevo a uno de adelante en un semáforo -Eso te pasa por andar con la jeta abierta, pelotudo"

"ya cuando llega la primavera comienza el fenómeno de los topones sorpresivos, los choques y tropezones repentinos, por andar los peatones machos transitando con la jeta abierta, pegados a algún trozo de alguna de las mujeres que para entonces ya han comenzado a desprenderse de ropas"

ANDAR CON LA PIEDRA

estar excitado sexualmente; tener una erección; cf. estar caliente, andar con roca, andar con carpa, tener el pico parado, andar, botar la piedra.

"cuando el Manuel se paró a buscar más chelas andaba con la piedra y se notó"

"Mireya, cacha, mira qué chiste: ese tipo en el quitasol azul anda con la piedra, por eso se puso la revista sobre la cintura, ¿cachai? Estaba mirando a la mina en bikini que tiene al lado y se calentó el huevón, ¿cachai?"

ANDAR CON LA VENA

enfadarse; estar enojado; estar furioso; andar con rabia; cf. envenado, con la vena.

"no sé si es la edad o qué, pero mi vieja anda con la vena todo el tiempo últimamente"

"andábamos todas con la vena esa mañana, porque nos habían anunciado que no había aguinaldo navideño este año"

ANDAR CON PESTAÑA

tener sueño; estar cansado; querer dormir; cf. rana, lona, andar.

"con tanto día nublado ando con pura pestaña todo el tiempo"

"déjalo dormir, mujer; es domingo y los cabros a esa edad andan siempre con pestaña"

ANDAR CON ROCA

estar sexualmente excitado; tener erección; cf. andar con la piedra, botar la piedra, levantar carpa, parársele el pico, tener el pico parado, estar caliente, andar.

"ando con una roca de tres meses, compadre"
"oye, disimula al roca que andas trayendo"
"que plancha andar con roca y con trajebaños estrechos ¿no?"

ANDAR DANDO JUGO

insistir en festejar y compartir, pese a que se está demasiado borracho; molestar en estado de ebriedad; cf. rayar la papa, andar, dar jugo.

"el Manuel anduvo dando jugo hasta pasado las doce; nos tenía histéricos. Por suerte al final cayó lona en el sofá"
"ese huevón insoportable del Ernesto, se toma todo lo que pilla y después lo único que hace es dar jugo toda la noche"

ANDAR EN PELOTAS

estar desnudo; ir sin ropa; cf. andar en cueros, andar pilucho, andar en bolas, andar a poto pelado, andar, en pelotas.

"me gusta andar en pelotas en mi departamento"
"andaban unos gringos en pelotas bañándose en la playa"
"-¿y las minas? -Están en la piscina bañándose en pelotas"

ANDAR JUGOSO

insistir en el acoso sexual; estar excitado sexualmente y manifestarlo; cf. ser jugoso, jugoso, caliente, andar.

"ese huevón pesado del Lorenzo anda harto jugoso para variar"
"no vayas a la barra; está insoportable; una no se puede tomar un trago tranquila; andan ene huevones jugosos"

ANDAR PURO HUEVEANDO (HUEVIANDO)

no tomar el asunto con la seriedad requerida; molestar; no tomar nada en serio; ser frívolo; cf. andar puro escapando, chacotear, andar, huevear.

"oye, ese pariente tuyo anda puro hueveando en la empresa; vamos a tener que despedirlo" "no tomes en serio al Carlos, anda puro hueviando no más"

ANDAR SOBRE LA PELOTA

estar intoxicado por la bebida; estar ebrio; estar borracho: cf. estar entonado, andar arriba de la pelota.

"acaba de empezar la fiesta y aquí parece que todos ya andan sobre la pelota"

ÁNDATE A LA CRESTA

largo de aquí; no quiero nada contigo; es rechazo fuerte; cf. ándate a la punta del cerro, ándate a la mierda, ándate a la chucha, mandar a la cresta, irse a la cresta, cresta.

"-préstame cien lucas, viejo; te prometo que te las devuelvo lo antes posible... -ándate a la cresta, huevón; me cansé de ayudarte y de que no sirva de nada, porque siempre igual vuelves a pedir ayuda, como si no hubieras quedado en deuda ya"
"oye, sabís que más?, ándate a la cresta, Manuel, a la cresta... Es el colmo que me digas que nunca te he apoyado en tus proyectos, cuando lo único que hemos hecho juntos los dos han sido justamente tus proyectos ¡y nunca los míos!"

ÁNDATE A LA CHUCHA

vete de aquí; no quiero saber de ti; es rechazo fuerte; cf. ándate a la punta del cerro, ándate a la mierda, ándate a la cresta, irse a la chucha, mandar a la chucha, chucha.

"ándate a la chucha; no quiero verte más"

ÁNDATE A LA MIERDA

largo de aquí; no quiero saber de ti; es rechazo fuerte; cf. ándate a la cresta, ándate a la chucha, ándate a la punta del cerro, mandar a freír monos al África, mandar a la mierda, mierda.

"sabís que más, Mario, ándate a la mierda huevón; después de todo lo que hice por ti y tú no eres capaz de reconocer nada"

ÁNDATE A LA PUNTA DEL CERRO
vete de aquí; no quiero saber de ti; es rechazo fuerte; cf. ándate a la mierda, ándate a la cresta, ándate a la chucha, mandar a freír monos al África, mandar a la punta del cerro.

"ándate a la punta del cerro; no quiero verte más"
"le dije que se fuera a la punta del cerro; quería seguir pechando aquí un año más el fresco de mierda"

ANOTAR
lograr tener sexo, especialmente el hombre con la mujer; cf. meterlo, anotar un gol, meter un gol.

"y, compadre ¿anotó o no anotó ayer?"
"huevona, el Rodrigo no es cualquier huevón; es caliente, pero no se mete en la cama contigo así no más; si quieres anotar tienes que seducirlo con tus mejores artes"

APARATO
miembro sexual masculino; pene; órgano; sexo; cf. pequén, Pepito, pirulo, diuca, pico, pichula, cochayuyo, tula, penca.

"-no, es que me pica aquí abajo doctor -Seguramente está pringado, pues mi amigo; a ver, saque su aparato para examinar esa picazón"
"ya puh Rosita, yo te muestro mi aparato si me dejas que te toque las tetas, ¿queri'?"
"no sé qué le encuentra la Carmen al Pedro; será el aparato, digo yo…"
"oiga, Rosita, su aparato me calienta ene, ¿sabía?"

A PATA
caminando; a pie; sin auto; cf. en auto, andar a pata, a pie, de a pie.

"-¿y cómo vamos a ir donde la Carla, si no tenemos ni pa' la micro? -A pata puh huevón, a patitas"

"tendría que haber una política ciudadana de crear espacios urbanos para desplazarse a pata o en bici; así se hace en Suecia; es lo más humano, lo más saludable, y lo más digno y placentero"

A Patadas con las Pulgas

en la miseria; pobre; en dificultades económicas; cf. pato, corto, sin ni uno, en la cuerera, a patadas con los piojos, andar a patadas con las pulgas.

"en Europa andaban estos mismos políticos de izquierda a patadas con las pulgas sólo ayer, y hoy, ricos y poderosos, no se dignan a amparar a nuestros hermanos ecuatorianos, cubanos, peruanos y bolivianos que sufren esa misma miseria que tan bien conocen"

A Patadas con los Piojos

en la miseria; pobre; cf. pato, corto, sin ni uno, en la cuerera, a patadas con las pulgas, andar a patadas con los piojos.

"mientras haya gente en la miseria, luchando a patadas con los piojos, la sociedad humana es como la de cualquier otra especie animal"

Apechugar

tomar la responsabilidad de algo adverso; confrontar los hechos adversos; encarar la situación; cf. aperrar, dar la cara, sacar pechito.

"compadre, es mejor que apechugue y le diga a su suegro que no va a poder pagarle lo que le debe este mes"
"¿y qué iba a hacer? Tuve que apechugar no más y me casé"

Aperrado

aguantador; humilde y resistente; persistente; superviviente; duro; empeñoso; perseverante; sacrificado; cf. cuero de chancho, curtido, aperrar.

"me gusta la mujer que es aperrada y que no se queja cuando hay dificultades" "igual es harto aperrado el Manuel; cuando nos tocó el terremoto de Tocopilla, él salió a ayudar a la gente y trabajó sin chistar todo ese día ayudando a las viejas a sacar cosas de sus casas"

APERRAR
esforzarse; trabajar; dedicarse con ahínco; empeñarse; ser perseverante, por ejemplo en el estudio; sacrificarse; cf. apechugar, ponerle empeño, ponerle pino, aperrado, perra.

"aperra y te va a ir bien en la vida; pero si flojeas, ¿qué esperas?, ¿que te llueva el dinero y el bienestar?"
"vamos a tener que aperrar todo el fin de semana; comenzaron los exámenes de fin de semestre"

APESTAR
ser malo; no valer; ser repudiable; ser pésimo; heder; cf. no valer la pena, penca, último, bodrio, apestoso, apestarse.

"esta película apesta"
"este lugar apesta, no hay onda, vámonos"
"pero ¿es que nunca limpias tu departamento? Este lugar apesta"

APESTARSE
colmarse; disgustarse; cansarse; fastidiarse; aburrirse; cf. chorearse, cabrearse, apestoso, apestar.

"al final me apesté de ese trabajo y renuncié"
"los minos se pusieron a ver el partido y nosotras nos apestamos y nos fuimos al cine"

APESTOSO
repudiable; repulsivo; ruin; cf. último, tóxico, apestar, apestarse.

"ese sujeto, el amigo de la Mireya, es apestoso; siempre te anda mirando el cuerpo con ojos saltones, como de sapo; último el huevón"

A Poto Pelado

desnudo; sin ropa; descubierto de cintura para abajo; cf. pilucho, en pelotas, en cueros, andar a poto pelado, poto.

"la vecina tiene vuelto loco al vecindario: tiene buen cuero y se pasea a poto pelado por su casa"

"-ay, pero doctor, ¿me tengo que sacar toda la ropa? -Así es, la voy a examinar entera in naturalibus, señorita -¿Qué es eso, doctor? -A poto pelado"

Apretadita

firme de carnes; se dice del cuerpo femenino compacto y atractivo; cf. cosita, cuerazo, rica.

"-oye, flaquita, estai harto apetecible… Estai apretadita ¡ah! -Es que estoy haciendo aeróbica tres veces a la semana. Me siento con ene energía y súper bien"

"esa es la mamá de la Nacha… Otra cosa, ¿cierto? Tiene sesenta años esa mujer y mírala; rica y apretadita"

Apretado

avaro; mezquino; tacaño; cf. judío, turco, cagado, amarrete, amarrado, más apretado que manito de guagua.

"es apretado el Ricardo, no invita ni por casualidad"

"no seas apretado, dale una limosna a esa pobre mujer"

"dale limosna, mujer, no seas apretada, que no hay nada peor que ser ciego en Granada"

Apretar

escapar rápidamente; arrancar; correr apresuradamente; salir apurado; NB: a diferencia del verbo "apretar" en su sentido usual de "afirmar", éste se conjuga: yo apreto, tú apretas, él apreta, etc. y NO "yo aprieto", etc.; cf. salir cascando, rajar, cascar, apretar cachete, apretar raja, apretar cueva, salir apretando.

"apretemos que vienen los pacos"

"Manuel, tú aprieta cueva por el lado de atrás y, Camilo, tú aprieta por el lado del vecino"

"aprieta mejor, Jonathan, mira que con el cuchillo en tus manos y el muertito a tus pies, nadie te va a creer mucho que no fuiste tú"

APRETAR CACHETE

escapar rápidamente; arrancar; correr apresuradamente; salir apurado; cf. salir disparado, cascar, rajar, apretar cueva, a todo cachete, cachete, salir apretando, apretar.

"tuvimos que salir apretando cachete porque llegó su mamá"

"apretamos cachete apenas escuchamos las sirenas"

APRETAR CUEVA

escapar rápidamente; arrancar; correr apresuradamente; salir apurado; cf. salir disparado, rajar, cascar, apretar cachete, a toda raja, cueva, salir apretando, apretar.

"apretemos cueva mi amor, que llegó su papá"

"¡aprieta cueva, Manuel, que soltaron los perros!"

A PURAS CHUCHADAS

con exceso de vilipendios y palabrotas; por medio de palabrotas; con palabrotas e insultos; cf. métale, a... limpio, a lo que es, agarrar a chuchadas, a chuchada limpia, chuchadas, a puros.

"¡cómo ha cambiado el lenguaje de los jóvenes! Iban dos lolitas conversando delante mío y, oye, no exagero, a puras chuchadas las dos"

"-llegó la señora del Alejandro el lunes a la oficina y lo agarró ahí mismo a puras chuchadas. Parece que el hombre no se apareció por la casa el fin de semana... -Se tiene que haber perdido con una minita por ahí, el puta madre... -Qué plancha, igual, ¿no?"

"el jefe llamó a la señora Inés a su oficina y la subió y la bajó a puras chuchadas por haber llamado a su señora para contarle que él se había ido con la secretaria a una capacitación en el Sheraton…"

A Puras Cachitas

con coito abundante; con mucho sexo; fornicando copiosamente; cf. métale, a … limpio, a lo que es, cacha, cachita, a puros.

"ahí estábamos, en la cabaña los dos, viviendo del mar, del sol, de los mariscos y pescados de la caleta, y a puras cachitas"
"lo que es yo, amigui, yo con los hombres me relaciono a puras cachitas no más; en cambio con mis amigas ya puedo conversar de verdad"

Araña en el Baño

excremento humano en el baño; hediondez en el cuarto de baño por defecación; es eufemismo para advertir sobre hedor en el cuarto de baño y llamar a que no se le visite; cf. suruco, mojón.

"hay una araña en el baño, así es que mejor no entres todavía"
"-¿dónde está el baño? -Al fondo a la derecha, pero espera un poco que hay una araña…"
"compré este spray aromático que elimina las arañas del baño"

Araña Peluda

la parte baja e íntima de la mujer; la vellosidad del sexo femenino; zona íntima de la mujer; cf. champa, concha, chucha, zorra.

"el peluquero tiene unas revistas llenas de arañas peludas"
"¿me deja tocarle la araña peluda?"
"me gusta mucho tocarle ahí, mi amor, donde tiene esa arañita peluda suya"

Armarse la Casa de Putas

producirse un alboroto; producirse un problema mayor; producirse un escándalo; cf. armarse la grande, quedar la escoba, quedar la cagada, quedar la crema, quilombo, casa de putas.

"se armó la casa de putas en la Plaza de Armas: una mina la cruzó en pelotas y todos los huevones detrás de ella como perros en leva"
"con la invasión, en Irak se armó la casa de putas"
"de nuevo se está armando la casa de putas en el sur con los mapuches"
"en este país se arma la casa de putas unas doce veces al año"
"propongo una estatua interactiva en la Plaza de la Constitución: una gran casa de putas con una cabrona al frente del quilombo blandiendo fervorosa una sábana tricolor, el Paño Nacional"

ARO
ano; trasero; vagina; cf. raja, poto, cueva, chucha, pasárselo por el aro, pasar por el aro.

"ahí estaban los dos pendejos, escondiditos en el closet, jugando a mostrarse el aro"
"no dejes que te toque el aro ese doctor, mira que es un degenerado de mierda"
"me paso por el aro la herencia de la familia; yo me largo de este infiernillo que hemos creado"

ASÍ UNA DIUCA
un pene grande; de este gran tamaño ese pene; de estas grandes dimensiones ese pene; cf. pico, pichula, penca, el, manso, así, así un pico, así una penca, así una pichula, diuca.

"me dio cosa igual un poco, amigui, cuando el Rodrigo se sacó los calzoncillos, porque el huevón tiene así una diuca y yo, tu sabís que apenas me he acostado algunas veces con el Alejandro y pare de contar, puh"

ASÍ UNA PENCA
un pene grande; muy; de este gran tamaño ese pene; de estas grandes dimensiones ese pene; cf. pico, pichula, diuca, el, manso, así, así un pico, así una diuca, así una pichula penca.

"en esa película, el negro que la perseguía tenía así una penca"

"mi amor, con esas cositas que me hace me tiene con así una penca"

Así una Pichula

un pene grande; de este gran tamaño ese pene; de estas grandes dimensiones ese pene; cf. pico, penca, diuca, el, manso, así, así un pico, así una penca, así una diuca, pichula.

"-oiga, abuelita, ¿y cómo empezó la película? Cuénteme que me perdí el comienzo porque estaba en el baño… -Bueno, mire, la mina lo estaba toqueteando al mino y besuqueándolo y no va sacando el huevón así una pichula…"

Así un Pico

un pene grande; de este gran tamaño ese pene; de estas grandes dimensiones ese pene; cf. diuca, pichula, penca, el, manso, así, así una diuca, así una penca, así una pichula, pico.

"doctor, soñé que se me tiraba encima un hombre con así un pico ¿es normal tener esos sueños, doctor?"

A toda Raja

muy rápidamente; apresuradamente; apuradamente; cf. soplado, en un dos por tres, a todo chancho, a mil, a toda máquina, a todo cachete, rajado, raja, a todo.

"mándate a cambiar a toda raja de aquí; no quiero volver a verte nunca más"
"-necesito alguien que me haga una limpieza profunda para el viernes, porque tengo treinta invitados a la casa…-Contrata a la señora Belinda; ella trabaja a toda raja y te deja bien hecho el trabajo"

A todo Cachete

muy rápidamente; apresuradamente; apuradamente; cf. soplado, rajado, en un dos por tres, a todo chancho, a mil, a toda máquina, a toda raja, apretar cachete, cachete, a todo.

"tienes que terminar este proyecto a todo cachete; se nos acaba el plazo en dos días" "sal a todo cachete de aquí, Manuel, mira que viene la María y si te ve con la Mireya acá va a quedar la cagada"

A TODO CHANCHO

de lujo; magnífico; potente; bueno; cf. a todo trapo, la raja, el descueve, a todo, chancho.

"la casa de los Pincheira en Chillán es a todo chancho; tiene piscina, quincho, sala para hacer ejercicios y un parrón maravilloso"
"-¿cómo estuvo la fiesta de la Nacha? -La cagó pa' estar buena; estuvo a todo chancho; te la perdiste"

A TODO CHANCHO

rápidamente; aceleradamente; cf. a toda máquina, soplado, rajado, a toda raja, a todo cachete, a mil, a todo ful, a todo, chancho.

"nos vinimos por la Norte-Sur a todo chancho"
"aquí se trabaja en verdad sólo seis horas al día, pero seis horas a todo chancho"
"el tráfico por la costanera va a todo chancho"

A TODO CHANCHO

con el volumen de sonido al máximo; muy fuerte; muy intensamente; cf. a todo ful, con tuti, a todo, chancho.

"estos chiquillos de mierda ponen la música a todo chancho todos los viernes"
"el tata pone la tele a todo chancho, porque ya está medio sordo"

ATRACAR

besuquearse; acariciarse y manosearse la pareja; cf. agarrar, agarrón, correr mano, atracón, atraque.

"en las fiestas de lolos, se atraca de lo lindo"
"los lolos atracan, los grandes culean"
"-ustedes los lolos ya no atracan, poncean... -O sea, igual atracamos, pero así

intermitente, con varios… Es que es más libre, más potente, es mejor, ¿cachai?"

ATRACÓN
besuqueo y manoseo apasionado y prolongado; cf. correr mano, atracar, pegarse un atracón, atraque.

"me pegué un atracón más rico que la cresta con la María, pero quedé con la bala pasada…"
"el otro día fui a ver al Rodrigo pero no estaba; estaba su viejo en la casa; me hice la huevona como que lo esperaba en la piscina y… Cuento corto, nos dimos un atracón adentro del agua… Es que a mí siempre me ha gustado el papá de Rorro…"

ATRAQUE
besuqueo y manoseo de la pareja; cf. correr mano, atracar, atracón.

"que rico el atraque del otro día ¿cierto mi amor?"
"a esa huevona caliente de la Mireya le gustan los atraques furtivos con extraños"

Bb

BABA

deseo libidinoso; muestra intemperante de avidez, especialmente carnal; cf. caliente, lacho, babear, baboso, caérsele la baba.

"cuando se aparece la hermana de la Ale en las fiestas, hay que recoger la baba de los huevones con pala mecánica"
"ya mi amor, no mire tanto a esa mujer y séquese la baba"
"se te cae la baba por el Rodrigo, ¿dime que no?"

BABEAR

quedar como idiota mirando a una persona sexualmente atractiva; cf. caliente, caérsele la baba, lacho, baboso, baba.

"-se apareció la Marcela y todos los huevones babeando…-Y ustedes muertas de celos…"

"los hombres son animales simples; por ejemplo, si quieres hacerlos babear, te pones medias negras, una mini bien apretadita y ya, con eso babean los huevones; ¿cachai que son simples?"

BABOSO
insistente y tozudo en la búsqueda amorosa; muy enamorado; torpe en controlar su deseo sexual; torpe en manejar sus pasiones; cf. lacho, caliente, agarrado, baba, babear.

"¡qué baboso el Miguel! Anda llamando a la Tere todo el tiempo"
"el pobre, da pena verlo todo baboso detrás de la Raquel que ni lo infla"

BABOSO
lerdo; torpe; tonto; idiota; cf. amermelado, mamerto, pavo, gil, huevón, pendejo.

"el Ricardo es un baboso, limpió todas las ventanas por afuera cuando sabía que iba a llover"
"no seas baboso; baja la velocidad del auto, ¿no ves que has bebido y es viernes por la noche?"

BAILE DEL PUNTEO
baile en el que se imita el acto sexual, especialmente los movimientos de penetración; cf. ponceo, puntear, punteo.

"los chiquillos están en otra; están bailando el baile del punteo a los diez años los pendejos"
"yo no bailo mucho, sólo el baile del punteo, pero sin ropa eso sí... Con o sin música de fondo"

BAJARSE LOS PANTALONES
conceder por debilidad o cobardía; ceder; consentir; aceptar derrota; cf. abrir las piernas, tirar la esponja, echarse pa' atrás, bajar el moño.

"vienen las empresas forestales y los políticos locales se bajan los pantalones y dejan que nos arruinen las comunidades y la naturaleza"

Banana

pene; miembro sexual masculino; cf. pico, palo, penca, diuca, pichula, berenjena, cochayuyo, batuta, Pepito, aparato, plátano.

"mi amor, anda con la banana colgando; póngase algo ¿ya?"
"el huevón chistosito del Manuel andaba con un trajebaños que tenía dibujado un plátano justo ahí donde va la banana"

Bancarse

tener que aceptar algo; resignarse; soportar; soportar a una persona insoportable; cf. apechugar, mamarse, chuparse, comérselas.

"no quiero ir a pedirle plata prestada a mi mami; vez que lo hago tengo que bancarme un sermón de media hora"
"tuve que bancarme un curso de capacitación tres sábados seguidos"
"ya no te banco más, Manuel, chao"
"fue culpa mía; pasé un disco pare; tuve que asumir los costos; me las tuve que bancar no más"

Batuta

pene; miembro sexual masculino; cf. pico, palo, pichula, berenjena, Pepito, diuca, aparato, banana, plátano.

"fui donde un urólogo el otro día; simpático el huevón; cuando le dije que me dolían las bolas, me dijo, a ver, mi amigo, veamos esa batuta"
"íbamos bien con el Carlos, con besitos y caricias, rico, ¿cachai?, hasta habíamos prendido una velita; pero en eso el tonto me pregunta si quería que me mostrara la batuta; la cagó puh; me enfrié total; filo; no pasó nada"

Berenjena

pene; miembro masculino; cf. banana, plátano, pico, diuca, Pepito, aparato, palo, batuta, pichula.

"la Shirla se encontró con un cubano en Cancún, agarró papa y dejó a su marido con los niños botados aquí en Chile. Se fue a vivir a Miami la perla. Todos sospechan que es por la berenjena"

BESO CON LENGUA
beso apasionado; besuqueo intenso; cf. besuqueo, atraque, pato, calugazo.

"-estábamos bailando un lento y me dio un beso con lengua -¿Y? ¿Te gustó? -No sé, sí, un poco"
"todavía no nos damos besos con lengua por si acaso"

BISTEC
mujer sexualmente atractiva; hombre atractivo; cuerpo atractivo; cf. cuero, cuerada, pellejo, mina, minón, ricura, mijita rica, bombón, filete.

"la hermana del Ernesto está convertida en un feroz bistec"
"pasó un bistec frente a una construcción y quedó la cagada"
"-¿y cómo es el hermano del Rodrigo? -Un bistec, huevona"

BOLAS
testículos; cf. pelotas, huevas.

"señorita, ya aprendimos la palabra ginecólogo, ¿pero cómo se llama el doctor experto en bolas?"
"deja de rascarte las bolas en público, José"

BOLSA DE CACA
fastidioso; pesado, insoportable; tonto; cf. huevón, insópor, pesado, gil, ganso, aguafiestas, hinchahuevas.

"ya llegó el bolsa de caca del Lorenzo"
"no seas bolsa de caca, Mario; andai cagándole la onda a los demás; anímate"

BOLSEAR

nunca pagar; no pagar en las salidas con amigos; dejar que otro pague por uno; pedir dinero; cf. irse a la cochiguagua, pechar, machetear, cafichar, bolsero.

"oye, tu amiga Teresa es seca para bolsear"
"-oiga, mi amor, desde que se instaló la tía Rupi en la casa que está puro bolseando aquí no más puh… -Ay, pero gordi. ¿qué quiere que le haga? Es la hermana de mi madre ¿no?"

BOLSEO

aprovechamiento monetario; acto de no pagar la parte propia; captación indebida de fondos; cf. macheteo, caficheo, bolsero, bolsear.

"el descarado bolseo a los estudiantes es lo que financia toda la mediocridad y podredumbre del mundo universitario chileno"
"perdón, ha dicho usted Presupuesto Nacional? Bolseo Nacional es más adecuado llamarlo"

BOLSERO

que se aprovecha del dinero de otro; persona que nunca paga su parte; que se escurre a la hora de la cuenta, especialmente en las salidas a restoranes o lugares de ocio y diversión; aprovechador; sinvergüenza; cf. cochiguagua, cafiche, machetero, pechador, bolseo, bolsear.

"no seas bolsero y paga tu parte, ¿ya?"
"no me gusta invitar a la Ximena, es muy bolsera"
"ese huevón del Lorenzo es un bolsero de mierda; fíjate cuando es hora de pagar la cuenta cómo se corre siempre el huevón"

BOLUDO

imbécil; tonto; bobo; insensato; cf. huevón, ganso, gil, amermelado, pavo, mamerto, bolas, boludez.

"¡qué boludo más grande! Compré una cama que no me cabe en el dormitorio" "no seas boludo y ponte el cinturón de seguridad"

BOLUDEZ

idiotez; tontera; necedad; pequeñez; cf. pelotudez, pendejada, huevada, bolas, boludo.

"-qué boludez más grande la del Manuel -¿Qué hizo? -Se tiñó el pelo de rojo; parece zanahoria el gil"

"es una boludez sostener que Chile es un país desarrollado; aquí ni siquiera tenemos resuelto el tema de la alimentación de la gente"

"no es para tanto, mi amor; es una boludez; se le cayó la secadora de pelo; mañana le compro otra y listo"

BOTAR LA PIEDRA

tener sexo; descargarse sexualmente; satisfacerse sexualmente, especialmente, hombre con mujer; cf. culiar, chiflar, tirar, botar el diente, desocuparse, andar con roca, andar con la piedra.

"vengo saliendo de la cárcel y lo único que quiero es botar la piedra"

"trabajaba en un barco que transportaba carga y pasajeros en todo el Báltico; en ese tiempo, Petrogrado se llamaba Leningrado… Ahí era donde botábamos la piedra"

BOTÓN DE CUERO

ano; trasero; cf. cueva, raja, chico, culo, hoyo.

"-mi amor, me pica el botón de cuero -Rásqueselo, pues mi vida, rásqueselo"

"ese doctor degenerado quería tocarme el botón de cuero, así que lo mandé a la chucha y me fui del Consultorio…"

BRÍGIDO

escalofriante; tétrico; arrojado; peligroso; cf. fuerte, peludo, cototudo, denso, tránsfuga.

"esa mina es brígida; ha sido puta de esquina y anda con un revólver en la cartera todo el tiempo" "este barrio es brígido; no pares en los semáforos"

"la Mireya me llevó a una fiesta de sus amigos y era un galpón apestado de huevones brígidos; me hice la huevona, llamé un taxi y me viré"

BRUJA

arpía; mujer fea; mujer intrigante; mujer que cree y practica cosas esotéricas; mujer controladora; mujer detestable; esposa; cf. esperpento, cagüinero.

"cacha la bruja con la que está el José tomándose un trago"

"la dura y triste verdad es que las académicas chilenas son un buen montón de brujas: consultan duro y parejo el tarot, leen la carta astral, creen en el horóscopo chino, visitan con toda seriedad a chamanes, descubren un gurú por año, se rodean de aromaterapia y piedras mágicas, y están prontas a vibrar con el último grito esotérico que se les ponga por delante"

"tengo que irme, si no la bruja me va a armar un escándalo de nuevo"

BUENA (GÜENA)

atractiva; sensual; mujer deseable; se usa también, hoy por hoy, igualmente en masculino; cf. filete, rica, bistec, güena.

"oye la mina pa' buena que contrataron como secretaria bilingüe; ¿tendrá dos lenguas?"

"el mundo se divide en tres categorías de minas: las minas buenas, las minas no tan buenas, pero comestibles, y las minas que no son comestibles. Factorizando, todo esto nos da, en verdad, dos categorías: las minas comestibles y las minas no comestibles. De este modo, la pregunta existencial va, finalmente, a dar a una disyuntiva de tipo sí o no, vai o no vai, ser o no ser"

"me presentaron un mino harto bueno el otro día"

"para consuelo de la mujer chilena, los minos están saliendo cada vez más buenos"

"-buena la mina ¿ah? -buena"

"-bien bueno el minito ese que me presentaste -Huevona, si te pedí que lo acompañaras no más; ¿no me digai que te lo mandaste al pecho?"

BUITRE

oportunista; aprovechador; vil; cf. alimaña, cerdo, chancho, rata, güiña.

"buitre, primero te acuestas conmigo y ahora que ya no te gusto te metes con mi mejor amiga"

"-papi, la mamá dice que sus colegas del Departamento de Español son unos buitres; ¿entonces ella trabaja en un zoológico papá? -Bueno, sí y no, Pedrito, sí y no…"

BUITRE

acechador de la mujer; hombre al acecho de la mujer; cf. lacho, caliente, jote.

"hay unos cuantos buitres rondando a la Fernandita, mi amor, así es que mejor nos ponemos las pilas y la aconsejamos bien, ¿ya?"

"los hombres son todos unos buitres, sólo te quieren para eso y cuando ya te tuvieron, pierdes atractivo y se van en busca de otra y te dejan tirada"

"-oye huevón, despierta, si ahora son las minas que son buitres; los roles se invierten, ¿cachai? -¿En serio? Bueno, yo estoy listo para el sacrificio final; que me coman, huevón, que me coman"

BUITREAR (GÜITREAR)

vomitar; cf. llamar a Guajardo, güitriar.

"me cargan los borrachos buitreando"

"la Ale estuvo buitreando toda la noche"

BULTO

volumen que se forma en la zona genital en los pantalones de un hombre; cf. paquete, paquetón.

"es última la Olga, dice que si no presentan bulto para qué perder el tiempo"

"mírale el bulto a ese mino; parece que lo tiene parado ¿no?"

Cc

Cabeza de Chancho

persona en mando medio que frustra la gestión y vela por su propio bienestar y su propia comodidad; administrador público corrupto en posición de poder; jefe que vela por su propio provecho e interés; sujeto despreciable y corrupto detrás de un escritorio.

"los cabeza de chancho son los que tienen la culpa de que en este país la gestión y los recursos no lleguen realmente a la gente necesitada y se pierda todo en los mandos medios"

"con tanto cabeza de chancho este gobierno va a fracasar"

"María Francisca, lo peor que le puede pasar a una universidad es tener cabezas de chancho en la administración académica… y eso es lo que pasa en esta Universidad y excesivamente así en esta Facultad"

"en esa triste Facultad, allá en la U. de Concepción, más de un cabeza de chancho vi acomodar su trasero ufano en grotesco sillón"

CABEZÓN
de cabeza grande; inteligente; cf. pillo, vivaracho.

"el Tito es más cabezón que un martillo, por eso le dicen cabeza de chancho"
"salió cabezón tu hijo: puros siete en matemáticas"
"-mami, los chiquillos del colegio dicen que yo soy cabezón -No, mijito, eso no es cierto…, pero deje el rastrillo en el patio después de peinarse el pelo"

CABEZÓN
difícil; complicado; peliagudo; intricado; cf. denso, cototudo, peludo.

"esta ecuación de segundo grado está bastante cabezona"
"la clase de filosofía del lenguaje es harto cabezona ¿ah?"
"esa película de Tarkovsky nos dejó a todos pa' dentro; cabezona con tuti"

CABEZÓN
embriagante; con mucho alcohol; emborrachador; cf. curador, fuerte.

"está cabezona esta chicha"
"te quedó cabezón el pisco sour"
"no haga muy cabezón el poncho, gordi, acuérdese que son lolos no más"

CABEZÓN
pene; cf. pico, pichula, diuca, penca, cochayuyo, aparato, Pepito, el cabezón.

"mi amor, no es por nada pero ya llevamos tres meses pololeando: ¿cuándo me va a presentar a su cabezón?"
"en el listado de rigor de los baños públicos, bajo la instrucción estándar de Póngale Nombre al Pico, el término "cabezón" ha ocupado el tercer lugar en el ranking de la ciudad de Concepción; los conteos son de la empresa Copy & Copy Bis"

CABREAR
molestar; fastidiar; insistir; aburrir; cf. chorear, huevear, sacar los choros del canasto, sacar de quicio, cabrería, cabrearse, cabro.

"deja ya de cabrear al abuelito con tus preguntas, Andrea"
"¡ya, chiquillo de mierda, no cabrí' más!"
"me cabreó tanto con sus rollos con el jefe, que terminé mandándolo a la chucha"

CABREARSE

aburrirse; fastidiarse; aburrirse; desistir; cf. chorearse, estar cabreado, cabrear, cabro.

"la María se está cabreando del Manuel"
"ya, puh, ¡cabréate! No insistas más; no ves que me duele la cabeza"
"estoy cabreado de comer siempre lo mismo"

CABRÓN

egoísta; antipático; insoportable; molestoso; fastidioso; cf. huevón de mierda, culiado, concha de su madre, hijo de puta, cagado, maricón, cargante, pesado, cabro, cabronada.

"María, te has puesto harto cabrona últimamente"
"no seas cabrón, Manuel, préstanos tu guitarra"
"ese es un cabrón de mierda que nunca hace nada por nadie"

CABRÓN

proxeneta; cf. alcahuete, chulo, cafiche, regenta, cabrona.

"o sea que el senador ese, Manzano, ¿es un cabrón?"
"a ver si entendí bien: ¿los cabrones son a las putas lo que los capataces a los peones?"
"chiquillas, les tengo malas noticias: Tenemos que cerrar el quiosco de revistas; de ahora en adelante me van a salir a putear todos los viernes; yo voy a ser su cabrón"

CABRONA

la dueña o administradora de un prostíbulo; cf. regenta, alcahuete, chulo, cabrón.

"¿cómo que cincuenta lucas? ¿La teni' de oro acaso? Voy a hablar con la cabrona de inmediato"

"¿ha dicho usted Decano? Cabrona queda mejor, mire que esta Facultad es una casa de putas"

CABRONADA

traición; acto perverso; injusticia; cf. mariconada, cabrón.

"esa fue una cabronada la que les hicieron a los mapuches, cuando les prometieron cambiar la ley y proteger sus derechos como pueblo a cambio de su voto y despúes no cumplieron"

CACA

excremento; heces; estiércol; deposición; mierda; cf. cagada, mojón, bosta, soruyo, suruco, hacer caca.

"¡crestas, pisé caca!"
"aquí hay olor a caca"
"¡qué mala onda cuando entras en una micro o a una oficina y te das cuenta que hai pisado caca de perro y tenís los zapatos con mierda en la suela!"
"gordi, cambie a la guagua mire que se hizo caca"

CACHA

coito; acto sexual; cf. culiar, pollo con papas fritas, echar cacha, echar cachita, cachero, cachita.

"los moteles están para las cachas extramaritales y, a juzgar por su número, debemos concluir que el país no es tan pacato, despúes de todo"
"mi amor, ¿qué tal una cachita ahora que los niños se fueron al cine?"
"-¿la concepción es la cacha o es el parto? -Se usa para ambos… -¿Entonces la Universidad de El Parto podría llamarse La Cacha? -Sí, Universidad Masónica del Santísimo Coito"

CACHERO

profuso sexual; don Juan; que le gusta el sexo; conquistador; cf. puta madre, lacho, caliente, echar cacha, cachita, cacha.

"-puta el huevón cachero ese -¿Cómo se llama? -Pepito"
"doctor ¿es normal que me haya puesto tan cachera con los años?"

CACHETE
mejilla; moflete; cf. cachetada, cachetón.

"¡qué linda y rebosante esa guagua! Dan ganas de apretarle los cachetes"
"qué gorda está la María Paz ¿te hai fijado? Parece pez globo con los cachetes todos hinchados y esa panza onda viejito pascuero"

CACHETE
glúteo; nalgas; trasero; posaderas; cf. poto, culo, apretar cachete.

"las sillas de la Universidad son tan duras que al final del día estamos todos con dolor de cachetes"
"hay dos protuberancias femeninas que despiertan el interés de los machos: las tetas y los cachetes"

CACHETEAR
bofetear; golpear las mejillas o la cara con las manos; cf. cachete.

"te voy a cachetear bien cacheteada si me sigues molestando"
"-qué mala onda cuando una mamá cachetea a su hijo en público, ¿no te parece? - Es como del pasado ¿no?"

CACHETÓN
presumido; fanfarrón; teatral; cf. creerse la muerte, cuático, cachiporra, cachetonearse, cachete.

"no seas cachetón: ya sabemos que te sacaste un siete en química"

CACHETONEARSE
presumir; jactarse; cf. creerse, creerse la muerte, creerse el hoyo del queque, creerse la raja, mandarse las partes, cachiporrearse, cachetón.

58

"el Manuel se estuvo cacheteoneando como un año por haber quedado en ingeniería"
"¿y de qué te cachetoneai tanto? Ni que hubieras hecho tú la torta; si la compraste en Tortas Paula"

CACHITA
coito; acto sexual; fornicación; cf. culiar, echar cacha, echar cachita, cachero, cacha.

"oye, no te pongas así, si sólo echamos una cachita y ya te queri' casar conmigo"
"receta de la monja Adriana: una cachita en la noche y otra en la mañana"

CACHUCHADA
golpe de mano; bofetada; cf. aletazo, charchazo, cachuchazo, cachetada.

"cuando estaba oscurito, sonó una cachuchada en plena fiesta"
"el padre vino a buscar a su hija a la fiesta y la sacó a cachuchadas limpias"

CACHUCHAZO
bofetón; manotazo; golpe fuerte de mano; cf. charchazo, cachuchada.

"-se supone que uno tiene que intervenir ahora si a una mina le pegan un cachuchazo en la calle ¿no? -¿Y qué vai a hacer, huevón? ¿Pegarle al gil? Eso también es contra la ley, ¿cachai? Y si la mina no está ni ahí con tu ayuda, ¿ah? Y te manda un cachuchazo de vuelta ¿ah?"
"si seguí hueviando te voy a pegarte un solo cachuchazo, tonto huevón"

CACHUDO
dubitativo; pensativo; despistado y curioso; desconcertado; sin saber qué hacer; interrogante; preocupado; cf. con cuello, quedar cachudo.

"quedamos todos cachudos cuando la señora Anita, de repente y sin aviso, un buen día desapareció del vecindario"
"estoy cachuda con el vecinito del frente; parece que es tira o algo así porque llega a horas raras y es medio misterioso"

"la Carola está cachuda con su jefe y yo le digo que vaya a la pelea no más y ahí salga de la duda"

Caer como las Huevas

disgustar; cf. caer mal, caer plomo, caer como patada en la guata, caer como las pelotas.

"los vecinos me caen como las huevas"
"esos programas de la farándula me caen como las huevas"
"el profe de cálculo me cae como las huevas"

Caer como las Pelotas

disgustar; cf. caer mal, caer como las huevas, caer como patada en la guata.

"esos vendedores puerta a puerta me caen como las pelotas"
"a mí el ambiente hipócrita de este país católico me cae como las pelotas"

Caer como Patada en la Guata

disgustar; repeler; producir rechazo; ser insoportable; cf. caer mal, caer como las huevas, caer como las pelotas, patear la guata.

"esa comida nos cayó como patada en la guata"
"los políticos me caen como patada en la guata"
"el pedigüeño me cae como patada en la guata"

Caer Chancho

gustar; agradar; congeniar; cf. caer bien, caer la raja, a todo chancho, pasarlo chancho, chancho.

"a mí el Manuel me cae chancho"
"-te gustó el Rodrigo ¿ah? -O sea, chancho chancho no me cae, pero no me disgusta"

Caer en Cana

caer preso; quedar recluido en una prisión; cf. estar entre rejas, pegarse un canazo, en cana, cana.

"cayó en cana por asalto con intimidación; cinco años le dieron"

Caerse al Litro

embriagarse; comenzar a beber seguido; convertirse en alcohólico; cf. empiparse, encañonarse, emparafinarse.

"Hemingway se caía al litro de vez en cuando"
"como a los cincuenta, las mujeres se ponen interesantes y se caen levemente al litro"
"en esos años me anduve cayendo al litro su resto"

Caerse de Culo

sorprenderse; quedar boquiabierto; cf. quedar plop, caerse de espaldas, caerse de poto.

"la otra vez iba por el parque Ecuador y casi me caigo de culo. ¡Iba el profe Fernández de la mano con el profe Gutiérrez!"

Caerse de Poto

sorprenderse; emocionarse; cf. quedar plop, caerse de espaldas, caerse de culo.

"cuando aparecí con el perro abandonado por la casa, mi mami casi se cae de poto"

Caérsele el Cassette

delatar; hablar demasiado; revelar más de la cuenta; cf. soltarla, largarla, cagüinear, soltar la pepa, irse de hocico, cantar, cassette.

"al Manuel se le cayó el cassette: contó lo del aborto de la María el muy pelotas"

CAÉRSELE LA BABA

demostrar interés sexual; exponer señas faciales de apetencia carnal hacia otra persona; manifestar excesivamente sentimiento de atracción; hacerse patente avidez, especialmente sexual; cf. lacho, caliente, babear, baba.

"aunque no lo creas, la señora Blanca era una mujer atractiva en sus días; al verla, se les caía la baba a todos los hombres"

"mi amor, deje de mirar esas fotos de minas piluchas que se le cae la baba"

"es pecaminoso y malicioso que las mujeres se saquen tanta ropa en el verano; el Maligno está detrás de eso; las induce a mostrar su partes y, así, a los hombres se les cae la baba y, quieras que no, muchos chocan el vehículo y causan daños a terceros por andar con la jeta abierta pegados a la tentación carnal"

CAÉRSELE LA JETA

asombrarse; estar estupefacto; sorprenderse; quedar boquiabierto; cf. quedar plop, quedar con la boca abierta, quedar con la jeta abierta, andar con la jeta abierta, jetudo, jetón, jeta.

"a todos se nos cayó la jeta cuando recibimos las notas de Historia este año: puros cuatros y algunos cincos, ni siquiera un solo seis, pa' qué decir siete"

"se me llegó a caer la jeta cuando vi a la Mireya el otro día: está convertida en una mina más rica que la cresta"

CAFICHAR

trabajar de cafiche; aprovecharse de otro; cf. bolsear, cafiche.

"el negocio va del uno; en este momento tengo tres minas que estoy cafichando; mi sueño es montar una empresa decente de minitas de compañía, ¿cashai?"

"ese huevón puro cafichea a la Teresa; le bolsea hasta pa' la micro"

CAFICHE

proxeneta; aprovechador; parásito; cf. bolsero, cabrón, alcahuete, cafichar.

"huevón, esas son putas, no te pongas a coquetear con ellas ¿Ves a ese que está parado ahí, junto al quiosco? Ése es el cafiche de esas minas"

"…también trabajé de cafiche un tiempo, señor juez, porque alguien tenía que cuidar a las minas del pasaje que iban a trabajar a Providencia los viernes y los sábados"

"-¿o sea que los académicos son los cafiches de los estudiantes? -Algo por el estilo"

CAGADA

excremento; depósito cuantiosos de excremento; cf. soruyo, suruco, mojón, bosta, caca, cagadero, cagón, cagarse, cagar.

"a usted, conscripto Pérez, le va a tocar limpiar la cagada que dejan los caballos aquí en el establo"

"mi amor, la guagua dejó la cagada en el baño; parece que le falta entrenar con la bacinica"

CAGADA

desastre; problema; falta; error; escándalo; sensación; cf. embarrada, escoba, crema, quedar la cagada, dejar la cagada, estar pa' la cagada, cagarla, la cagada, cagón, cagarse, cagar.

"está la cagada con los estudiantes: están en paro y se están tomando sus escuelas"

"quedó la cagada en Antuco; hay como cuarenta conscriptos muertos por caerles en plena marcha una tormenta de viento y nieve en la precordillera"

"quedó la cagada en el campo de fútbol: botellas volando por todas partes, bombas lacrimógenas"

"una mina provocadora, con su buen parachoques y su buena piernada, deja la cagada en cualquier parte"

CAGADERO

retrete; excusado; cf. water, trono, caca, cagón, cagada, cagarse, cagar.

"los chilenos trabajaban limpiando cagaderos por toda Europa; ahora han regresado y están en La Moneda dirigiendo el país. ¿Qué te parece?"

CAGADO

con excremento; sucio; cf. caca, cagón, cagada, cagarse, cagar.

"mami, los pantalones del abuelito están todos cagados"
"-gordita, la guagua tiene el poto cagado… -Límpielo, pues, mi amor, límpielo"

CAGADO

avaro; tacaño; roñoso; egoísta; cf. maricón, cabrón, amarrete, amarrado, apretado, cagón, cagarse, cagar.

"es un tipo cagado: nunca invita"
"no seai cagado, puh Manuel, rájate con una cervecita que sea"
"mientras más plata tiene la gente más cagada se vuelve"

CAGADO

aproblemado; en líos; abatido; en crisis; cf. sonado, fregado, más cagado que palo de gallinero, cagada, cagarse, cagar.

"estoy cagado: me echaron de la pega"
"he estado bien cagado de la garganta últimamente; supongo que es el smog de Santiago"

CAGADO

copado; con mucho; lleno; pleno; cf. acachado, cagada, cagar, cagarse, cagado de la risa, cagado de susto, cagado en plata, cagado de angustia.

"está cagado en plata el Mario"
"andas cagado de angustia por el resultado de la biopsia"
"estuvimos cagados de la risa toda esa noche"
"pasamos toda la noche cagados de frío"

CAGADO DE

con mucho; con gran; extremadamente; cf. muerto de, cagado de susto, cagado de la risa, cagarse, cagarse de, cagado.

64

"la gente está cagada de desesperación con esta crisis; por primera vez se dan cuenta de que todo el sistema puede colapsar y dejarlos literalmente en la calle disputándose los ratones para la cena; y que no depende en absoluto de Chile que colapse o no"

CAGADO DE ADENTRO

frustrado; intrínsicamente malo o mal; que no tiene remedio; sin remedio; cf. mala leche, mala clase, mala tela, cagado, cagarse, cagarse de, cagar.

"los racistas están cagados de adentro"
"el capitalismo del cague quien cague es un sistema social cagado de adentro"
"esta universidad está cagada de adentro"

CAGADO DE LA RISA

riendo a carcajadas; riendo; con mucha risa; muy contento; feliz; cf. muerto de la risa, cagarse, cagarse de, cagado, cagado de.

"salimos cagados de la risa de esa película; es una comedia excelente"
"el público estaba cagado de la risa"

CAGADO DE LA RISA

bien; fácilmente; sin dificultad; con holgura; plácidamente; cf. a toda raja, un cago de risa, muerto de la risa, cagado, cagado de, cagarse, cagarse de, cagarse de la risa.

"esos huevones viven en La Dehesa cagados de la risa"
"ustedes los políticos creen que nosotros los pobres estamos cagados de la risa en la pobla, esperando a que se les ocurra la próxima gran idea de salvataje"
"no te preocupes, yo te arreglo esta mesa cagado de la risa"

CAGADO DE MIEDO

con mucho miedo; aterrado; temeroso; cf. muerto de miedo, cagado de susto, cagarse de, cagarse, cagado, cagado de, cagarse de miedo.

"cagados de miedo, nos vinimos despacito por el borde del precipicio, hasta que llegamos al valle"

"ese gallo es un cagado de miedo, nunca se moja el potito por nadie"

Cagado de Susto

con mucho miedo; aterrado; cf. muerto de susto, cagado de miedo, cagado, cagarse, cagarse de, cagarse de susto, cagado de.

"despúes de que la tía Morticia nos contó esas historias de muertos y de cementerios, estuvimos cagados de susto hasta que amaneció"

Cagado en Plata

con exceso de dinero; con mucho dinero; rico; con fortuna; millonario; cf. cagarse, cagado, estar cagado en plata.

"tengo una tía cagada en plata; trabaja de pedicura en Arabia Saudita"

Cagando

de todas maneras; por supuesto; claro que sí; claro; sin problemas; cf. de todas maneras, pasar cagando, cagando que sí.

"-¿vas a estar lista este mes con esos créditos? -¿Yo? Cagando. Cero rollo"

"-¿me podís ver la casa mientras estoy en el sur, Rodrigo? -Cagando, viejo; Ándate tranquilo; yo te la veo"

Cagando

rápidamente; apuradamente; urgentemente; cf. hecho un peo, rajado, soplado, cascando, con viento fresco, pasar cagando, salir cagando.

"usted se me va cagando de aquí, no lo quiero ver más"

"Ramón, partiste cagando al banco a dejar estos cheques, mira que cierran en cinco minutos"

"me fui cagando al mall a comprar carbón"

"vuelve cagando para acá, que estamos todos esperándote para cantarte el apio verde, con la torta lista y las velas puestas"

CAGANDO QUE SÍ
de todas maneras; por supuesto; claro que sí; claro; sin problemas; cf. pasar cagando, cagando.

"¿vamos a poder ir al cine más tarde mi amor? Cagando que sí. Termino esto y salimos"
"yo cacho que cagando que sí vamos a hacer un asadito este sábado donde la flaca"

CAGAONDA
que estropea lo bueno o ameno; que desanima; que causa decepción; que baja los ánimos; cf. bajón, aguafiestas, cagarla, cagar la onda

"qué cagaonda el Manuel; en lo mejor de la fiesta se enojó y se llevó la música"
"no sea cagaonda, puh mami, si son recién la una y media y es viernes, deje que sigamos un par de horitas más"

CAGAR
defecar; ensuciar; deponer; cf. la larga, hacer caca, cagado, cagada, cagón.

"¿anda acaso usted estítico, constreñido por la vida? No se preocupe, terminaron sus problemas. Las pastillas Shu-Shu Rete del Laboratorio Von Potoff le harán cagar de un viaje. También en jarabe con sabor a membrillo, para los niños"
"están todos los conscriptos cagando en el baño, mi teniente, tal como me lo ordenó: hacerlos cagar a todos en el ejercicio"
"no se puede cagar en los baños de los buses interurbanos, porque el olorcito deja la cagada en la cabina"

CAGAR
perder; arruinarse; joderse; acabar; ceder; cf. fregar, irse a la cresta, irse a la chucha, cagada.

"cagaste, Manuel, te quitaron la beca de estudios"

"cagamos: el cobre bajó un cincuenta por ciento"
"si no nos ponemos las pilas vamos a cagar; es vital que mejoremos la productividad"

CAGAR

engañar; estafar; dañar; traicionar; cf. joder, hacer huevón.

"me cagaron en esa tienda: me vendieron este equipo de música como si fuera la última chupada del mate y al año ya está malo; y la garantía ya no sirve"
"no lo caguí', puh huevón; dale un plazo de una semana para que pague el arriendo"
"cuando cagas a tu conciencia te engañas con racionalizaciones estúpidas, ella se vengará y te cagará de vuelta, de una u otra manera"

CAGAR

engañar a la pareja; ser infiel; cf. hacer la cama, pegar en la nuca, poner el gorro, gorrear, cagarse a alguien.

"la vecina se está cagando a su marido con el peluquero de la esquina"
"este fin de semana el Manuel se cagó a la María con la Mireya"

CAGARLA

arruinarlo todo; estropear algo; afectar negativamente; cf. meter la pata, condorearse, dejar la escoba, echar a perder, embarrarla, cagada, cagón, cagar, dejar la cagada.

"la cagamos con pedir ese préstamo hipotecario"
"no la caguí' poh, Manuel, termina tus estudios"
"la cagaron en Irak los gringos ¿no?"

CAGARLA

exceder; sobresalir; despuntar; cf. pasarse, ser capo, ser top, matar, irse al chancho, salirse de madre, dejar la cagada.

"la Nacha la caga pa' ser exótica"
"oye, puta el mino rico ese, la caga"

"el Rodrigo la caga pa' ser suave"
"en esta universidad la cagan pa' ser chantas"

Cagar la Onda

desanimar; arruinar la armonía; desentonar en el medio; estropear el buen ambiente; cf. matarla, embarrarla, aguafiestas, mala onda, onda, cagar, cagón, cagada, cagarla, cagaonda.

"la Mireya se llevó el estéreo y nos cagó la onda"
"oiga, gordi, no me cague la onda con que necesita almuerzo; prepárese algo usted mire que estoy viendo mi teleserie"

Cagarse

defecar; ensuciarse; cf. cagadero, cagón, cagado, cagada, cagar.

"se cagó la guagua, mi amor; múdela por favor, mire que estoy tratando de terminar la declaración de impuestos"
"los abuelitos en este hogar se cagan mucho, por eso necesitamos pañales todo el tiempo"

Cagarse

acobardarse; sentir miedo; tener pavor; padecer; sufrir; cf. hacérsele, hacérsele así el poto, cagarse de miedo, cagarse de susto, cagarse entero, cagarse todo, cagarse en, cagarse de, cagón, cagada.

"no sé lo que le pasó a la Pamela; se cagó no más la mina y no quiso venir a la playa conmigo"
"parece que el Gobierno se anduvo cagando con este movimiento de protesta estudiantil de los secundarios"

Cagarse a Alguien

engañar; arruinar; ser infiel; cf. hacerle la cama, comerle la color, pellizcarle la uva, cagar.

"mi jefa lleva años cagándose al marido con don Víctor, el contador"

"-¿te estai cagando al Mario, huevona? -Sí. poh; ¿y qué tiene? ¿Así que ellos no más pueden?"

Cagarse de

colmarse de; abundar en; sentir mucho; sufrir; padecer; cf. morirse de, cagarse de susto, cagarse de miedo, cagarse de la risa, cagarse de angustia, cagado, cagarse.

"después nos cagamos de remordimiento por lo que habíamos hecho"

"no sé qué me pasó, de pronto comencé a cagarme de la risa y no podía parar de reírme"

Cagarse de Angustia

estar muy preocupado; estar muy nervioso; alterarse mucho; cf. cagado, cagarse de, cagarse.

"no sé tú, pero lo que es yo, estoy cagada de angustia por la prueba de admisión esa que hay que rendir para ingresar al programa"

Cagarse de la Risa

reírse copiosamente; no importarle; cf. cagarse de miedo, cagarse de susto, cagarse de angustia, cagarse de, cagarse.

"nos cagamos de la risa en esa película"

"es lo que me gusta de usted, compadre, se caga de la risa por todo y siempre anda de buen ánimo y tira pa' arriba"

"es fácil cagarse de la risa para el que tiene dientes"

Cagarse de Miedo

sentir mucho miedo; tener reparo; cf. hacérsele, hacérsele así el culo, ponérsele carne de gallina, parársele los pelos, ponérsele los pelos de punta, cagarse de susto, cagarse de, cagarse entero, cagarse todo, cagarse.

"los niños se cagaron de miedo cuando les conté el cuento del descabezado" "esta gente supersticiosa vive cagada de miedo… y de ese miedo viven los curas"

Cagarse de Susto

sentir mucho miedo; temer; tener reparo; cf. hacérsele así el culo, ponérsele carne de gallina, parársele los pelos, ponérsele los pelos de punta, cagarse de miedo, cagarse de, cagarse entero, cagarse todo, cagarse.

"nos cagamos de susto cuando supimos que había un nido de avispas en el dormitorio"
"es para cagarse de susto esa película"

Cagarse en

ignorar; despreciar; insultar; maldecir; considerar insignificante; cf. no estar ni ahí, importarle un bledo, cagarse en la diferencia, cagarse en todo, cagarse.

"sabí' que más: me cago en tu bicicleta; te la puedes meter donde mejor te quepa"
"el Roberto se caga en sus amigos, nunca los llama"
"me cago en la lluvia; igual salgo a farrear por las noches de temporal"
"los españoles se cagan en Dios y en la Virgen; acá en Chile no hacemos eso, porque, ¡imagínate!, eso es como escupir al cielo, pero mucho peor, ¿no?"

Cagarse en la Diferencia

no importarle nada; cf. no estar ni ahí, importarle un bledo, cagarse en todo, cagarse en, cagarse.

"¿y qué que ande con un cubano moreno? Me importa un bledo lo que diga la gente. A mí Betsabé me gusta y me cago en la diferencia"
"no voy a casarme de blanco: me cago en la diferencia"

Cagarse en los Pantalones

sentir pavor; acobardarse; arrepentirse; cf. cagarse entero, cagarse todo, cagarse de miedo, cagarse en la diferencia, cagarse en todo, cagarse en, cagarse.

"los políticos se cagan en los pantalones cuando los obreros salen a las calles a protestar; su bolsa está en juego"

"-me cagué en los pantalones y no me atreví a sacarla a bailar y después la mina ya andaba bailando con otro. -La cagaste, puh hue'ón. -La cagué, hue'ón"

CAGARSE ENTERO

vacilar; arrepentirse; acobardarse; no atreverse; desistir; tener miedo; sentir pavor; cf. chuparse, arrugar, echarse pa' atrás, correrse, hacérsele, hacérsele así el poto, cagarse de susto, cagarse de miedo, cagarse todo, cagarse en los pantalones, cagarse.

"la Ramona se caga entera antes de caminar sola por la playa de noche"

"el Lucho la caga pa' ser ñecla; va a comprar unos huiros y se caga entero"

CAGARSE EN TODO

no importarle nada; despreciarlo todo; repudiarlo todo; abandonarlo todo; cf. no estar ni ahí, importarle un bledo, pasárselo por el poto, cagarse en la diferencia, cagarse en, cagarse.

"en ese período de mi vida, me cagaba en todo: tomaba fuerte, jalaba, vivía en fiestas y en farras, andaba con ene minas, no me acordaba de nada de lo que hacía, no hacía nada; hasta que de pronto, vi la luz, hermano… Sí, vi la luz del Señor que me decía: Agustín, déjate de hueviar huevón"

"qué descansada vida la del que huye del mundanal ruido y sigue la escondida senda por donde han ido los pocos sabios que en el mundo han sido; sí, los pocos sabios que en el mundo han sido, y cuya sabiduría nos dice: cagarse en todo es el único acto con sentido"

CAGARSE TODO

acobardarse; no atreverse; desistir; tener miedo; sentir pavor; retractarse; cf. cagarse de susto, cagarse de miedo, cagarse todo, cagarse en los pantalones, cagarse.

"este perro no sirve para cuidar; ve un palo y se caga todo"

"decía que él no se rebajaba a tirarse amarrado con cables y elásticos por el puente pa' abajo, como si fuera una humita; pa' mí que se cagó todo cuando vio la altura"

CAGÓN
que defeca frecuentemente; que defeca abundantemente; cf. cagadero, cagado, cagada, cagar.

"esta guagua nos salió demasiado cagona, mi amor; nos va a arruinar comprándole pañales"

CAGÓN
defectuoso; fracasado; malo; despreciable; insignificante; cf. penca, fulero, cagada, cagar.

"qué cagona esta universidad, llevo cinco años acá y no he aprendido nada"
"este auto es harto cagón, ¿sabí'?"
"cagona la película esa del Código de da Vinci"
"he tenido puras pegas cagonas últimamente"

CAGÓN
avaro; mezquino; roñoso; cf. apretado, amarrete, cagado.

"no seai cagón, huevón, ¡cómo vai a cobrarle entrada a la gente a tu propia fiesta de graduación!"
"qué cagón ese huevón; nunca invita y está cagado en plata"
"-bien cagona la comida -¿Lo dices por lo malo? -No, por lo poco"
"nos dieron unas raciones todas cagonas y estuvimos marchando todo el día"

CAGUE QUIEN CAGUE
sin importar quién salga expuesto y perjudicado; ceñido a la verdad y sin importar los daños a las personas; independientemente de las consecuencias; con toda entereza e integridad; sin reparos partidarios; con resolución y apego a la verdad; cf. la ley de Moraga el que caga caga, caiga quien caiga, pase lo que pase, mala pata, mala cueva no más, cagada, cagar.

"cague quien cague, queremos saber la verdad sobre esos fondos fiscales sobre los que no se rendía cuenta alguna en La Moneda"

"-caben cinco no más en el auto… ¿quién se va a pata? -Tirémoslo a la suerte; cague quien cague"

Cagüín

rumor; chisme; habladuría; palabrería; patrañas; mentiras; cf. chiva, rollo, grupo, cuento, pomada, cagüinear, cagüinero, cahuín.

"los hombres son expertos en el cagüín del fútbol"
"los hombres son igual de cagüineros que las mujeres; el cagüín de ellos es político y deportivo, el de las mujeres es el cagüín de la vida personal, de la familia y de las relaciones sociales. Pero lo que es cagüín, todos vivimos haciéndolo. Es el caldo primal de la tribu humana"

Cagüín

enredo; jaleo; alboroto; escándalo; cf. rollo, cagüinear, cagüinero, cahuín.

"se armó un cagüín más o menos: llegaron los pacos a la fiesta del Manuel porque los vecinos habían llamado acusando que había una orgía y que se estaban drogando en el lugar"
"las telenovelas atraen a las mujeres en proporción directa al cagüín que ofrecen: a mayor cagüín, mayor audiencia femenina... y mayor volumen de propaganda de cosméticos, productos para el hogar y productos para mamá"

Cagüinear

chismear; calumniar; cotorrear; cf. pelar, cuchichear, engrupir, cagüinero, cagüín.

"¡deja ya de cagüinear, mujer!"
"pueblo chico infierno grande: en provincia andan todos cagüineando todo el día"

Cagüinero

embaucador; calumniador; mentiroso; insidioso; chismoso; charlatán; cf. pelador, grupiento, cagüinear, cagüín.

"¡el Miguel es harto cagüinero ah! Siempre anda revelando una intimidad de alguien" "en nuestra Facultad hemos finalmente abierto una Carrera de Cagüinero; teníamos masa crítica de sobra y también textos de estudio más que suficiente; los egresados más cagüineros continúan sus estudios de postgrado y sacan un Magíster en Cagüín y Cognición, y algunos se doctoran en Cagüinística Experimental con Mención en Lingüística del Cagüín y Cagüinística del Texto"

Cahuín

enredo; jaleo; rumor; chisme; alboroto; cf. rollo, grupo, cagüín.

"eso de que el Alfredo es gay es puro cahuín no más. Si no me crees, pregúntale a él"

Calentar

incitar; excitar; excitar sexualmente; provocar; cf. caliente, calentura, calentarse.

"no me caliente, puh iñor, con eso de que se toma tiempo el trámite; usted me dijo que viniera en una semana y ya han pasado tres y todavía no sale el papel ese"
"esa mina calienta ene; no es bonita, pero cuando se mueve, mata"

Calentar la Sopa

excitar sexualmente sin permitir la satisfacción sexual; estimular sexualmente el hombre a la mujer, sin llegar al acto; cf. calentar, caliente, calentura, calientasopa.

"pero ¡cómo te vas a ir ahora, después de que me calentaste la sopa!"
"ese no calienta na' la sopa; se la toma fría no más"

Calentarse

alterarse; irritarse; enojarse; cf. chorearse, cabrearse.

"la jefa es demasiado difícil, se calienta por cualquier huevada y se pone a gritar como loca"
"no te calentís, poh, Manuel, si sólo te pidieron que les devolvieras la plata"

CALENTARSE

entusiasmarse sexualmente; excitarse; cf. caliente, calentura, calentar.

"mi amor, me estoy calentando con esta peli; vámonos a la camita, ¿quiere?"
"ese es enfermo de lacho; se calienta hasta en un asilo de ancianas"

CALENTURA

excitación sexual; deseos sexuales; inclinación sexual; cf. calentar, calentarse, caliente.

"estábamos los dos con la calentura a flor de piel, así es que terminamos encamados"
"como decía la abuelita Augusta cuando la pareja se calmaba: se les pasó la calentura"

CALENTURA

entusiasmo; deseo; pasión; ímpetu; cf. caliente, calentarse.

"llámalo como quieras, una locura, una calentura, si quieres, pero me encantaría que nos compráramos una casa en el litoral central, de lo dos, tuya y mía"
"le bajó la calentura por viajar de nuevo al Rodrigo; seguramente se nos va a ir pronto otra vez"
"todo eso de inventar nuevos métodos para extraer oro del cuarzo es una calentura que ha tenido el abuelo desde siempre"

CALCHUNCHO

calzón o calzoncillo; ropa interior femenina o masculina; cf. colales, churrines, cagados.

"te quedan bien esos calchunchos; se ve súper sexy, mi amor; parece Tarzán"
"necesito calchunchos nuevos; los que tengo ya parecen camuflaje militar"
"hay unos calchunchos de mujer en el auto que no son míos, Manuel; ¿de quién mierda son?"

CALIENTASOPA
persona que incita sexualmente, pero rechaza el acto sexual; cf. calentar, caliente, calentura, calentar la sopa.

"olvídate, esa mina es una calientasopa, no pasa nunca nada con ella; pa' mí que es frígida"

CALIENTE
sexualmente excitado; entusiasta sexual; obsesionado sexual; cf. califa, calentar, calentarse, calentura, estar caliente.

"estoy caliente, gordito; ¿hagámoslo?"
"-Manuel ¿estás caliente? -Sí mi amor, siempre listo"
"cuídate del Mario que es un caliente de mierda que lo único que quiere es culiarte"
"que lindo tu chaleco, Carmen -Gracias, ¿te gusta? -Sí, ¿es de piel de camello cierto? -No ¿porqué? -No es que como trae esas dos jorobas... -Huevón caliente, ¿no podí pensar en nada más?"

CALIENTE
ansioso; deseoso; entusiasmado; dedicado; cf. calentura, calentarse, estar caliente, andar caliente.

"hace rato que ando caliente por un plato de erizos…"
"ese huevón es maniático; ahora anda caliente con comprarse un celular con GPS"

CALIENTE
enervado; enojado; irritado; cf. calentarse.

"estos días andamos todos en la empresa calientes; hubo menos producción y el bono de fin de año bajó considerablemente"

CALIFA
lascivo; excitado sexual; ansioso; cf. caliente.

"puta el huevón califa ese del Lorenzo; no hace otra cosa que ver películas porno y meterse en los cafés con piernas"

CALUGAZO
beso intenso; beso con lengua; besuqueo; cf. pato, agarrarse a calugasos.

"el Rodrigo me dio un calugazo para mi cumpleaños ¿Tú crees que yo le gusto?"
"el Manuel se estaba dando de calugazos con la Mireya en el dormitorio de la Andrea y justo llegó la María; por suerte les avisaron y el Manuel apretó cachete por la ventana, dio la vuelta a la casa y después tocó el timbre y, todo cínico, hizo como que venía recién llegando a la fiesta"

CALZONUDO
marido dócil y obediente; sujeto sumiso de la mujer; timorato; cf. comer de la manito, marcar reloj, mamón, macabeo.

"Roberto era muy bueno pa' salir y pasarla con sus amigos, pero desde que se metió con la Mireya está convertido en un calzonudo"
"ahora que te vas a casar, hijo, tengo sólo este consejo que darte: no te conviertas en un pobre huevón calzonudo"
"-los hombres más interesantes siempre resultan estar casados ya... -Sí, y, pa' peor, son calzonudos los huevones"

CALZÓN Y POTO
pareja; amigos inseparables; amigos íntimos; cf. uña y carne, yunta, media naranja, poto y calzón.

"el Manuel con la María son calzón y poto"
"no se separa de su perrita la Fernandita; son calzón y poto las dos"

CALLAMPA
vivienda improvisada y precaria de tablas sobre suelo raso y alguna plancha de techo erguida en lugar marginal; choza muy precaria; vivienda marginal, improvisada, de persona indigente; cf. media agua, población callampa.

78

"-a ver, dirección; calle y número de su vivienda… -No es que yo vivo en una callampa, señorita…"

"-y ¿se le inundó toda la casa señora? -Sí, pues; todo, señor.. -Y cuéntele a los televidentes, señora, ¿cómo fue eso? -No es que nosotros vivimos en una callampa junto al río… Oiga, ¿y usted por qué pregunta huevadas?"

"en los sesenta, en los márgenes de Santiago crecían las poblaciones callampas como… justamente, como callampas"

CALLAMPA

pene; cf. penca, pichula, pico, cochayuyo, diuca.

"es algo infantil y acaso homosexual: el dibujo favorito en los baños de hombres es una proliferación de callampas humanas"

"-¡a qué hemos llegado, niña! Fíjate que hay un canal del cable en el que aparece de todo, hasta se les ven las callampas a los hombres. -¡No! ¿Y qué canal es?"

CALLAMPA

no; jamás; no en absoluto; es exclamación fuerte de rechazo; cf. como no, las huifas, pichula, pico, tapita, las huevas, toma toma cachito de goma, ni cagando.

"callampa que te voy a prestar el auto, Manuel"

"¿quieren que les pague? ¡Callampa! Este bistec está más duro que una suela de zapato, pues…"

"callampa que les voy a pagar a esos ladrones; mi auto no pasó por esa carretera ese día"

CALLAMPA

nada; valor ínfimo; cf. no valer ni un cobre, valer hongo, valer callampa.

"tus promesas resultaron valer callampa"

"este país sin el cobre vale callampa"

"deja ya a ese hombre que vale callampa"

"esa Universidad de El Parto vale callampa"

CAMBOYANA

mujer que gusta del sexo; ansiosa y profusa sexual; cf. poncio, puta, putilla, caliente, buena para la cama.

"en esa casa de huifas las minas son todas bien camboyanas"
"me gusta la Susana, porque es camboyana"

CAMINO DE TIERRA

ano; el recto; sexo anal; cf. por atrás, por detrás, por el chico, por Detroit.

"oye, amigui, y ¿qué posición es la que más te gusta? -bueno, lo más excitante, claro, es el camino de tierra…"
"me tinca mucho esta película, mijita, decía mi abuelita. ¡Ay, a mí también! Seguramente es sobre un romance en el campo, decía mi mamá. Salieron verdes las dos y todavía no hablan. La película se llamaba Camino de Tierra"
"-¿mami? -Sí, mi amor.. -¿A usted y a la abuelita les gustan los caminos de tierra? -Ay, Pedrito, grosero; no me recuerdes ese episodio ¿quieres?"

CAMOTE

golpiza; pelea; paliza; golpiza de varios compañeros de curso a uno; coito; cf. tanda, flete, capote, dar camote, camotero.

"antes, en las escuelas, se armaba por lo menos un camote por día"
"escuchen bien niños: nada de camote aquí en este colegio; ustedes son compañeros y deben respetarse; ese es el principio más importante de este establecimiento"
"perdimos cuatro a cero; nos dieron camote"
"María, con esas ojeras que traes, parece que te dieron camote anoche"

CAMOTE

insistente; fastidioso; molestoso; latoso; insoportable; cf. pulguita en el oído, pesado, cargante, catete, caluga, ladilla.

"se ha puesto muy camote el Manuel últimamente"
"bastante camote el primito ese que llevó la Lucha a la playa"

"no seas camote, por favor, Paula; no te pienso prestar plata para que la gastes en coca"

"puta el huevón camote ese del Lorenzo; no lo soporto"

Camotero
peleador; cf. aliñado, choro, camorrero, mochero, bueno para los combos, camote.

"no seas camotero que te van a salir sacando la cresta"

Cana
cárcel; prisión; penitenciaría; cf. peni, capacha, chuncho, entre rejas, tras las rejas, en cana, caer en cana, canazo.

"estuve en cana por venta de estupefacientes, pero después salí y ahora me dedico al robo chico en las súper-tiendas; soy mechera"

"la mejor escuela para surgir en el ambiente es la cana"

"el rubro educacional en cana es bacán y es cosa seria: hay, por ejemplo, una Capacitación en Joyas y Arte, un Magíster en Manejo de Prostitutas y un Doctorado en Lingüística del Sexo"

Canazo
un tiempo en la cárcel; un tiempo preso; cf. entre rejas, cana, en cana, pegarse un canazo.

"casi me sale un canazo de tres años por ese lío con las cuentas mezcladas del banco"

"lo primero que aprende un delincuente es que tarde o temprano se va a ir de canazo"

Canela
bueno; sabroso; ventajoso; apetecible; atractivo; sensual; cf. rico, saber lo que es canela.

"la salsa de champiñones que hiciste está canela; pa' chuparse los dedos"

"vecinita, es cierto que no nos habíamos hablado antes, pero yo, desde que llegó al departamento de enfrente, la he estado mirando y he estado pensando en usted y quería decirle que… que usted es la mina más canela que he visto"

"la Loreto es virgen, no sabe lo que es canela todavía"

CANITA AL AIRE
aventura amorosa; desliz; relación sexual con otro; infidelidad; cf. mirar pa'l lado, gorreo, echarse una canita al aire, tirarse una canita al aire.

"doctor, no sé qué hacer, ya mi marido no me infla y estoy aburrida de pasar noche tras noche esperando que ocurra el milagro -Señora, ¿ha pensado en una canita al aire de vez en cuando? Eso ayudaría mucho en su matrimonio ¿sabe? -Ay, doctor, no sé, pero ¿me puede revisar esta comezón de aquí abajo…?"

"una o dos canitas al aire al año por ambos lados han mantenido a este matrimonio muy unido"

CANCHA
experiencia; habilidad; conocimiento; cf. tener cancha, canchero, dar cancha tiro y lado.

"preguntémosle a tu tía Carlina que tiene más cancha con los hombres que nosotras"

"ese es un gallo grande, con ene cancha"

CANCHERO
tipo con experiencia; tipo que se mueve con soltura; cf. zafado, puta madre, tener cancha, dar cancha tiro y lado, cancha.

"tu hermano mayor es harto canchero; ha trabajado en el extranjero y ha tenido todas estas minas"

"el Rodrigo es canchero; se mueve con facilidad en cualquier ambiente social"

"-la Mireya es canchera -Cachera querrás decir…"

CANUTO
cigarrillo grande de marihuana; cf. pito, zepelín, verde, caño, paraguayo, huiro, aguja.

"la Loreto y yo nos fumamos unos canutos y despúes salimos a recorrer la playa"
"trajo unos canutos la raja el Benjamín"
"estos canutos, chiquillos, son de Santa Cruz, para que les tomen el debido respeto"

CANUTO
religioso; evangélico; pacato; se les dice a los evangélicos que predican y cantan salmos por las calles; se usa como mofa por recato; cf. pechoño, cartucho.

"puta el huevón canuto: no fuma, no bebe, no dice garabatos y se corre si alguien cuenta chistes obscenos"
"no seai canuto poh, Mario, ven a tomarte unos tragos con nosotros"
"o sea que no le podía ni dar besos a la mina, ¿cachai? Tomarle la mano ya era como cuático ¿me entendís? Ni que fuera canuta; filo"
"le dije que bailáramos y el idiota se cortó todo. Parece canuto ese gil"

CAÑA
resaca; cf. mona, hachazo, la caña.

"tiene mala caña el Manuel, se demora un día en reponerse"
"Lucho, no me hablís tan temprano que ando con una caña más o menos"
"una cervecita heladita a las doce del día es santo remedio pa' la caña"

CAÑA
vaso de vino; vaso de vino servido del tonel; vaso de tamaño mediano grande; cf. pencazo, cañonazo.

"vamos a tomarnos unas cañas de vino y de ahí nos despedimos, ¿le parece compadre?"
"tráiganos un par de cañas a esta mesa, por favor"
"disculpeeehhh, ¿a cómo tiene la caña en este local?"

CÁÑAMO
marihuana; marihuana de calidad inferior; cf. yerba.

"-¿y estos pitos, flaca? -Mira, no son holandeses, directamente… Es lo que hay; cáñamo de Los Andes"

CAÑO

tubo al que se aferra la bailarina erótica del bar nocturno.

"nos conocimos hace tiempo; ella trabajaba en el caño y yo era el barman del local"
"gordita, puse este caño en el dormitorio ¿le gusta?"

CAÑO

cigarrillo de marihuana; cigarrillo grueso de marihuana; cf. canuto, zepelín, pito, aguja, verde, huiro, paraguayo.

"te quedó bien firme este caño"
"¿prendamos este caño?"
"suelte el caño, poh, comadre; se quedó pegada…"

CAÑÓN

pelo grueso en zona impropia, especialmente en las piernas o en la cara de la mujer.

"me tengo que depilar urgentemente, niña; tengo unos cañones horribles en las canillas"
"cáchale los cañones a la vieja esa: parecen alambres de púa"

CAÑONAZO

un trago fuerte de bebida alcohólica; trago de vino; cf. caña, pencazo.

"tomémonos unos cañonazos antes de aparecernos por el matrimonio"
"nos estábamos tomando unos cañonazos en una fonda y no se acercan una minas tipo Miss Venezuela y nos sacan a bailar cueca"

84

CAPERUZA

diestro; conocedor; hábil; experto; cf. capi, capo, caperuzo.

"al Manuel no le gana nadie al ping pong; es caperuza"
"¡qué caperuza tu mami! Se pegó un salto mortal del trampolín más alto"

CAPERUZO

diestro; conocedor; hábil; experto; cf. capi, capo, caperuza.

"el Javier es caperuzo pa'l lazo"
"esas trapecistas rusas que llegaron son caperuzas"
"yo soy caperuza para acordarme de datos; tengo memoria de elefante; por ejemplo ¿sabías tú que once de cada siete padres chilenos prefieren que su hija se case virgen?"

CAPOTE

golpiza; golpiza de varios contra uno; violación en grupo; fornicación; cf. tanda, flete, zumba, dar capote.

"quedó aislado el paco y le dieron capote los manifestantes"
"en la cárcel a los violadores les dan capote los internos"
"ay, amigui, me tiene enferma mi marido... -¿Qué onda? -No sé, parece que está pasando por una de esas crisis existenciales... Todas las mañanas, capote; no alcanzo ni a despertarme y... capote, ¿cachai? - Ay, qué rico, ¡préstamelo!"

CARA DE PALO

impávido; temerario; sin resquemores; atrevido; cf. como si nada, cuero de chancho, frío, cara de raja, sin ni siquiera pestañear.

"le dije que tenía que devolverme el dinero, cara de palo"
"y el viejo, cara de palo, se levantó y se fue"
"puta el huevón cara de palo: sacó una pistola, pegó un par de gritos, se metió en la caja, y apretó cueva con la plata"

Cara de Poto

fruncido; mala cara; cara fea; cara enojada; cf. amurrado; caracho, poner cara de poto.

"¡guácala, la cara de poto que me pusiste!"
"los micreros andan todo el día con cara de poto"
"luego de esta capacitación, en esta empresa queremos que el espíritu de Maturana, de Flores, de Lillo, nos compenetre, nos eleve, nos haga comunicarnos y logremos, así, sacar, extraer, extirpar, borrar esa cara de poto que tiene todo el mundo, pues"

Cara de Raja

desvergonzado; imprudente; desvergonzadamente; insolentemente; cf. caradura, cara de palo.

"y, cara de raja, el Manuel le pidió el auto al papá de la Vero"
"hay que ser muy cara de raja para pretender que este es un programa de doctorado en lingüística"
"-Profe, ¿por qué se dice cara de raja? -Especulemos. Una posibilidad es que el trasero es feo; luego, cara de raja es por mala cara. Pero cara de raja no significa mala cara... Otra posibilidad es que el trasero sólo tiene una expresión, que es la raya o raja que muestra. De ahí que cara de raja expresaría a una persona que no se inmuta: no gesticula, no hace ni una mueca, no demuestra en su cara las emociones de embarazo que la situación normalmente requiere. Pone cara de raja, es decir, cara de una sola línea. Otra derivación plausible es que hay que ser muy desvergonzado para mostrar el trasero. De modo que un cara de raja es una persona que muestra su trasero sin empacho, como si fuera su cara"

Cargarse a Alguien

matar; asesinar; matar a alguien por encargo o deber; cf. echarse a alguien, pitiarse.

"a los violadores de menores se los cargan en la cárcel"
"tuve que cargármelo; se había violado a mi hermana"

CARNE DE PERRO
que no se queja ante la adversidad; resistente; cf. cuero de chancho, aperrar.

"mi amor, a usted la quiero porque es carne de perro"
"lo que más quiero de mi marido es que es carne de perro; no se arruga por nada, no le pasan balas, es cuero de chancho mi flaquito"

CARPA
protuberancia o levantamiento en la ropa por erección; erección con la ropa puesta; cf. bulto, roca, parársele, botar la piedra, levantar carpa, andar con carpa.

"huevón, siéntate que se te ve la carpa que andai trayendo"
"parece que el Manuel está levantando carpa"
"y justo me abraza y yo con la media carpa, huevón; háblame de una plancha"

CARTONÉ
vino en caja; vino barato; cf. litrero.

"el domingo con los amigos tiramos sus buenas carnes a la parrilla, nos tomamos unos cartonés y despés a dormir la feroz siesta todos"
"este no es na' un cartoné pa' que sepai; es vino fino"

CARTUCHO
virgen; pacato; tímido; acobardado; asexuado; cobarde sexual; cf. canuto, pechoño, pacato.

"no seas cartucho; vamos a la disco"
"no seas cartucho y prueba esta yerba"
"¡ay, huevona, no ta hagai la cartucha tampoco, ah! Si igual te gusta…"

CARTUCHONA
mujer sexualmente tímida; frígida; cf. canuto, pacato, pechoño, cartucho.

"olvídate, con la Andrea no pasa nada: es una cartuchona incurable"
"-puras minas cartuchonas en tu fiesta, Rodrigo; no pasa nada -Oye, si no te resulta es problema tuyo, poh huevón; y si querías putas anda a la esquina de tu casa, poh huevón"

CASA DE HUIFAS
prostíbulo; burdel; cf. casa de putas, puterío.

"oye, pero parece que este no es un bar, huevón, es una casa de huifas…"
"aviso a la comunidad penquista, diario El Sur del Sur, domingo 21 de mayo: La Tía Olga, la renombrada casa de huifas de Concepción, cierra sus puertas y otros orificios por reparaciones sanitarias esta semana"
"-disculpe, ¿esta es la casa de huifas de la tía Olga? -No, señor, este es el Departamento de Español -Ay disculpe, ¿pero ustedes también trabajan en lo mismo?"

CASA DE PUTAS
prostíbulo; burdel; cf. casa de huifas, puterío.

"en este barrio hay dos casas de putas por cuadra"
"cuando cumplió quince años, sus amigos lo llevaron a una casa de putas; allí conoció a Ximena y se enamoró de ella. Tuvieron un hijo, que llegó a conducir el destino de La República…, bueno, así se llamaba el prostíbulo"

CASA DE PUTAS
escándalo; caos; confusión; desorden; cf. cagüín, crema, escoba, cagada, alharaca, quilombo, zamba canuta, armarse la casa de puta, quedar la casa de putas.

"ya no voy más a ver fútbol; siempre se arma una casa de putas en el estadio"
"-oye, quedó la casa de putas frente al Congreso hoy día… -¿Frente al Congreso? Perdón, adentro es donde está la verdadera casa de putas; la más grande del país"
"encabezado en el diario La Antorcha de Colchagua: Una verdadera casa de putas se produjo hoy a las siete de la mañana cuando en plena Plaza de Armas de Santa Cruz una monja enajenada atacó con un hacha a un cura de la orden de los Capuchinos, decapitándolo bajo la estatua de Caupolicán"

CASSETTE

inventiva; locuacidad; charlatanería; palabrería; cf. verborrea, pomada, culebra, chiva, cháchara, bla bla, labia, caérsele el cassette.

"el cassette de esos profes de literatura me tiene chata; siempre la misma cháchara y nadie entiende nada"
"el Manuel tiene así un cassette... Puede convencer a cualquiera de cualquier cosa"
"ya sacó el cassette de la libertad y la competencia ese político ultra"
"infaltable: ahí abrió el cassette de la injusticia social el socio listo ese"
"uno saca el cassette de izquierda, después el otro saca el cassette de derecha, la periodista sonríe, los huevones se dan la mano y de ahí se van a jugar tenis los dos políticos culiados; es así la huevada, compadre"

CASTIGAR

desvirgar; fornicar; tener coito; cf. culiar, chiflar, montar, fletar, lumear.

"-tenemos que cambiar esa cama, gordita, casi por decoro, mire que es la misma en la que la castigaba su marido -Mi ex-marido, mi amor, mi ex"
"¿y cuándo me va a castigar, gordito?"

CATETE

molestoso; insoportable; fastidioso; majadero; insistente; cf. pesado, cargante, ladilla, caluga, catetear.

"¡no seas catete, Manuel, quítate de enfrente y déjame ver la tele por la chucha!"

CATETEAR

molestar; joder; insistir; cf. huevear, joder la pita, sacar los choros del canasto, sacar de quicio, tener hasta la tusa, tener hasta la coronilla, dale con que, catete.

"¡qué ladilla más insoportable este pendejo de mierda de mi hermano! ¡No catetees tanto, por favor!"
"de tanto catetear le dieron el trabajo"

Catrimonio

convivencia de una pareja no casada; relación estable no matrimonial que incluye la cama o sexo; cf. encatrarse, catre.

"¿están casados los vecinos? -No; es un catrimonio no más -Ah, bueno…"
"-nunca más me meto en un matrimonio, amigui; esa hueá no sirve pa' na'. No salva a nadie -¿Pero el catrimonio sí? -Hmm, no sé, igual, al final es el mismo rollo. Más bien tendría algún amigo con ventaja. Onda, de vez en cuando, pero cada cual en lo suyo. Es lo más sano"

Cazuela

casualidad; coincidencia; suerte; cf. por cazuela.

"por pura cazuela me encontré cien pesos en la calle y pude tomar la micro de vuelta"

Cebolla

vulgar; ordinario; canción popular, como los boleros, las cumbias y las rancheras; cf. rasca, peliento, cuma, último, picante, cebollento, cebollero.

"no seai cebolla puh Manuel, cámbiate esa corbata amarilla"
"el José Miguel canta puras cebollas no más"
"aquí en esta casa de putas, compadre, métale chela y baile cebollas duro y parejo toda la noche"

Cebollento

vulgar; popular; ordinario; bajo; cf. peliento, último, rasca, cuma, picante, cebollero, cebolla.

"ese programa Sábados Gigantes siempre fue un restín cebollento"
"¡qué cebollenta la tele en Chile!"
"¡se pasó pa' ser cebollento ese diccionario!"
"en su medida, en su aderezo, también tiene su arte lo cebollento"

Cebollero

vulgar; ordinario; persona con gusto vulgar; persona que gusta de arte popular, como las rancheras, las cumbias, las telenovelas; cf. china, chula, chulo, rasca, peliento, cuma, picante, cebollento, cebolla.

"ese amigo tuyo es lo más cebollero que hay: se lo pasa escuchando cumbias los sábados y el fútbol los domingos"
"ésta es una discoteca harto cebollera"

Cerrar el Pico

dejar de hablar; callar; no delatar; cf. morir piola, cerrar la boca.

"sobre el empleo ilegal de extranjeros en esta panadería, todos cerramos el pico, ¿se entiende?"
"Juan Carlitos le dijo a Huguito que cerrara el piquito y Huguito le dijo a Juan Carlitos que el ni cagando iba a cerrar el piquito; entonces Juan Carlitos se fue enojadito a llorar afuerita, pero Michelita salió detrasito de él, entonces Huguito se puso celosito, pero ya la había cagadito y perdió por huevoncito a la Michelita…"

Clotear

perder; fracasar; dejar de funcionar; arruinarse; cf. joder, fregar, cagar.

"este reloj parece que cloteó; marca las seis todo el tiempo"
"cloteamos, se nos acabó el gas"
"el motor del auto cloteó"
"Cuba cloteó cuando se disolvió la Unión Soviética"

Cocerse

emborracharse; embriagarse; beber alcohol; cf. enchisparse, entonarse, empinar el codo, curarse, cocido, cocerse hasta las patas.

"puta que nos cocimos ese día"
"mi marido llega a la casa de la pega y se pone a tomar; ahí se cuece como un curanto y después se duerme; y así todos los días"

Cocerse hasta las Patas
embriagarse; beber e intoxicarse en extremo; cf. curarse, curarse hasta las patas, cocido, cocerse.

"nos cocimos hasta las patas ese fin de semana"
"-oiga, pero qué bonito este pueblo, oiga, qué lindo, oiga; y ¿qué hace la gente?, oiga, que se ve tan rebosante, oiga, y tan feliz, oiga -Mire, aquí en este pueble no hay mucho más que hacer que cocerse bien cocido hasta las patas, pues inñor"

Cocido
borracho; ebrio; cf. encopetado, enchispado, entonado, borracho como una cuba, curado hasta las patas, curado, al peo, cocido hasta las patas, cocerse.

"Manuel estaba cocido y se puso a cantar rancheras y a bailar sevillanas sobre la mesa"
"-a ver señora, cuénteme, ¿cuál es su problema? -Bueno, señorita Jueza, lo que pasa es que mi marido llega cocido todos los días a la casa, ¿ve?, y yo quiero separarme de él, poh… ¿Cómo se hace?"

Cocido hasta las Patas
muy ebrio; embriagado; cf. hasta las patas, cocerse, curarse, curarse hasta las patas, cocerse hasta las patas.

"estaban todos cocidos hasta las patas y les dio con cantar La Cucaracha a las tres de la mañana"
"ahí estaba el Mario apoyado al poste de la luz, cocido hasta las patas, tratando de meterle la llave como si fuera la puerta de su casa"

Coco
testículo; cf. hueva, pelotas, cocos.

"-doctor, parece que tengo un coco más grande que el otro ¿qué puedo hacer? -A ver, cuénteme, ¿cojea usted?"
"y esta sopa que está tan rica, oiga tía, ¡y con albóndiga!... -No, niña, es sopa de

criadilla… -¡Chucha! ¿O sea que esta huevada es un coco?"

Cocos

testículos; cf. huevas, pelotas, coco.

"deja de rascarte los cocos, Roberto, por favor"
"en la tele, si un futbolista se rasca los cocos en medio del partido, no pasa nada, pero si la misma persona lo hace en el estudio, cuando lo entrevistan los payasos de la farándula, todos se escandalizan… y los cocos pueden picar en cualquier momento, digo yo, ¿no?"

Cochayuyo

pene; miembro sexual masculino; cf. pico, penca, diuca, pequén, pichula, Pepito, banana, remojar el cochayuyo.

"tengo seco el cochayuyo, flaquita; ¿pongámoslo al remojo?"
"guárdate el cochayuyo, ¿querís?, que no pasa nada conmigo esta noche"

Cochinada

suciedad; desorden; atropello, engaño; infidelidad; sexo; cf. cagada, embarrada.

"la cochinada que me dejaron en la cocina"
"no me hagan cochinadas mientras no estoy ¿me entienden niños?"
"le hizo una cochinada más o menos la comadre a su marido"
"¿vamos a la camita hacer cochinaditas?"
"-¿y qué están haciendo con el Manuel? -La cochinada deliciosa… -¡No huevís! Chucha, disculpa… Entonces después te llamo, ¿ya? -Vale, pero, no pasa nada, si estábamos recién empezando…"

Cogote

interrogante; duda; frustración; ganas; asunto pendiente; se gesticula en forma burlesca extendiendo el índice y el pulgar contra el cuello propio para marcar la frustración del otro; cf. huichi pirichi, plancha, quedarse con las ganas, cuello, quedar con cogote.

"-¿y no había plata en la caja fuerte? -No. Feroz cogote, socio…"

"todos los que pusieron sus platas en fondos mutuos variables andaban con cogote después de la crisis"

COGOTEAR

atracar a una persona con cuchilla para robarle; robar con intimidación de cuchilla; cortar con cuchilla a otro; cf. cogotero, acogotear.

"al Lorenzo lo cogotearon anoche; lo dejaron con los puros calzoncillos al huevón"

"el Miguel estuvo cogoteando como dos años antes de caer preso; la Mary paraba la olla con eso"

"-puta, la mala cueva, oh; me acaban de cogotear aquí abajo, huevón; me robaron la billetera… -¡Chucha! ¿Quién, huevón? -Puta, se me olvidó preguntarle el nombre, huevón"

COGOTERO

atracador con cuchilla; asaltante con cuchilla; maleante; delincuente; cf. pato malo, choro, cuma, punga, lanza, cogotear.

"ya, acá, en la pobla, cogotero cogotero se ve poco; el cogotero sacó pistola, ¿me entendí?"

"en esa esquina se ganan unos cogoteros los viernes por la noche; y, aunque seamos del barrio, es mejor no pasar por ahí"

"-¿así que en la U de Conce los longi son cogoteros? -Son lingüeteros y cogoteros. Le trabajan la lengua y el cogote"

COHETE

cigarrillo de marihuana; cf. pito, verde, huiro, piticlín, zepelín, paraguayo, aguja, caño, huiro, cuhete.

"hazte un cohete por mientras yo preparo la comida, ¿ya?"

"-están vendiendo unos cohetes la muerte en el pasaje -¿A cuánto? -A luca, poh"

"con este cohete te vai directo a la luna"

COLA

homosexual; desleal; ingrato; traicionero; cf. chueco, colipato, fleto, marica, maricón, coligüe.

"perdón, a los colas ahora se les dice gays"

"ese gallo parece que es medio cola"

"cuando haya señas de que a los colas se les respeta como a todo el mundo, entonces te creo que este país se ha desarrollado un poco"

"no seai cola, puh, ¿hay estado tomando con nosotros y ahora te querí ir? Rájate con una chelita que sea"

COLADO

que ingresa sin tener permiso o invitación; que participa en evento sin haber sido invitado; que intenta infiltrarse; cf. colarse.

"oye, huevón colado; tú no estabai nada ahí en la cola antes ¡ah!"

"ese sujeto es un colado de mierda; nadie lo invitó"

"la verdad, yo estoy de puro colado en esta fiesta"

"el Rodolfo siempre está de colado en todas partes"

COLARSE

infiltrarse; meterse; entrar sin pagar; filtrarse; entrar sin invitación; intentar avanzar impropiamente en el turno; cf. colado.

"oye, puta, no se cuelen, poh, huevones"

"me colé en el estreno de esa peli"

"se coló esa noticia"

"tratemos de colarnos al estadio"

"no se cuele puh señora, ¡no ve que estamos todos esperando hace rato en la cola!"

COLOR

entusiasmo; energía; escándalo; dramatismo; complicación; cf. cuática, empeño, ñeque.

"le pone harto color ese actor en su papel de choro"
"más el color que le pusiste y al final nunca se hizo ese asadito que prometiste"
"no le pongai tanto color; si es un pito no más; pitea de una vez y pásalo"
"oye, que le ponís color, Manuel, ni que te estuviéramos invitando a la Antártida; si vamos a la playa no más"

COMER
realizar coito; tener sexo; cf. culiar, tirar, chiflar, echarse al pecho, manducar, comerle la color a otro.

"y Carmencita, ¿te comiste al Rodrigo anoche o no?"
"la vecinita está tan rica que me la comería feliz"
"queridos hermanos, la norma es simple y más tolerante que el mandamiento del caso: puede darte apetito en la calle, o donde sea, pero se come en casa"
"mira, no te metas con la Loreto; ahí come el Javier; tú sabís eso"

COMERLE LA COLOR A OTRO
meterse con la mujer de otro; cf. gorrear, cagar, hacerle la cama, pellizcarle la uva a otro, comer.

"parece que le están comiendo la color al vecino de al frente"
"el patudo del Coco estaba de invitado en la casa del Andrés y le estaba comiendo la color con la Teresita, su mujer; ¿qué me decís?"

COMÉRSELAS
tener que callar; aceptar a regañadientes; soportar sin protestar; resignarse; cf. bancarse, mamarse, chuparse, apechugar, bajar el moño, morderse la lengua.

"lo agarraron a chuchadas y le dijeron de todo, y como era su jefe, tuvo que comérselas no más, puh"
"cómete ésta: tu hermana se está acostando con el Miguel"

COMO CALZÓN Y POTO
inseparables; unidos; perfectos el uno para el otro; cf. media naranja, como uña y carne, como poto y calzón.

"son como calzón y poto esos dos, no se separan ni para ir al baño"

"la Tersita y la Gabriela son como calzón y poto; van juntas a todos lados"

COMO CON UN AJÍ EN EL POTO

apresuradamente; precipitadamente; apuradamente; desesperadamente; cf. con un ají en el poto.

"la vieron salir a la Romy como con un ají en el poto de su casa esta mañana"

"Manuel, por favor, toma el auto y parte como con un ají en el poto a la casa de la María a llevarle esta levadura"

COMO EL AJO

mal; pésimo; deplorable; despreciable; cf. último, como las huevas, como la mona, como el hoyo, como el horto, como el orto, como el forro.

"no vayas a verla; esa película es como el ajo"

"como el ajo ese amigo tuyo: dejó todos los platos sucios y las camas deshechas en la cabaña"

COMO EL FORRO

mal; pésimo; deplorable; despreciable; cf. como el hoyo, como el horto, como el orto, como el ajo, estar como el forro.

"estoy resfriado y me siento como el forro"

"nos fue como el forro en ese negocio"

COMO EL HOYO

muy mal; pésimo; deplorable; horrible; cf. último, como el forro, como las huevas, como la mona, como el horto, como el orto, como el ajo, estar como el hoyo.

"esta fiesta está como el hoyo, vamos a un bar mejor"

"estas olas están como el hoyo; salgámonos del mar y vamos a fumarnos unos pitos mejor"

Como el Horto

muy mal; pésimo; muy feo; cf. último, como las huevas, como la mona, como el hoyo, como el forro, como el ajo, como el orto, horto.

"compadre, este modelo de la Nissan salió como el horto; yo que usted me compraba otro cacharro"
"la contaminación, la miseria y la delincuencia en Río de Janeiro podrán ser como el horto, pero los hortos de Río no son nada como el horto"

Como el Orto

muy mal; pésimo; muy feo; cf. último, como las huevas, como la mona, como el hoyo, como el forro, como el ajo, como el horto, orto.

"esta película es como el orto; vámonos"
"la academia en Chile es como el orto"
"la ortografía en Chile es como el orto"

Como la Mona

muy mal; pésimo; horrible; cf. como las huevas, como el forro, como el hoyo, como las pelotas, como el ajo.

"nos fue como la mona en ese negocio, huevón; salimos perdiendo plata"
"oye puta el partido como la mona, huevón; cero a cero y ni un brillo; parecía pichanga de potrero la huevada; deberían devolvernos la plata de las entradas"

Como las Huevas

muy mal; pésimo; horrible; cf. último, como la mona, como el forro, como el hoyo, como el ajo, huevas.

"me siento como las huevas; parece que me voy a resfriar"
"este auto es como las huevas: se lo pasa en pana"
"para qué vas a perder tiempo y plata; ya que puedes, ándate al extranjero a estudiar mejor; las universidades chilenas son como las huevas"

Como las Pelotas

muy mal; pésimo; horrible; cf. como el ajo, como el forro, como el hoyo, como el orto, como el horto, como las huevas, como la mona, pelotas

"la fiesta salió como las pelotas: se puso a llover y casi no vino nadie"
"las casas de esta población salieron como las pelotas: malas terminaciones, se llueven y hay hongos en las paredes al año de la entrega"

Como Malo de la Cabeza

profusamente; exageradamente; mucho; excesivamente; cf. más que la cresta, más que la chucha, a cagarse, caleta, ene.

"estuvimos comiendo erizos con limón como malos de la cabeza toda la mañana en Puerto Montt"
"esta mañana la jefa se puso a gritar y a echar chuchadas como mala de la cabeza"
"estuve trabajando como malo de la cabeza todo el día"

Como se le Pare el Pico a Uno

como quiera uno; como plazca a uno; en forma autosuficiente; en forma independiente; libremente; cf. no estar ni ahí, hacer y deshacer, como se le pare, como se le pare la raja a uno, hacer como se le pare el pico.

"en este país las Farmacias han hecho exactamente como se les ha parado el pico con la población"
"el Rodrigo es súper independiente; no está ni ahí con instituciones, ni jefes, ni horarios, ni nada; lo pasa la raja; el gil ha hecho exactamente como se le ha parado el pico toda su vida"

Como se le Pare la Raja a Uno

sin miramientos; como quiera uno; como plazca a uno; en forma autosuficiente; en forma independiente; egoístamente; libremente; cf. anarquista, no estar ni ahí, hacer y deshacer, como se le pare, como se le pare el pico, hacer como se le pare la raja.

"-la mujer debe ser hacendosa, delicada, sensual, sumisa… -Oye, huevón, las mujeres hace rato ya que hacen como se les pare la raja; no están ni ahí con esos preceptos añejos y retrógrados"

"cuando me jubile voy a hacer como se me pare la raja"

Cómo te Baila

cómo te va; cómo estás; qué tal te va; hola; cf. qué onda, qué hubo.

"-hola Pedro, ¿cómo te baila? -Bien viejo, bien, ¿y tú?"

"-¿cómo le baila compadrito? -Bien compadre y a usted ¿cómo le fue con el negocio ese de los caracoles?"

Como Trapo

cansado; exhausto; desgastado; mal; cf. hecho añicos, hecho tira, como chaleco de mono, muerto, por el suelo, pa' la cagada, estar como trapo.

"a las tres de la mañana, salimos los dos como trapos de esa disco"

"no puedo salir esta noche amigui; estuvimos dándole con el Rodrigo anoche y quedé como trapo"

Como Tuna

muy bien; fresquito; rejuvenecido; recuperado; cf. impeque, tiqui taca, como un pepino, como nuevo, como lechuga.

"después del sauna quedo como tuna"

"estoy como tuna con tanto ejercicio"

"mi amor, usted con tanto cerro que escala está durita, está como tuna"

Como un … Cualquiera

como uno más; como cualquier otro; sólo; sin dignidad; pésimo; con desprecio; denigrantemente; indecentemente; cf. ni más ni menos.

"el Manuel cuando está curado se porta como un roto de mierda cualquiera"

"estaba recién llegado a Francia, no tenía plata y apenas mascullaba el idioma; tuve que trabajar como un obrero cualquiera"

"en ese trabajo a las secretarias nos trataban como unas sirvientas cualquiera"

"estos huevones creen que somos unas putas cualquiera; ubíquense, idiotas; ni cagando les vamos a hacer el show del caño; frescos de mierda"

"oiga, a mí no me viene usted a tratar como una cualquiera, ¿me oyó? Muy jefecito será, pero no se va a sobrepasar conmigo ¿me entiende?"

COMPONER LA CAÑA

recuperarse de la borrachera; mejorarse con alguna bebida alcohólica u otra de los malestares de la borrachera; cf. resaca, caña.

"qué manera de haber recetas para componer la caña en Chile, ¿no? Se podría escribir un librito con estos tratamientos populares…"

"no hay como una buena cacha para componer la caña"

"compadre, metámonos en ese boliche a componer la caña con chupilca"

"nada mejor que una chela heladita para componer la caña"

"el mote con huesillos es lo más efectivo que hay para componer la caña"

"un plato de erizos con harto limón es el remedio óptimo para componer la caña"

COMPRAR TERRENO

caerse en el suelo; caer de cara en el suelo; darse un suelazo; caer y golpearse; cf. darse un costalazo, darse un porrazo, sacarse la cresta, sacarse la chucha, sacarse la contumelia, sacarse la ñoña.

"voy por el paseo Huérfanos llegando a Estado ¡y no piso una cáscara de plátano y compro terreno en pleno centro de Santiago!"

"-¿te haz dado cuenta que cuando cabro chico una pasaba comprando terreno y ahora no? -Espérate que te lleguen los años y ahí conversamos de nuevo"

CON COVER

relación que accede al sexo; relación que no es de pareja formal pero que incluye el sexo esporádico; cf. pensión Soto, con tuti, la pasada, todo pasando, pasar de todo, con ventaja.

"-¿y es amiga tuya la Mireya? -Sí, amiga con cover… -Ah, ya déjame hasta ahí no más"

"tú conoces al Rodrigo hace tiempo, ¿cierto? -Sí, somos amigos, puuh, no sé, muchos años… Claro que amigos no más, no con cover"

CON CUEVA

por suerte; por milagro; poco probable; difícilmente; quizás; en el mejor de los casos; cf. a lo mejor, puede ser, capaz que, en una de esas, si es que, apenas, a duras penas, con raja, cueva.

"mira, con cueva no te metieron preso el otro día cuando te pillaron fumando pitos, así es de ahora en adelante cuídate más"

"con un poco de cueva, le empatamos a Argentina y nos clasificamos para el mundial"

"con cueva voy a pasar de curso este año"

"con cueva, nos ganamos la lotería y se resuelven todos nuestros problemas"

CON CUEVA

suertudo; afortunado; cf. rajudo, cuevudo, cueva.

"el Manuel es un gallo con cueva: cada vez que se mete en un lío, logra salir bien parado de él"

"al Pinocho fácilmente lo podrían haber secado en alguna cárcel europea; se salvó enjabonado; hay que ser con cueva"

CONCHA

vagina; vulva; parte íntima femenina; cf. chucha, zorra, chorito, concha de tu madre, concha de su madre, concha 'e la lora.

"la Tere andaba sin calzones y se le veía toda la concha"

"mi amor, usted tiene una conchita preciosa"

102

CONCHA 'E LA LORA
ay; caramba; diantre; expresión ante el dolor, la sorpresa, u otra impresión fuerte; es contracción de "concha de la lora"; cf. chucha, mierda, concha 'e tu madre.

"concha 'e la lora, me quemé"
"concha 'e la lora, se me cortaron los frenos"
"ah, concha 'e la lora, se me encarnó una uña"

CONCHA DE TU MADRE
mal nacido; es insulto fuerte; cf. mal parido, hijo de puta, concha de su madre, un concha de su madre.

"¡aprende a manejar, huevón concha e tu madre!"
"sal de esta población, venís a puro juntar votos, político concha de tu madre"
"-me chocaste el auto, concha 'e tu madre -¿a quién le venís a sacar la madre, concha 'e tu madre?"

CONCHA DE TU MADRE
diantre; expresión ante el dolor, la sorpresa u otra impresión; cf. chucha, mierda, cresta, concha 'e la lora.

"¡concha de tu madre, me corté!"
"¡ah concha 'e tu madre! Se me cayeron todos los huevos…"
"¡ay, concha 'e tu madre; se me atascó la tula en el cierre huevona!"

CONCHA DE SU MADRE
mal nacido; es insulto fuerte; cf. mal parido, culiado, hijo de puta, concha de tu madre, un concha de su madre.

"esos huevones de los políticos son unos concha de su madre; pa' las elecciones se aparecen por la pobla con cara de circunstancia los huevones, onda: Estoy súper preocupado por su situación… Después, nunca más los viste, más que por la tele, empolvaditos y cagados de la risa a los huevones"
"son conchas de su madre los bancos: te prestan un paraguas cuando hay sol y

cuando está lloviendo te piden tres de vuelta los culiados"

"mire, amigo, los académicos en Chile son unos tristes payasos concha de su madre; les pagan para que desorienten a la gente, para que hablen huevadas y cierren la boca sobre las cosas importantes que hay que decir"

CONCHUDO
tipo con suerte; afortunado; próspero; cf. cuevudo, zorrudo, suertudo, con cueva.

"Manuel, qué conchudo eres: la María es una mina de primera"
"puta el huevón conchudo ese; vive de sus rentas y no hace absolutamente nada"
"-señorita, ¿podría explicar mejor eso de la ambigüedad léxica? -Claro que sí, Pedrito, y para que toda la clase lo recuerde siempre: Una mina conchuda es, sin más información, una ambigüedad léxica: puede serlo por la suerte que tiene o bien porque tiene grande su sexo. ¿Les quedó claro, niños? -Sí señorita… -¡Señorita, señorita!… -Sí, Pedrito, dígame -Señorita, ¿podríamos decir que usted es ambigua?"

CON EL AGUA AL CUELLO
en medio de dificultades y problemas; con muchos problemas; con mucho trabajo y deberes; cf. con la mierda al cuello, hasta las patas, sonado, cagado, con el agua hasta el cuello, estar con el agua al cuello.

"estoy bien cagado, con el agua al cuello este semestre; trabajo horario completo, me nació una guagua y pa' más remate tengo que sacar mi título profesional sí o sí"
"quedamos con el agua al cuello con ese préstamo hipotecario"

CON EL AGUA CORTADA
sin el favor sexual de la pareja; sin acceso al sexo; cf. caliente, con el Kino acumulado, estar con la bala pasada, no verle el ojo a la papa, andar con el agua cortada, tener con el agua cortada, estar con el agua cortada.

"-…y ¿qué es lo que más le molesta de la cárcel, senador? -Estar con el agua cortada"
"-me tienen con el agua cortada, compadre -Puta, compadre, no se preocupe, yo le presto unas lucas pa' que se la repongan… -No, compadre, mi señora… -¡Ah!"

Con el Kino Acumulado
sin haber tenido relaciones sexuales en mucho tiempo; con deseos sexuales; cf. con el agua cortada, estar con el Kino acumulado.

"en esta cárcel modelo, para no tener a los reos con el Kino acumulado, los dejamos que reciban a sus parejas una vez al mes en lugares íntimos…"

Conferencia de Prensa
chupar miembro masculino; aplicar sexo oral; cf. corneta, chupar el pico, chuparlo, tomar el micrófono, mamar, dirigirse al país.

"abro la puerta… y estaba la María en plena conferencia de prensa con el Manuel"
"la Mireya es brava para ofrecer conferencias de prensa"

Con la Mierda al Cuello
sumido en dificultades y contrariedad; en problemas; con mucho trabajo y deberes; cf. con el agua al cuello, hasta las patas, sonado, cagado, con la mierda hasta el cogote, estar con la mierda al cuello.

"estoy con la mierda al cuello: me bajaron el sueldo, mi mujer se embarazó y el dividendo de la deuda hipotecaria se disparó"
"en Bolivia nuestros hermanos están con la mierda al cuello desde hace mucho tiempo y nosotros, como buenos cristianos, no hemos hecho ni una huevada para ayudarlos"
"dos tercios del mundo vive con la mierda al cuello, la mierda que el otro tercio le deja caer de a toneladas por minuto"

Con la Mierda Hasta el Cogote
hundido en dificultades; en problemas; en graves apuros financieros; cf. con la mierda al cuello, estar con la mierda hasta el cogote.

"estoy con la mierda hasta el cogote; no he vendido nada y cierro el mes en tres días"
"esta firma de arquitectura lleva ya un año con la mierda hasta el cogote; tenemos que cerrarla, no hay vuelta"

CON LAS BOLAS AL AIRE
desnudo; sin ropa; desnudo de la cintura para abajo; con la zona genital expuesta; cf. pilucho, en pelota, a poto pelado, en bolas, con las huevas al aire.

"oiga, señorita, ¿y cuándo viene el doctor? Mire que me tienen aquí con las bolas al aire como una hora ya pues"
"el Rodrigo salió muy campante de la piscina con las bolas al aire"

CON LAS HUEVAS AL AIRE
desnudo; sin ropa; desnudo de la cintura para abajo; con la zona genital expuesta; cf. pilucho, en pelota, a poto pelado, en bolas, con las bolas al aire.

"tuvimos que estar ahí parados los conscriptos con las huevas al aire hasta que nos examinaran"

CON RAJA
quizás; con suerte; es probable que no; en el mejor de los casos; poco probable; cf. en una de esas, capaz, puede ser, a lo mejor, con cueva, raja.

"con raja alcanzamos esa micro"
"con algo de raja, no se dan cuenta que faltan dos botellas de pisco en la despensa"
"¿tú crees que cabe todo en la camioneta? -Con raja, sí"
"-Manuel es un huevón con raja; ¿hay cachado que le va bien en todo lo que hace? -Sí, el Manolo nació parado"

CON VENTAJA
relación que accede al sexo; relación que no es de pareja pero que incluye el sexo esporádico; se dice desde la perspectiva femenina sobre hombre que goza de este privilegio, en general en una relación informal; cf. pensión Soto, con tuti, la pasada, todo pasando, pasar de todo, con cover.

"-él es un buen amigo -y ¿es un amigo con ventaja o sin ventaja? -Con ventaja -¿O sea que igual pasa entre ustedes…-Sí, cuando yo quiero eso sí, poh; eso es lo rico"
"yo ya no estoy ni ahí con tener pareja; prefiero los amigos con ventaja"

"me gustaría organizar la Asociación Gremial de Amigos con Ventaja, porque he notado últimamente que son las minas las que en verdad están teniendo cada vez más ventaja"

Coño

español; es apelativo despectivo para referirse a los españoles con este término, que, como se sabe, entre ellos significa vulva, vagina, sexo femenino y lo usan como insulto también.

"Neruda trajo muchos coños a Chile"
"los coños estaban bien aquí en Chile, cuando hacían sus negocios en el pan y en las ferreterías y le ponían uno que otro toque anarquista al lugar, pero, realmente, estos que han llegado ahora vuelven como los conquistadores, a robarse el territorio, con las hidroeléctricas, las telecomunicaciones y las financieras"
"la señorita nos dijo que no hay que decirles coños a los españoles, porque eso fomenta la xenofobia; ellos tampoco deberían decirnos sudacas a nosotros por lo mismo, dijo"
"ni que fuera coño ese amiguito tuyo, el Alejandro; ez que pronunzia todo azí ¿me entiendez?"

Coño

vagina; vulva; órgano sexual de la mujer; se usa poco en Chile en este sentido; cf. champa, chucha, choro, chorito, zorra.

"me muero de vergüenza, amigui; es que se me olvidó que no tenía nada debajo y pa' mí que el Rodrigo me vio el coño cuando me senté a conversar con él"

Corneta

sexo oral; dar sexo oral; cf. chupar el pico, chuparlo, mamar, dirigirse al país, tomar el micrófono, conferencia de prensa.

"esa mina es seca pa' la corneta"
"cinco lucas la corneta, socio"
"mi amor, ¿y si me da corneta?"

CORTA

el acto de orinar; cf. pipí, pichí, la corta, echar la corta.

"voy a echar la corta a ese árbol"
"una corta y vuelvo"

CORTACHURROS

ano; línea del trasero; cf. raja, raya, chico, botón de cuero, chapita.

"a ver, sáquese los churrines y muéstreme el cortachurros"
"las chiquillas que trabajan aquí se lavan el cortachurros todas las noches para que sepa"

CORTAR LA LECHE

desanimar; deprimir; malograr los buenos sentimientos; estropear el ánimo; estropear la excitación sexual; cf. cagarla, embarrarla, patear la guata, cortarse la leche.

"llego al trabajo y nos cuentan que no va a haber aumento de ningún tipo este año; esas cosas cortan la leche"
"pero, gordi, ¡cómo me pide que le traiga una chela en pleno acto! ¿No ve que me corta la leche?"
"no, ya la cagaste, me cortaste la leche; filo; anda a correrte la paja si estai caliente"

CORRER MANO

manosear sexualmente; toquetear íntima y amorosamente; cf. atracar, agarrar.

"en la fiesta el Manuel le estaba corriendo mano a la María y de repente prendieron las luces y se supo todo"
"a la Loreto le gusta que le corra mano"
"lo mejor con los lentos es que se puede correr mano"
"cuando se es adolescente, se corre mano, cuando se es adulto, se puro corre no más"

CORRERSE LA PAJA

masturbarse; cf. hacerse la Manuela, hacerse una Manuela, tirarse las huevas,
tirárselas, pajearse.

"los cabros se estaban corriendo la paja en el baño y los pilló el inspector"
"si se corren la paja, se les va a caer el pene"
"receta del curita Matías: me rezan un Padre Nuestro y se corren una paja al día"

COSITA

amorcito; es piropo sexual a mujer; cf. mijita rica, ricura, pssst, cosita rica.

"cosita, ¡qué rica es!"
"pssst, cosita; venga, ¿vamos al cine?"
"qué cosita más rica se subió el otro día al ascensor conmigo, me dieron ganas de
declararme ahí mismo"
"te quiero, cosita, mi amor, ricura"

COSITA RICA

amorcito; es piropo sexual a mujer; cf. mijita rica, ricura, pssst, cosita.

"cosita rica, soy su esclavo, sus deseos son órdenes para mí"
"mi amor, cosita rica, cásese conmigo, le doy todo lo que quiera"

CREERSE LA CRESTA

jactarse; ostentar; fanfarronear; presumir; cf. creerse la muerte, creerse el hoyo
del queque, creerse la chucha, creerse la raja, creerse.

"el Manuel se cree la cresta porque se ganó el premio ese de poesía"
"claro, como tenís departamento en Viña y en Reñaca te creís la cresta puh"

CREERSE LA RAJA

jactarse; ostentar; fanfarronear; presumir; cf. creerse la cresta, creerse el hoyo
del queque, creerse.

"la Francisca se cree la raja; todo porque se ganó ese concurso de belleza"
"el Mario se cree la raja, sólo porque anda con la Isabel"
"los políticos que tenemos son unos poseros que se creen la raja y no salvan a nadie"

CREERSE EL HOYO DEL QUEQUE
jactarse; ostentar; fanfarronear; presumir; cf. creerse la cresta, creerse.

"los chilenos se creen el hoyo del queque ahora que les está yendo un poco mejor"
"la Romy se cree el hoyo del queque con su perrita finita que tiene, la Lunita"

CUARTEARSE
ver los calzones bajo la falda de una mujer; escudriñar las partes íntimas de una mujer, por ejemplo, al subir ella por una escalera; ver partes íntimas de alguien inadvertidamente; cf. cuarteo.

"los liceanos inventan todo tipo de trucos y maneras para cuartearse a las liceanas, hasta los he visto acomodar trozos de espejo en el suelo allí donde se paran las bellas"
"cómo se le ocurre andar trepando con minifalda por los árboles, ¿no ve que están todos los chiquillos cuarteándose?"
"las minas también se cuartean; van directo al trasero y al bulto del huevón"
"los taxistas usan un espejo retrovisor ancho para cuartearse a las minas con falda que llevan de pasajero"
"doctor, tengo esta cosa, que me gusta que se cuarteen los hombres conmigo; ¿estaré enferma doctor?"

CUARTEO
acceso visual a las piernas y calzones de una mujer; percepción de calzones debajo del vestido de una mujer; vista de partes íntimas de alguien sin su conocimiento; cf. cuartearse.

"Manuel, fíjate en esa minita sentada en el banco; está dando un feroz cuarteo"
"de repente me hago la huevona y le doy un cuarteo al jefe; después voy como

quien no quiere la cosa y le pido si puedo irme más temprano; siempre me dice que sí"

"un buen cuarteo puede despertar el apetito del hombre más satisfecho"

CUÁTICA
exageración; alarde; escándalo; bulla; habladuría; cf. ponerle, cuático, cuatiquero.

"no reacciones con tanta cuática; si sólo te preguntaba si querías acostarte conmigo"

"no hagan tanta cuática que van a despertar a todo el mundo"

"la mansa cuática que se mandaron; invitaron a toda la familia a una fiesta para celebrar que la Ximena estaba embarazada"

CUÁTICO
persona o conducta exagerada o escandalosa; exagerado; alarmista; ostentoso; teatral; cf. ponerle, cuática, cuatiquero.

"el Manuel es un cuático: se puso todo histérico por unos guarenes que había en el canal"

"no seas cuático, Rodrigo, si no pasa nada entre el Manuel y yo"

"por qué tan cuático, digo yo; cuando él me puso el gorro a mí yo no hice ningún escándalo, ¿viste como son los huevones?"

CUATIQUERO
exagerado; teatral; escandaloso; alarmista; cf. ponerle, cuática, cuático.

"los actores son por naturaleza cuatiqueros"

"que cuatiquero te has puesto, Manuel... Antes llegabas y salías con nosotras por ahí, sin rollos, y ahora que esto y lo otro, que parece que hace frío, que no hay nada abierto, que va llover... Más lo que le ponís, huevón"

CUCHARITA
abrazo lateral horizontal, uno pegado a la espalda del otro; el sexo de lado y de espaldas la mujer; cf. la del misionero, pollitos pastando, a lo perrito, hacer cucharitas.

"-mi amor, ¿una cucharita después de almuerzo? -Bueno, de postre"

"mi marido está cada vez más flojo; ahora ya no me hace el amor sino a lo cucharita, como si estuviera durmiendo el muy gilberto"

"cucharita es rico, porque ahí te quedai durmiendo ahí mismo, ¿cachai?"

CUCHUFLETA

embauque; engaño; mentira; cuento; cf. labia, cassette, pomada, culebra, chiva, grupo.

"para ser vendedora hay que saber meter la cuchufleta"

"ese gil del Mario anda con puras cuchufletas todo el tiempo; no le creas nada de lo que habla"

"la Mireya me metió la cuchufleta que necesitaba plata por unos días y salí prestándole cien lucas que todavía no me devuelve"

CUCHUFLÍ

sexo; miembro sexual masculino; cf. banana, comer, tirarse al dulce, pan con chancho.

"nos llevamos bien con mi pololo; a los dos nos gusta el cuchuflí y, estando bien eso, el resto se da solito"

"-la Mireya está dejando la cagada metiéndose con los minos del grupo… -Sí, a esa mina le gusta demasiado el cuchuflí… por eso"

"-el huevón cara de palo me preguntó si me gustaba el cuchuflí ¡Será fresco! -¿Y qué le dijiste? -Me cagué de la risa, puh, ¿qué iba a hacer? Si les echai la bronca te salen con que una es mal pensada o te preguntan si prefieres los barquillos…"

CUERADA

cuerpo atractivo de mujer; cuerpo atractivo; sensualidad corporal; cf. filete, bistec, pellejo, cuero, cuerazo.

"la mamá del Ernesto tiene feroz cuerada, ¿hay cachado?"

"con esa cuerada que tiene, mijita, usted nunca va a pasar ni hambre ni frío"

"mira ese hombre la cuerada que tiene; no está mal , ¿viste?"

"esa sí que es cuerada, gancho; mira ese minón, ese filete tostándose en la playa, esperando que se lo coman"

CUERAZO
cuerpo atractivo de mujer; cuerpo atractivo; sensualidad corporal; cf. filete, bistec, pellejo, cuero, cuerada.

"Carolina, tú eres linda y simpática, y además, tienes lo que se llama un cuerazo"
"oye el cuerazo de esa mina, la Danila, parece Yayita la huevona"

CUERO
cuerpo; cuerpo de mujer; sensualidad corporal; cuerpo atractivo; cf. filete, bistec, pellejo, cuerada, cuerazo.

"esa mina tiene buen cuero"
"el cuerito del viejo de Rodrigo ¡ah! No lo hace nada de mal, te voy a decir"
"¡el cuerazo que se gasta la mamá del Ernesto!"
"con ese cuero que se gasta, mijita, no va a sufrir nunca ninguna penuria usted"

CUERO DE CHANCHO
resistente; impávido; templado; cf. como si oyera llover, como si nada, no entrarle balas, cara de palo, frío, seco.

"el Manuel es cuero de chancho: lo puedes insultar pero no se ofende; no le entran balas"
"hay que ser cuero de chancho para dedicarse a la política, porque te van a decir de todo y tienes que sonreír como si nada"

CUEVA
trasero; nalgas; ano; cf. poto, chancho, raja, culo.

"¡atención conscriptos! ¡Límpiense bien la cueva después de cagar! ¡No queremos infecciones en el regimiento"
"¿cómo es que se llaman esos monos que andan con la cueva bien al aire?"

CUEVA

suerte; buena fortuna; casualidad beneficiosa; cf. raja, con cueva, mala cueva, cuevudo, cuevazo.

"no tuve muy buena cueva con el auto que compré: se lo pasa en el mecánico"
"el que llega tarde no toca comida; mala cueva no más"
"la cuevita del Lucho ¿ah? Primero se sacó el pillo del Servicio Militar con la chiva de que estaba estudiando matemáticas y ahora agarró una beca a Europa con la misma chiva"

CUEVAZO

culo espectacular; trasero monumental; cf. cueva, raja.

"la hermana del Manuel tiene un cuevazo de primera"
"esos cuevazos que aparecen de pronto en el verano son muy peligrosos cuando uno está manejando"

CUEVAZO

suerte; oportunidad extraordinaria; casualidad benévola; cf. cueva, raja, cuevudo.

"qué cuevazo tuve: me gané la lotería"
"llegar a este trabajo fue un cuevazo increíble"
"me encontré con el Manuel de puro cuevazo no más"

CUEVAZO

caída fuerte sobre las nalgas propias; cf. potazo, caerse de poto.

"y no se me rompe la silla y me doy un cuevazo en el suelo"
"me resbalé y me di un cuevazo en pleno paseo Huérfanos"

CUEVUDA

mujer con trasero atractivo; mujer con caderas anchas; cf. potonas.

"bueno, y las minas que vai a invitar, ¿son cuevudas al menos?"

"la comida chatarra está produciendo una nueva especie de mujer, la cuevuda descomunal"

CUEVUDO

tipo con suerte; afortunado; cf. con raja, suertudo, cueva, raja.

"puta el huevón cuevudo: se ganó la lotería y compró otro número y se la ganó de nuevo; eso se llama ser cuevudo"

CUFIFO

borracho; bebedor; ebrio; cf. curahuilla, curado, cocido.

"a mi marido lo terminé echando de la casa por cufifo"
"todos los viernes por la noche, la misma historia: el pueblito lleno de cufifos deambulando, tambaleándose por las veredas, apoyándose en los postes y en las paredes"

CUHETE (CUETE)

cigarrillo de marihuana; cf. pito, verde, piticlín, zeppelín, paraguayo, aguja, caño, huiro, cohete.

"pásate el cuhete, poh flaca, no te quedís pegada"
"llevemos unos cuhetes a las rocas; no hay nada mejor que ver la puesta del sol volado ¿no te parece?"

CULIADO

canalla; traidor; vil; malo; infeliz; sinvergüenza; aprovechador; es insulto fuerte; cf. maricón, concha de su madre, hijo de puta, culiar.

"-se suponía que íbamos a ir todos a La Laguna, pero el lunes los vi bronceaditos, así es que pa' mí que se fueron a la playa sin nosotras, amigui -Puta los huevones culiados"
"-los hombres son unos culiados –Ya, y ¿qué hacemos ahora? ¿Tortillamos, huevona?"

"huevón culiado maricón de mierda; cómo se te ocurre andar mirando por la ventana a mi mujer, huevón; cuando te vuelva a ver te voy a sacar la cresta huevón"

CULIAR

fornicar; copular; cf. tirar, chiflar, meterlo, mandarlo a guardar, dar guaraca, dar flete, acostarse, darle, hacerlo, irse a la cama.

"oye, Manuel, ¡tú me querí' pa' puro culiar no más ah!"
"los pacos detuvieron al Rodrigo y a la Carmen por atentar contra la moral y las buenas costumbres; los pillaron culiando en la playa a los huevones"
"-¿te gustan las flores que te traje? -Sí, son preciosas -¿Culiemos?"
"-me duele la cabeza, gordito… -Ya, o sea que de culiar ni hablar"

CULIAR CULIAR, QUE EL MUNDO SE VA A ACABAR

disfrutad, humanos, del placer de la vida; este sabio consejo no es precisamente el lema del Club de Beatos y Beatas de Chile; cf. a culiar a culiar que el mundo se va a acabar.

"-y ¿qué aprendiste en la Universidad? -Aprendí la sabiduría más profunda de la humanidad: culiar culiar que el mundo se va a acabar"
"mientras más sabiduría, más pesar, por eso: culiar culiar que el mundo se va a acabar"

CULO

trasero; nalgas; postrero; ancas; cf. poto, chancho, cueva, raja.

"las minas ahora les miran el culo a los huevones"
"en Chile los hombres lo único que hacen es mirarles el culo a las mujeres"
"fuimos a Río una semanita; esos sí son culos, compadre"
"para transportarse en la sociedad los hombres emplean vehículos, las mujeres, culos no más"

CULO

valor; atrevimiento; osadía; valiente; cf. hacérsele así el culo, ser culo.

116

"esta población está llena de patos malos; hay que tener culo para andar por aquí de noche"
"¿a que no eres culo de nadar de noche en el mar?"

CULO

suerte; buena suerte; salvada; cf. raja, cueva.

"el culo que te gastai: tu familia te paga todos los estudios"
"de puro culo no tuve que hacer el servicio militar; me encontraron que tenía pie plano"

CULONA

mujer de trasero grande; mujer de trasero excesivo; cf. potona, culo.

"me tocó una vieja culona en el bus y yo parecía sardina apretado contra la ventana"
"¡has visto esas gringas culonas que se ven por la tele!"

CUMA

delincuente; tipo vulgar; cf. lanza, punga, peliento, palomilla, flaite, pato malo, rasca.

"¡pa qué me metí con ese huevón cuma de mierda! Me robó todas mis joyas y toda mi música"
"harto cuma tu hermanito ¡ah! Se choreó un candelabro de la iglesia"

CUMPLIR

consumar el hombre el acto sexual; responder a las expectativas sexuales, especialmente el hombre las de la mujer; cf. cumplirse.

"-permiso chiquillos, pero tengo que irme, si no voy a llegar muy tarde a la casa -Ah, ¿y te toca cumplir o qué?"
"oye María, ¿y cumple el Manuel? -¿Que si cumple? Por favor, amigui, digamos que cumple demasiado y dejémoslo hasta ahí no más ¿ya?"

CUNETA

de mala calidad; falso; de imitación barata; barato; cf. callejero, rasca, marca chancho, mula, cunetero.

"la Lucy anda con unos lentes cuneta hace tiempo ya"
"-Profe, ¿porqué se dice que algo es cuneta? -Porque es un producto callejero, imitaciones baratas que se venden en las veredas, junto a las cunetas de las calles"

CUNETEADO

con la mona; tipo farrero; cf. estar cunteado, anclado, cuentearse.

"¡la Ale es una huevona más cuneteada: llega todos los días tambaleándose como a las tres de la mañana!"
"estábamos los dos bien cunteados, tomándonos un consomé marino en el Mercado Central y se nos chantan unos huevones con guitarra a tocarnos una serenata a todo chancho"

CUNETEARSE

farrear; tomar; padecer los efectos de la farra; cf. andar con la caña, emparafinarse, entonarse, cunteado.

"nos anduvimos cuneteando su resto en esa fiesta"
"-Profe, ¿por qué se dice cunetearse por curarse? -El chofer de un vehículo, cuando está ebrio, por lo vacilante de su estado, tiende a toparse con la cuneta de la calle, es decir, a cunetearse. En casos extremos, termina durmiendo cunteado, es decir, detenido atrapado en la cuneta"

CUNETERO

que vende productos en la calle; que vende productos de mala calidad; cf. mula, cuneta.

"estas películas que trajiste son todas cuneteras"
"-¿y usted qué hace, en qué trabaja? -...bueno, ahora, por el momento, yo soy cunetero no más; tengo un rinconcito en Moneda con San Antonio; igual, los pacos"

me corren a veces, pero en el ambiente de los cuneteros, ése es mi rincón; ahora que yo, igual, más adelante, con el favor de Dios, me voy a poner con un puesto en Monjitas; no un quiosco, eso sí, un mesón no más primero..."

CHACOTERO SENTIMENTAL

pene; miembro sexual masculino; es también referencia a un programa radial sentimental - chabacano, franco y audaz - con ese mismo nombre; cf. pico, pichula, diuca, cochayuyo, Pepito, aparato, penca, chacota, chacotear, chacotero.

"en el baño de los hombres del Edificio de Lenguas de la Universidad de El Parto de Concepción, en el ranking de Póngale Nombre al Pico el quinto lugar lo ocupaba El Chacotero Sentimental... En el de las mujeres, el cuarto"

CHAMPA

parte peluda y enmarañada del sexo femenino; vellos del sexo de la mujer; vulva; vellos; cf. pendejo, chucha, concha, zorra.

"mi amor, esa champa hirsuta, negra, profunda y salvaje que tiene me excita muchísimo"
"mi vida, no se ofenda pero esa champa suya me cepilla demasiado la guata; es como virutilla, amorcito"
"¿y su champa, mi amor? ¿Se afeitó?"

CHAPITA

ano; cf. poto, chico, raja, cueva, cortachurros, botón de cuero.

"oiga, mi amor, esos calzoncitos que se compró apenas le tapan la chapita"
"a mi gordito le gusta que le toque la chapita..."

CHARCHA

obeso; gordo; gordura; rollo de grasa en la cadera; exceso en el cuerpo por gordura; cf. rollo, charchento.

"¡qué charcha que está el Manuel últimamente: come comida chatarra dos veces al día!"

"mi amor, esas charchas en la cinturita suya me excitan"

"las charchas eran signo de estatus en China en la antigüedad"

"a Rubens le gustan las mujeres con charchas"

"ahora ya la charcha resulta que es un negocio: hay psicólogos y terapeutas charchólogos, dietistas que viven de ella, popularísimos gurús de la charcha, productos especiales contra la charcha, dietas anti-charcha, máquinas anti-charchas, succionadoras de charchas, ejercicios anti-charchas, autos con asientos y diseño ad hoc para el cuerpo charchento, ropa ad hoc, y hasta dicen que es hereditario, por lo que la civilización entera simplemente debe readaptarse a esta modalidad de la charcha del mundo rico. La globalización de la charcha; la charchalización global"

CHARCHA

grotesco; vulgar; barato; grosero; cochino; cf. mula, rasca, chancho, peliento.

"esta ropa es charcha"

"¡qué charcha es todo en este negocio!"

"este es un hotel charcha"

"ese paquete todo incluido a Miami es charcha, mami, no sé cómo le pueden gustar esas ordinarieces"

CHARCHAZO

golpe; bofetón; cf. combo, aletazo, cachuchada.

"la mamá le aforró al Darío un charchazo en la cara y quedó coloradito en un lado y bien pálido en el otro"

"sonó un charchazo en plena película y todo el público muerto de la risa"

CHARCHENTO

obeso; grotesco; rollizo; cf. rollento, guatón, charcha.

"¡que cantidad de charchentos que produce la sociedad industrial! ¿Y si los enviamos a África para que los fileteen allá? Santo remedio, te apuesto"

"estoy charchenta, tengo que ponerme a dieta urgente antes que llegue el verano y se me noten todos los rollos"

CHICO
ano; trasero; cf. botón de cuero, chapita, culo, raja, cueva, hoyo, poto, horto, orto, el chico, por el chico.

"no, mi amor, ese es el chico, achúntele bien, pues..."
"el así llamado sexo anal, o por el chico, es una práctica ancestral de la que se tiene documentación desde los albores del arte pictórico..."

CHIFLAR
copular; fornicar; cf. culiar, tirar.

"entré al cuarto y encontré al Manuel y a la María chiflando de lo lindo; menos mal que don Alfonso, que venía detrasito, no alcanzó a ver nada"
"el guardia de la cuadra se está chiflando a la empleada de la señora Consuelo"
"Carmen, ¿tú te estai chiflando al Rodrigo por casualidad?"

CHINA
mujer de clase baja; empleada doméstica; mujer vulgar o picante; es expresión despectiva por mujer fea o baja; cf. chula.

"a las nanas les decían chinas hasta hace no tanto en Santiago y, si el Olimpo lo quiere, dentro de un tiempo vamos a decir: Hace no tanto tiempo había nanas en Santiago"
"no puedo perdonarte que me hayas dejado por esa..., esa china, Roberto"
"-Profe, ¿por qué se les dice chinas a las mujeres del pueblo y a las nanas? ¿Porque tienen los ojos achinados? -No es ese el origen, si bien la asociación estereotípica moderna podría ser esa, Andreita. La voz, china, significa hembra del animal y también sirvienta, en quechua. Del maestro Lenz aprendemos que a las indias esclavizadas y amancebadas que servían a los conquistadores se les decía chinas. De modo que nada que ver con el país China y sus habitantes en este triste origen..."

CHINGANA
bar de mala clase; prostíbulo barato; cf. bar de mala muerte, casa de huifas, casa de putas.

"metámonos en esta chingana a ver si nos dan algo para la sed"

"entré como a las cuatro de la tarde a una chingana en un cerro de Valpo a tomarme una chela y ahí estaba nuestro buen amigo Rodrigo conversando de lo más bien con unas putas, ¿qué me decí?"

CHOLA

mujer de pueblo; mujer vulgar; mujer peruana o boliviana típica; es insulto clasista y racista; cf. china, cholo.

"ay, Nacha, por favor, mira: el Rodrigo bailando con esa chola de la Mireya"

"hola cholita, ¿bailas conmigo?"

CHOLO

peruano; indio andino; moreno; de clase baja; vulgar; cf. chola.

"yo soy cholo y a mucha honra, para que sepa"

"los cholos se juntan a un costado de la Catedral de Santiago"

"qué bueno que Bolivia tenga un cholo de presidente; por fin un representante verdadero de ese pueblo gobernando en La Paz"

"al Rodrigo le gusta conversar con los cholitos y las cholitas; claro, como él conoce el Perú…"

CHORA

vagina; vulva; órgano sexual de la mujer; cf. choro, chorito, chucha, concha, zorra.

"le puse la mano en toda la chora y no dijo nada"

"póngase calzones mijita; no ande mostrándole la chora a los huevones"

CHOREADA

amenaza; amago agresivo; insulto; cf. encachada, echar la choreada.

"no le hagas caso; esos gruñidos y garabatos son una pura choreada no más, pero al final no hace nada; en un rato se calla y se va acostar"

CHOREADO
enojado; fastidiado; aburrido; cf. chorearse, estar choreado.

"quedé choreado con el Ricardo; me dejó la guitarra pa' la cagada"
"estaban todos choreados en la oficina: nos iban a congelar el sueldo por dos años"
"-Estoy choreado; no hay nada que hacer... -Si está choreado, vaya al cine a ver una película, pues mi amor"

CHOREAR
robar; hurtar; cf. chupar, guachipear, agenciarse, birlarse, afanarse.

"andan choreando en este supermercado hace meses"
"dicen los auxiliares que en la Facultad no se puede poner papel higiénico en los baños porque se los chorean; las conclusiones parecen obvias: (a) nunca ponen el suficiente y (b) el lugar es cagón"

CHOREARSE
aburrirse; fastidiarse; enfadarse; cf. cabrearse, estar choreado, choreado.

"chorea esta pega de nochero"
"se choreó cuando le dijimos que tenía que aportar para la fiesta y se fue"
"chorea tener que escuchar las mentiras de los políticos"

CHORI
entretenido; divertido; cf. buena onda, choro, choriflai.

"qué chori este lugar, con tanta gente bonita todo el tiempo"
"me gusta tu familia; es chori tu papi y tu mami es súper"

CHORIFLAI
bonito; entretenido; divertido; cf. buena onda, choro, chori.

"choriflai tu vestido"
"qué choriflai tu amigo; nos entretuvo toda la noche con sus chistes"

CHORITO

vagina; vulva; órgano sexual de la mujer; cf. choro, chucha, champa, concha, zorra.

"Mario, cáchate el cuarteo ese: la mina anda sin calzones y se le ve todo, hasta el chorito"
"oiga mi amor lávese el chorito ¿quiere?"
"tení' que ser más delicado con las mujeres, hue'ón, ¿me entendí'? No es llegar y tomarlas; a ellas les gusta que les hagan cariño en el chorito"

CHORITO

envalentonado; atrevido; osado; insolente; cf. puntado, aliñado, choro, estar chorito.

"¿estai chorito acaso?"
"qué chorito que salió el Miguelito; se lo pasa en peleas en la escuela"

CHORO

vagina; vulva; órgano sexual de la mujer; cf. chorito, chora, concha, chucha, zorra.

"el choro es el motor que hace que el mundo dé vueltas"
"no me vas a decir que no; ¡no hay nada como un buen chorito por las mañanas!"

CHORO

maleante; delincuente; asaltante; pandillero; cf. pato malo, cogotero, cuma, punga, lanza.

"ése es choro; cuando no está preso anda cogotendo gente"
"en ese lado del patio se juntan los choros; yo antes era choro, pero ahora me cabrié; cuando salga voy a trabajar decentemente como todos lo huevones, encontrarme una minita, arrendar una casita, juntar platita y dormir tranquilo por las noches…"

CHORO

envalentonado; osado; cf. chorito, achorado, achorarse, ser choro.

"los hermanos Carvajal son todos choros y buenos pa' los combos"
"así que estai choro; ya puh, vámonos a las manos entonces"

CHORO

guapo; buen mozo; bueno; bonito, cf. pintoso, chulo.

"qué choro es tu hermano, Carmen, me gusta"
"qué chora esta computadora, tiene de todo; le falta hacer huevos fritos no más"

CHORO

entretenido; cf. buena onda, entrete, chori, choriflai.

"qué choro ese reportaje sobre los pingüinos; parece que son los únicos huevones que se quedaron en la Antártica después que se congeló"
"lo pasamos súper bien con tu amiga; es súper chora y cacha ene de cine"
"oy, qué choro este juego de video"

CHORONGO

sujeto vulgar; tipo rudo; cf. macho, picante, encachado, choro.

"-la Mireya se apareció con un chorongo el otro día -¿Qué onda? -No sé, un gallo así medio picante"

CHUCHA

vagina; vulva; órgano sexual de la mujer; cf. choro, coño, chorito, zorra.

"al Pato lo que más le gusta es lamerle la chucha a las minas"
"mi amor, me gusta mucho esa chuchita suya"

CHUCHA

diantre; exclamación cotidiana de asombro; cf. huácala, caramba, cresta, mierda, puta.

"chucha, parece que está temblando"
"chucha, ¿qué pasó?"
"¡ah chucha, me quemé!"
"oye, pero, chucha, no te pongai así puh; cálmate un poco"

CHUCHADA

palabrota; insulto verbal; vilipendio; grosería; maledicencia; cf. garabato, puteada, chuchar, chuchería, echar chuchadas.

"escuchar chuchadas en un programa de radio ya me parece el colmo ¿no crees?"
"¡cómo es posible que un padre trate a chuchadas a su propio hijo!"
"es el colmo de los colmos: a chuchadas limpias se trata la gente ahora"

CHUCHAR

proferir groserías; cf. decir garabatos, putear, chuchería, echar chuchadas.

"ese sujeto es un roto; se lo pasa chuchando todo el día"
"¡qué manera de chuchar esta juventud de hoy!"

CHUCHERÍA

cosa insignificante; objeto sin valor; minucias; cf. traste, chimuchina, cachureo.

"tiene puras chucherías este negocio"
"estos negocios chinos están llenos de chucherías"

CHUCHERÍA

groserías; maledicencias; cf. garabato, puteada, chuchada, chuchar.

"déjese de decir tanta chuchería"
"dice muchas chucherías usted, mi amor, y no se ve bien"

CHUCHETAS

aprovechador; vividor; desvergonzado; fresco; canalla; cf. culiado, puta madre, un chucheta.

126

"te has puesto muy chuchetas últimamente, Mauricio; ya no te pones con tu parte del arriendo, no compras comida y no te haces ni la cama"
"ese tío tuyo es un chucheta: se lo pasa en bares y en prostíbulos"

CHUFLAI
cerveza combinada con limonada o jugo o gaseosa; cf. fantshop.

"vamos a servirnos un chuflai pa' la sed a ese bar de la esquina, compadre"

CHUFLAI
mal aliento; tufo; cf. foca.

"disculpa ¿este es tu chuflai natural o te comiste un perro muerto?"
"pobrecita, va a andar con chuflai toda su vida; tiene halitosis incurable"

CHULA
mujer vulgar; mujer baja, de rasgos vulgares o picantes; mujer de clase baja; es también insulto por vulgaridad; cf. china, chulo, enchular, enchulado.

"en la esquina trabaja una chula harto buena"
"no seas chula, por favor, Pancha, ¡cómo vas a salir con esas faldas!"
"lo que es el misterio de las clases, compadre; ¿se ha dado cuenta que uno se siente atraído por las chulas?"

CHULETA
patada; puntapié; cf. chuletazo, pegar una chuleta.

"¡te voy a pegar una chuleta en el poto si me seguí molestando, ah!"
"hasta hace muy poco, en el Ejército a los conscriptos le aforraban chuletas todo el tiempo"

CHULETAZO
patada fuerte; puntapié fuerte; cf. chuleta.

"a chuletazos limpios los sacaron del negocio a esos pungas"
"en las escuelas, los niños todavía se dan chuletazos en el poto como parte de las normas propias de justicia grupal"
"los ingleses son sádicos; se dan con varas en el traste; nosotros a chuletazos en el poto no más"

Chulo
apuesto; buenmozo; arreglado; cf. chula, enchular, enchulado.

"qué chulo que te ves, Alfonso"
"acércate a ese chulo, a ver qué pasa"

Chulo
persona vulgar; ordinario; de clase baja; cf. rasca, punga, peliento, cholo, china.

"¡pero cómo te vas a meter con ese chulo, Adriana, por favor!"
"Ay, ¿te confieso algo? Me gustan los chulos ¿Se lo contaré a mi psicólogo? ¿Qué piensas tú?"
"este bar está lleno de chulos, amigui; mejor que vamos a otra parte"

Chulo
proxeneta; cf. alcahuete, cabrón, cafiche.

"-oye, ¿y quién es ése con el que anda la Natalia -Su chulo, huevona -¡Qué! -Te lo juro, la mina es puta de salón y ese huevón le administra los contactos"

Chupamedias
adulador; servil; lisonjero; rastrero; vergonzoso; cf. chupapatas, lameculos, patero, hacer la pata, chuparle la pata, chuparle las medias.

"ese tipo es un chupamedias: siempre le está haciendo favores al jefe"

Chupapatas
adulador; servil; lisonjero; rastrero; vergonzoso; cf. chupamedias, lameculos, patero, hacer la pata, chuparle la pata, chuparle las medias.

128

"no seas chupapatas, Manuel, si igual no te voy a prestar el auto; mi hija tiene que quedarse estudiando este fin de semana así es que nada de playa por ahora"

"Pobre gente, ¡chupapatas! Lamiéndole el culo cada uno al que está un poco más arriba… No van a llegar a ninguna parte así… además que les queda un resabio horrible en la boca…"

CHUPAR

beber alcohol; tomar; festejar; cf. trago, copete, farrear, carretear, copetearse.

"salieron a chupar toda la noche"

"chuparon y chuparon hasta no dar más y terminaron durmiéndose en la alfombra los muy curados"

CHUPAR

robar; hurtar; cf. chorear, pelar, guachipear, birlar, afanarse.

"se chuparon el computador de la secretaria"

"siempre se chupan el jabón del baño"

CHUPAR EL PICO

ejecutar sexo oral; cf. tomar el micrófono, dirigirse al país, corneta, mamar, conferencia de prensa, chuparlo.

"-¿hai cachado que en los afiches de las películas aparece una escena representativa y llamativa? Igualmente debería aparecer una mujer chupándole el pico a un hombre en los afiches de las películas pornográficas ¿no te parece? Pero no pasa… -Se llama censura, huevón"

CHUPARLE LA PATA

hacer favores; servir; adular; lisonjear; ser servil; someterse; ser rastrero; cf. lamer el culo, chuparle las medias, hacer la pata, chupapatas.

"con el condoro que te mandaste, vas a tener que chuparle la pata harto tiempo a tu viejo para que te deje salir de nuevo los viernes por la noche"

CHUPARLE LAS MEDIAS

hacer favores; servir; adular; lisonjear; ser servil; someterse; ser rastrero; cf. lamer el culo, hacer la pata; chupapatas, chuparle la pata, chupamedias.

"-a ese profe chúpale las medias y te va a ir bien… -¡Estai más huevona! Chi, ¿y si después quiere que le chupe otra cosa?"
"-dicen que esa profe es putilla… -¡No! -En serio, así dicen, que le ha chupado las medias y todas las otras cosas a todos los hombres que han podido favorecerla en su carrera académica -Oye, puta que son peladores"
"-qué bonito que te quedó el departamento, María… -Anda a chuparle las medias a tu abuela; ¿dónde estuviste el fin de semana?"

CHUPARLO

proporcionar sexo oral; cf. tomar el micrófono, dirigirse al país, conferencia de prensa, corneta, mamar, chupar el pico.

"era nuestra noche de bodas, estábamos de lo mejorcito, y la mina de repente me dice: ¡ah, o sea que hay que chuparlo también!"
"ahí estaban las dos maracas agachadas chupándoselo a los tiras en el auto, cuando los pilló la fiscal"

CHUPARSE

acobardarse; apocarse; intimidarse; cf. irse pa' dentro, quedar pa' dentro, echarse para atrás, achaplinarse, quedarse, cortarse, chupado.

"lo que corresponde es instaurar prácticas teatrales en nuestras escuelas, para que los niños no se chupen tanto cuando tienen que expresarse y decir lo que piensan, para que se desenvuelvan con soltura y hablen con mayor claridad y propiedad"

CHUPARSE

resignarse; deber aceptar; asumir las consecuencias; cf. apechugar, bancarse, mamarse, comérselas, toma toma cachito de goma.

"perdí toda la inversión en esas mierdas de Fondos Mutuos que me recomendó el

130

banco; me las tuve que chupar no más, poh; ¿qué iba a hacer?"
"dos cero les ganamos; chúpatela"
"chúpate esa"

Chuparse los Dedos
deleitarse por la comida; sentir apetito mientras se prepara algo bueno; apetecer algo; desear; cf. estar de chuparse los dedos, hacerse agua la boca.

"se estuvieron chupando los dedos un buen tiempo después de ese pastel de choclos en Temuco"
"se chupaban los dedos mientras se cocinaba el conejo en la cacerola"
"esa mina está para chuparse los dedos ¿sí o no?"

Churrete
diarrea; flatulencia con escape diarreico; cf. cagarse, chilitis, churrines.

"el Sergio pasó echo una bala al baño; andaba con churrete"
"las pastillas de carbón son buenas para el churrete"
"a los gringos les da churrete apenas llegan a Chile"

Churrines
calzones femeninos; prenda íntima femenina; cf. colalés, churrete, tirar los churrites.

"¿que por qué estoy tan serio? Te cuento: dejaste los churrines en el asiento de atrás del auto y los descubrió mi mujer"
"será huevona la Raquel; cáchate que en plena fiesta, sale con unos colalés rojos colgando de la mano y pregunta a grito pelado: ¿a quién se le quedaron estos churrines en el baño?"
"las minas ahora andan sin churrines; es lo último; así, a cuero limpio mierda"
"-mi amor, me encanta oler estos churrines suyos... -No seas picante, por favor, Rodrigo -¿Y usted sabía que en el sur les dicen churrines a unos pajaritos igualitos a lo que tiene ahí, mi amor?"

Dd

Dar Bola

interesarse; prestar atención; dar importancia; escuchar; atender; ocuparse; cf.
dar pelota, dar la esférica, dar esfera; dar redonda, inflar, pescar, dar boleto.

"la Angélica no me da ni bola: siempre que digo algo mira para otro lado"
"denle un poco más de bola al Roberto, que si no se siente, el pobre"

Dar Boleto

interesarse en alguien; prestar atención; tomar en serio; cf. dar bola, dar pelota,
dar esfera, pescar, inflar.

"el Mario terminó con la Gladys; esa mina ya no le da boleto"
"al abuelo ya nadie le da boleto"
"a Rusia ya nadie le da boleto"

DAR CAMOTE

golpear; propinar paliza; fornicar; desvirgar; cf. sacar la cresta, sacar la chucha, dar flete, dar tanda, dar zumba, darse duro, camote.

"se estuvieron dando camote a combo limpio como por una hora"
"-Manuel... -¿Sí, Mariíta? Cuénteme. -¿Y cuándo me va a dar camote, mi vida; ya hace una semana de la última vez ¿Es que no me quiere ya más?"

DAR CAPOTE

golpear; violar en grupo; fornicar; cf. dar flete, dar zumba, dar tanda, dar camote, capote.

"cuando los tenían amarrados adentro del bus, los pacos le dieron capote a los estudiantes"
"-a ver, cuéntenos, Pedrito, ¿qué hizo este fin de semana? -Fui al cine con mi papá, señorita -Ah, pero qué bien, qué bien, Pedrito... ¿Y qué película vio? -No sé como se llamaba, pero había un montón de tipos dándole capote a una mina"
"mira esos dos ahí en esos arbustos; parece que se están dando capote, ¿no?"

DAR COMO CAJA

golpear fuertemente; penetrar violenta o prolongadamente; fornicar intensamente; cf. sacar la chucha, dar huaraca, dar flete, dar zumba, dar tanda, darle.

"le dieron como caja al boxeador chileno en las Olimpíadas"
"su nuevo pinche le dio como caja a la vecinita anoche, porque los gritos se escucharon hasta la madrugada"
"esos dos se dan como caja todas las noches"

DAR EL CHUTE

terminar una relación amorosa; ponerle fina una relación de pareja; cf. dar filo, patear, chutear, chute.

"la Mireya es buena pa' dar el chute; se mete con uno, está un par de semanas pasándolo la raja y ahí, filo; y después sale con otro mino"
"- ¿y por qué anda depre el Roberto? -Es que le dieron el chute ayer"

DAR EL PASE

permitir; permitir la aproximación amorosa; dar pase a la relación sexual; cf. dar la pasada.

"Carmen, ¿cuándo me va a dar el pase, mi amor?"
"a ese gil del Manuel, nica le doy el pase; la pobre María más lo que ha sufrido aguantándole sus gorreos"
"no me arrepiento para nada de haberle dado el pase al Rodrigo esa noche; me excito de sólo acordarme lo rico que fue"

DAR EN BANDEJA

facilitar las cosas; dárselo en bandeja; cf. en bandeja.

"ese Profe es buena onda: nos está dando el examen en bandeja"
"ese partido nos lo dieron en bandeja y aun así lo perdimos"

DAR ESFERA

prestar atención; dar importancia; cf. dar bola, dar pelota, dar redonda, inflar, dar la esférica.

"esta empresa es machista; a las mujeres no les dan esfera para nada"
"por más que lo intento, el jefe no me da esfera"

DAR FILO

terminar una relación; rechazar algo; dejar de hacer algo; cf. dar el chute, chutear, filo.

"Manuel le dio filo a la María"
"tengo que darle filo a ese gil del Alberto, pero no sé cómo"
"dale filo a tu jefe de una vez, mira que ese tipo de romances nunca termina bien"

DAR FLETE

castigar; golpear a alguien; fornicar; cf. dar tanda, dar friega, dar camote, dar zumba, dar como caja, dar huaraca, frisquear, cascar, fletar.

134

"si no te comes toda la comida, tu mamá te va a dar flete"
"en esa película porno le daban flete a una mina entre tres"

DAR FRIEGA

castigar; fornicar; someter al sexo; tener sexo; cf. dar flete, dar tanda, dar zumba, dar huaraca, darle duro, friega.

"antes era todos los días, pero ahora mi esposo me da friega los viernes solamente"
"parece que mi marido es perverso; todos los domingos después de misa, religiosamente me da friega"

DAR GUARACA

azotar; castigar; propinar paliza; fornicar; cf. dar friega, dar huasca, dar flete, dar quisca, dar zumba, frisquear, cascar, fletar, dar huaraca.

"en Arabia Saudita les dan guaraca a las adúlteras"
"mi amor, ¿cuándo me va a dar guaraca?"

DAR HUARACA

azotar; castigar; propinar paliza; fornicar; cf. dar huasca, dar flete, dar quisca, dar zumba, frisquear, cascar, fletar, dar guaraca.

"las hermanas lo amarraban al parrón y le daban huaraca"
"ahí estaba el pequeñín, el hijo de don Darío, furioso dándole huaraca al mar con unos cochayuyos por haberle roto su castillo de arena"
"hace un mes que no me da huaraca mi marido; pa' mí que tiene una amante"

DAR HUASCA

castigar; dar de correazos; fornicar; cf. dar huaraca, dar zumba, dar friega, dar quisca, dar flete, huasca.

"el huaso bruto le estaba dando huasca al pobre animal"
"todavía les dan huasca a los niños en el campo chileno"
"-mi amor, si no se me porta bien le voy a dar huasca ¡ah! -¿Y cuándo sería eso, mi amor?"

Dar Jugo

insistir festejando aunque se está totalmente borracho; fastidiar todo el tiempo con lo mismo; molestar en estado de ebriedad o drogado; ser insistente; cf. pintar monos, rayar la papa, jugoso.

"el José estuvo dando jugo toda la noche, hasta que al final, se quedó dormido en un sofá"
"déjate de dar jugo, idiota, y anda a acostarte"

Dar Julepe

dar miedo; producir pavor; horrorizar; cf. hacérsele así el hoyo, cagarse entero, cagarse de susto, parársele los pelos, ponérsele los pelos de punta, ponérsele piel de gallina, julepe.

"da julepe subirse a la torre y mirar para abajo"
"me dio julepe y no me atreví a saltar en paracaídas"
"¿te dio julepe la película esa?"
"si te da julepe, no lo hagas, no te metas a esas olas"

Dar la Pasada

permitir el acceso; favorecer; permitir el acceso sexual especialmente la mujer al hombre; cf. tener buena, todo pasando, pasar de todo, dar el pase, la pasada.

"como es amigo mío, el acomodador de este cine me da la pasada de vez en cuando"
"justo cuando la flaca me da la pasada, yo estaba tan cocido que no era capi ni de abrirme el pantalón, huevón"
"-oye, y le vas a dar la pasada si se te tira al dulce? -¿Al Rodrigo? Pero eso ni se pregunta; demás que sí"

Darle

fornicar; copular; cf. culiar, echar cachita, echar una cacha, dar guaraca, dar flete, dar friega, darse duro, darse, darle duro.

"le estábamos dando de lo mejorcito cuando suena el celular ¡y la mina llega y contesta!"

"-oye, ¿y dónde se fueron el Manuel con la María? -Esos dos están ahí adentro dándole"

DARLE
beber alcohol; cf. curarse, chupar, empinar el codo, tomar, ponerle.

"tengo una caña horrible, amigui; es que ayer estuvimos dándole toda la noche, y con cerveza más encima"

DARLE COSA A UNO
sentir recato; temer; desistir; sentir rechazo; dar miedo; cf. dar julepe, hacérsele, hacérsele así, darle algo, dar cosa, cosa.

"ese tipo me da cosa, no confío en él"
"me da cosa nadar pilucho en el mar; ¿y si un pez te muerde la diuca?"
"definitivamente no soy lesbiana; no sé, me da cosa abrazarme desnuda con otra mujer"
"me pidió que se lo tocara, pero me dio cosa…"
"esas películas de horror me dan cosa"

DARLE DURO
golpear a alguien; copular; desvirgar; fornicar intensa o frecuentemente; cf. dar flete, dar huaraca, dar friega, darse duro, darse, darle.

"parece que a ese perro le han dado duro, porque mira como anda, todo temeroso de la gente"
"oye, amigui ¿y ustedes le dan duro o a veces no más?"
"le estábamos dando duro sobre la mesa de la cocina con la minita, cuando no se nos quiebra una pata y nos vamos al piso y nos sacamos las rechuchas en el suelo"

DARLE PICA A UNO
sentir odio; sentir rencor; sentir envidia; cf. sacar los choros del canasto, sacar ronchas, dar tirria, sacar pica, dar pica, picarse, pica.

"le dio pica ver al Rodrigo paseándose con esa otra mina; pero no podía precisar si su sentimiento era de odio al Rodrigo o envidia y odio a la mina"

DAR REDONDA

prestar atención; dar importancia; considerar; cf. dar bola, dar pelota, dar esférica, inflar.

"cada vez más nos están dando redonda a las mujeres en nuestro país"
"a los países africanos nadie les da redonda en la ONU"

DARSE

copular; cf. culiar, pifiar, chiflar, tirar, montar, pisar, echar cachita, dar huaraca, dar huasca, darle duro, darle, darse duro.

"-¿y esos ruidos? -los vecinos se están dando -Ah…"
"ahí estaban los dos, dándose como malos de la cabeza en el sofá"

DARSE DURO

fornicar intensamente; hacer el amor apasionadamente; hacer el amor frecuentemente; cf. culiar, chiflar, tirar, dar flete, dar zumba, dar guaraca, darle duro, darle, darse.

"¿ustedes se dan duro, amigui, o suave no más?"
"medidor de felicidad y temporalidad en las parejas: Veces por semana en que se dan duro dividido por siete. Resultado uno es igual a feliz; seis séptimos es porque vamos pasando el semestre de la relación; cinco séptimos: nos acercamos al primer aniversario; cuatro séptimos: todavía hay esperanza; tres séptimos: estamos en bajada; dos séptimos: comencemos seriamente a mirar pa'l lado; un séptimo: mi amor, tengo trabajo extra en la oficina esta tarde; de ahí pa' delante aparecen los Parásitos del Paraíso Perdido: métale Tarot, vamos al psicólogo, ¿qué dice el cura?, a ver esas pastillas…"

DARSE UN PATO

besarse; darse un beso intenso; cf. besuquearse, darse un calugazo, pato.

138

"¿te acordai cuando nos dábamos patos en esas fiestas en las que se apagaba la luz?"

"se estaban dando un pato en el dormitorio de ella, cuando entra el papá de la mina y se espanta y empieza a gritar como malo de la cabeza; cuento corto, se terminó la fiesta y tuvimos que irnos cada uno pa' su casa. Urgido el viejo"

DAR QUISCA

castigar; dar de azotes; golpear con rama espinuda; fornicar; cf. dar flete, dar zumba, dar huaraca, dar friega, dar huasca, quisca.

"si no se callan de una vez, les voy a dar quisca chiquillos de porquería"

"Profe, ¿por qué se dice dar quisca? -Bueno, usted ha estado en El Quisco ¿no Andreita? La quisca es la espina del quisco, que es el arbusto cactáceo común. Dar quisca es azotar con una de esas ramitas..."

"-y tu marido, ¿te da quisca o ya no pasa? -Pasa una vez a las mil quinientas, pero me da lo mismo; no estoy no ahí"

DAR TANDA

dar una paliza; castigar; golpear; cf. dar flete, dar zumba, zurrar, dar friega, fletar, tanda.

"las generaciones anteriores daban tanda sistemáticamente a sus hijos"

"ya no se da tanda a los niños; ahora se les da tele, face books, YouTube, i-pods, juegos de video, comida chatarra, pastillas pa' los nervios, sicólogos... Se les da la gran tanda postmoderna"

DAR TANDA

fornicar; someter al sexo; tener sexo; cf. dar flete, dar friega, dar zumba, dar huaraca, darle duro, tanda.

"-hace más de un mes que mi marido no me da tanda -Ay, a mí me dieron tanda ayer -Yo creo que este hombre tiene una amante"

DAR TANDA

hacer escándalo; alborotar; crear bullicio; cf. meter bulla.

"los vecinos dan tanda todos los viernes; menos mal que los viejitos de al lado están medios sordos"

DAR TIRRIA

producir odio; producir envidia; irritar emocionalmente; cf. sacar pica, sacar los choros del canasto, sacar ronchas, dar pica, sacar tirria, tirria.

"me da tirria cuando veo a esas minas espectaculares con los mansos cueros, haciéndole reclame a una sopa, a un cereal, a un pan integral, a un yogurt…, y una aquí luchando apenas para bajar unos rollitos"

DAR UN SABLAZO

cobrar caro; cobrar excesivamente caro; cf. el palo, la dolorosa, machetear.

"si vamos al barrio El Bosque a comer, prepárense para el sablazo"
"la cuenta fue un sablazo que me cortó el bolsillo por dos meses"

DAR ZUMBA

castigar; golpear a alguien; azotar; cf. dar flete, dar friega, dar tanda, dar camote, darle duro, zumbar.

"te voy a dar una zumba uno de estos días si sigues portándote mal"
"mami, la tía nos enseñó que ya a los niños no hay que darles zumba más; es contra la ley y la nueva moral; y nos dijo que debemos acusar a los papis si nos pegan"

DAR ZUMBA

fornicar; tener coito; someter al sexo; cf. dar flete, dar tanda, dar friega, dar camote, darle, darle duro, zumbar.

"cuando éramos recién casados nos dábamos zumba todas las noches; ahora, una vez a las quinientas"

140

"ya no pasa nada entre nosotros: hace meses que no nos damos zumba"

De Ahí

en un momento más; en un rato; más adelante; luego; más tarde; pronto; en ese momento; cuando sea oportuno; es el 'mañana' en su versión local; cf. en seguida, al tiro, ya.

"de ahí te llamo para que nos juntemos"
"de ahí le dejo el formulario con el conserje"
"no te preocupes, hue'ón, de ahí lo arreglamos"
"de ahí te cuento cómo me fue en la entrevista"
"-¿vas a ducharte? -De ahí"

Déjame Hasta Ahí no Más

no sigas; no te creo; no te sigo en eso; no te creo más lo que dices; cf. como no, como no que te voy a creer, anda a contarle esa a tu abuela.

"así es que quieres candidatearte a Presidente de la República… Déjame hasta ahí no más"
"¿que vas a subir el Aconcagua? Ya, déjame hasta ahí no más ¿ya?"
"¿perdón? ¿Que usted convertiría a Chile en un país desarrollado? Ya, déjeme hasta ahí no más ¿quiere?"

Dejándose de Huevadas

diciendo las cosas como son; en realidad; verdaderamente; cf. la dura, la firme, la verdad, a decir verdad, huevadas.

"sigue bastante pobre el país, dejándose de huevadas"
"dejándose de huevadas, es harto güena la vecina"
"dejándose de huevadas, este país se hubiera ido a la chucha si la izquierda se toma el poder en los setenta"
"el Pinochet se echó a más de tres mil chilenos, dejándose de huevadas"

Dejar Botella

hacer que el otro quede esperando y no llegar a la cita; no acudir a la cita acordada; dejar al otro esperando en el lugar de la cita; cf. dejar plantado, plantar, quedar botella.

"la dejaron botella esperando a la Mireya"
"me carga que me dejen botella así es que chao, no quiero saber más de ti"

Dejar con la Bala Pasada

producirse insatisfacción; no lograrse el propósito persistiendo las ganas o deseos de lograrlo; frustrar; hacer que el otro quede sin poder responder a insulto; quedar sin satisfacción un acto compensatorio; producirse insatisfacción de la excitación sexual; cf. dejar con la palabra en la boca, dejar con las puras ganas, con la bala pasada, dejar.

"la María me llamó, me dijo que era un pobre huevón, que iba a contarle todo a los amigos y me cortó el teléfono; me dejó con la bala pasada, sin alcanzar a responderle nada"
"estábamos atracando de lo mejor, todo pasando, la juguera al máximo, cuando en eso llega su papá, don Alfonso, y vamos subiéndonos el marrueco y la María arreglándose la falda… Me quedé con la bala pasada"

Dejar con las Puras Ganas

causar insatisfacción en el otro; frustrar un deseo en el otro; cf. dejar con la bala pasada, con las puras ganas, dejar.

"la mina me dejó con las puras ganas no más; todo terminó en la puerta de su casa, con un besito en la mejilla"
"el partido se canceló por la lluvia; nos dejaron con las puras ganas"

Dejar Sentado de Poto en el Suelo

tirar al suelo de un golpe o movimiento brusco; golpear y derribar a una persona; cf. poto, noquear.

"se corcoveó el potro y me dejó sentado de poto en el suelo"

"le mandó un combo por debajo en toda la pera y lo dejó sentado de poto en el suelo"

"la mina lo empujó en plena reunión de trabajo y lo dejó de poto sentado en el suelo; cosas del amor…"

DEJAR EN CUEROS

hacer que el otro quede sin dinero; quitar todo; quitar todo el dinero; cf. pato, dejar en pelotas, cuerera, en cueros, dejar.

"esas minas dejaron en cueros al Manuel"

"si no las controlas, las Financieras van a dejar a este país en cueros, igual que en Estados Unidos"

DEJAR EN PELOTAS

hacer que el otro quede sin dinero; gastar todo el dinero de otro; aprovecharse económicamente; robar todo; cf. dejar en cueros, en cueros, en pelotas.

"ese huevón del Rigo estuvo pechando todo el tiempo y al final dejó en pelotas a la Ale; lo poco que había heredado de su tía Teresa se le fue en mantener a ese zángano"

DEJAR LA CAGADA

causar un problema grande; arruinar; cf. meter la pata, dejar la crema, dejar la escoba, quedar la cagada, cagarla, dejar.

"me dejaron la cagada en la casa; nunca más hago una fiesta"

"parece que los gringos dejaron la cagada en Irak, ¿ah?"

DEJAR LA CAGADA

deslumbrar; causar sensación; sobresalir; producir conmoción; cf. llevarla, matar, dejar con la boca abierta, dejar.

"el huevón del Rodrigo adonde va deja la cagada con las minas"

"entró la Ximena con una mini que se le veían las piernas hasta las nalgas; dejó la mansa cagada en el restaurante"

Dejarse

permitir el toqueteo sexual; permitir el acceso sexual; acceder al sexo; dejarse
seducir; rendirse ante el acoso; cf. ir a la pelea.

"mira, tócale la cintura y baja un poco la mano cuando la saludes con un beso; vai
a ver que se deja"
"me gusta la señoriíta Andrea porque se deja"
"¿tú te dejarías si un hombre te ataca? -Ni cagando; me defiendo con uñas y dientes"

Dejar un Peo

salir de un recinto en el que se ha soltado un gas; soltar un viento en un lugar
pequeño y retirarse desapercibidamente para que otros se encuentren con el hedor;
cf. tirarse un pedo.

"qué grosería: ¡alguien dejó un peo en el ascensor esta mañana!"
"mi amor, si se va a tirar peos, vaya a dejarlos al baño ¿quiere?"

Dejar un Regalito

dejar excremento flotando en inodoro; dejar excremento en taza de baño ajeno; cf.
mojón, araña en el baño.

"alguien dejó un regalito en tu baño María Pía"
"¡no puede ser que uno se encuentre con un regalito en la taza cada vez que levanta
la tapa!"

De la Gran Puta

enorme; tremendo; impresionante; escandaloso; cf. de los mil demonios, puta.

"tengo un dolor de muelas de la gran puta"
"las ISAPRES son negocios de la gran puta"
"titular en la portada de la revista La Posta: revelan inspectores de la SAG que
Universidad de Conce es una cofradía pandillera de la gran puta"

DENTRAR
entrar; caber; entender.

"dentre no más, que está abierto"
"no le dentra eso de las matemáticas a mi hijo"
"¿le dentra o no le dentra eso de la fotosíntesis?"
"mi amor, lo tiene muy grande, parece que no dentra"

DE LO MEJORCITO
plenamente; en el mejor momento, empleado a menudo para referirse al acto sexual; cf. de lo mejor, de lo lindo.

"los encontraron a los dos en la cama, tirando de lo mejorcito"
"después te devuelvo el llamado, mira que estoy de lo mejorcito"

DE LOS MIL DEMONIOS
muy malo; extremadamente malo; complicado; enorme; tremendo; escandaloso; cf. de la gran puta, endemoniado, de todos los demonios.

"tengo un dolor de cabeza de los mil demonios"
"he tenido una semana de los mil demonios"
"se vino una tormenta de los mil demonios por la tarde así es que obligados a quedarnos en la playa y pasar la noche en la cabaña con la Carmencita"

DE MALETA
en forma traicionera; sin aviso; en forma ilegítima; cf. golpe de maleta, a la maleta, maletero.

"esa movida de bajarnos el sueldo fue de maleta; nunca anunciaron que había planes de intervenir los sueldos"
"todavía no se habían ubicado cada uno en su rincón y el pugilista visitante planta el primer combo; de maleta, pero igual lo plantó"

DE PURA RAJA

por suerte inesperada; por casualidad; cf. por pura cueva, por cazuela, de chiripa, de puro.

"de pura raja nos ganaron este domingo; si no fuera porque se puso a llover, el partido estaba ya decidido para nuestro equipo"
"de pura raja me salvé; murieron cuatro pasajeros y otros diez quedaron mal heridos y yo, ni un rasguño siquiera"

DE PURO GIL

por descuidado; por ser imbécil; esto ocurre por estupidez propia; es por culpa propia; cf. de puro huevón, por huevón, por gil, por mi propia culpa, de puro.

"Manuel, de puro gil que se te fue la María"
"estamos sin luz de puro giles que somos; se nos olvidó de nuevo pagar esa cuenta"
"el Ricardo se quedó sin auto de puro gil que es; lo vendió para hacer un negocio que, pa' variar, le salió pa' atrás"

DE PURO HUEVÓN

por ser imbécil; esto ocurre por estupidez propia; es por culpa propia; por un descuido; por sólo un descuido menor; cf. de puro gil, por gil, por huevón, por mi propia culpa, de puro.

"de puro huevón me perdí la fiesta de la Ale este fin de semana"
"de puro huevón fracasaste en el examen de teoría de conjuntos"
"de puro huevona no conseguí esa pega"
"el rector no entendió la situación de puro huevón que es"

DE PURO PICADO

por envidia nada más; sólo por rencor; cf. dar tirria, picarse, sacar pica, pica, picota, picado, de puro picota, de puro.

"de puro picados no más que me retuvieron el sueldo, señora jueza; todo por que les dije que se fueran a la chucha"

De Puro Picota

por envidia nada más; sólo por rencor; cf. dar tirria, picarse, sacar pica, pica, picota, picado, de puro picado, de puro.

"no les hagas caso; alegan de puro picotas que son; tú ganas más plata que ellos y ya"
"de puro picotas andan pelando a la otra empresa que ganó el proyecto, porque saben que ellos no se la pueden"

Descartuchar

desvirgar; desflorar; fornicar; cf. culiar, chiflar, mandarse, cartucho, descartucharse.

"yo creo que a la María la descartuchó el Manuel… y al Manuel, la María"
"en esas islas perdidas del sur, a las niñas las descartuchan los padres y los hermanos"

Descartuchar

enseñar secreto o verdad reveladora; cf. descartucharse, cartucho.

"Marx es uno de esos grandes descartuchadotes de la Humanidad a fines del siglo diecinueve; Freud es otro que descartuchó al mundo industrial en la primera mitad del siglo veinte"
"hay que descartuchar a las nuevas generaciones de toda esa mitología católica y cristiana que los aplasta; sacarles las patrañas de los sacramentos, eliminar el Infierno y el Cielo de sus cabezas, y quitarles el peso de la Iglesia y de sus rituales que cae sobre sus hombros"

Descartucharse

perder la virginidad; iniciarse en la relación sexual; cf. botar el diente, cartucho, descartuchar.

"todavía me acuerdo cuando me descartuché, ¡qué trauma! Al huevón no se le paraba y yo tenía la mens"
"las minas hoy en día se descartuchan a los quince"
"tengo dieciocho y todavía no me descartucho, ¡qué horror!"

Descartucharse
conocer secreto o verdad reveladora; enterarse de cómo son verdaderamente las cosas; acceder bruscamente a la verdad; cf. pegarse la cachada, cartucho, descartuchar.

"oye, Carmen, descartúchate; si todas las mujeres tenemos deseos eróticos; es natural y lo rico es cumplirlos"
"mi tía, que es más beata que la Madre Teresa, se descartuchó con los escándalos de los curas pedófilos"

Descueve
excelente; bueno; bien; óptimo; cf. impeque, súper, la raja, el descueve.

"nos va el descueve en este negocio"
"nos fue el descueve en el verano"
"qué descueve que por fin terminó el año"
"esta película es el descueve"
"tu amigo Ramiro es el descueve: es entretenido, es suave de trato, es amable y caballero y es harto bueno también"

Desembuchar
hablar; delatar; revelar; cf. la firme, cantar, soltarla.

"ya, desembucha: ¿quién estaba contigo en ese robo?"

Desenrollar la Culebra
charlatanear; falsear; contar cuentos; intentar persuadir con mentiras; embaucar; cf. chamullar, carrilearse, engrupir, meter chiva, meter grupo, vender la pomada, culebrero, culebra.

"ya apareció el político de izquierda desenrollando la culebra de la desigualdad, con su terno ad hoc y sus zapatitos lustraditos por la nana"
"y, como siempre, el profe de literatura de la manito del profe de filosofía, desenrollaron la culebra del humanismo y de los valores superiores del hombre, mientras amariconaditos se sonreían"

DESLIZ

infidelidad ocasional; aventura amorosa; relación amorosa ilícita; cf. canita al aire, pollo con papas fritas, romance, hacerle la cama, comer la color, mirar para el lado, gorrear, poner el gorro.

"ahora que ya estamos viejos te lo puedo confesar, Ramón; la verdad, yo también tuve uno que otro desliz a lo largo de los años"
"-aunque es cierto que me gusta Alfredo, yo no podría tener un desliz, ¡me muero!
-Ay, huevona, no seas cartucha; todo el mundo anda mirando pa'l lado y todo el mundo gorrea"

DESOCUPARSE

eyacular; terminar el hombre el acto sexual; realizar el hombre el acto sexual; cf. botar la piedra, irse cortado, acabar.

"al comienzo, mi problema con mi marido era que se desocupaba demasiado rápido ¿me entiendes? Ahora, mi problema es que no termina por desocuparse nunca. ¡Qué lata! ¿no?"
"bueno, desocúpese rápido, eso sí, que quiero ir a ver mi telenovela de las seis"

DESPELOTADO

desordenado; irresponsable; caótico; cf. despelote.

"era muy despelotado el Ignacio, por eso rompí con él"
"mijito, esta pieza la tiene demasiado despelotada; me la arregla para cuando regrese ¿ya?"

DESPELOTE

caos; confusión; escándalo; zafarrancho; cf. escoba, cagada, zamba canuta, marulla, marullo, casa de putas.

"hay un despelote en esta empresa y por eso no hay ganancias"
"¡se armó un despelote en Nueva York cuando derribaron las Torres Gemelas!"

Destapar la Olla
revelar el escándalo; dar a conocer la incómoda verdad; cf. mover la olla.

"yo no me voy a quedar cayado; no señores; voy a destapar la olla y el mundo sabrá que aquí a los salmones no se les cambia el agua y por eso la contaminación"
"la olla más importante que se ha destapado últimamente es la de los curas pedófilos y, sin embargo, en Chile, un oscuro y pesado tabú se ha aposentado sobre el tema, tapándolo de nuevo"

Diablo
es maledicencia suave; es interjección de asombro u otra emoción repentina; cf. recórcholis, epa, caramba, crestas, puchas, chucha, mierda.

"diablo, se me olvidó traer la cámara"
"¡pero, diablos, mujer, hasta cuándo jodes por esos platos que rompí!"

Diente
hambre; apetito; deseo; cf. andar con colmillo, botar el diente, andar con diente, tener diente.

"nos vino un diente descomunal después de esos pitos"
"tomo estas pastillas para calmar el diente"
"-¿diente? -Ni tanto, aunque igual me comería algo…"
"cuidado, linda, que los hombres en la barra son los con más diente de todos"

Dijo el Picado
lo dices por la envidia que sientes; por rencor; por resentimiento; cf. pica, picado, la del picado, picarse.

"-yo siempre he dicho que es mejor vivir con poco pero con la conciencia limpia; los ricos no sólo están llenos de dinero, sino también de remordimientos y problemas -Dijo el picado. La gente habla así cuando no tiene nada que perder. Tan pronto les cae una pequeña fortuna, se transforman en esos mismos avaros materialistas que critican"

150

"-sabes que en verdad no estaba ni ahí con ganarme ese premio; mejor que se lo haya ganado otro -Dijo el picado"

"la Mireya será muy atractiva y todo, pero es harto tonta, ¿no te parece Carmela? -Dijo el picado"

DIRIGIRSE AL PAÍS
aplicar sexo oral; chupar el pene; cf. chuparlo, chupar el pico, corneta, tomar el micrófono, conferencia de prensa.

"entré a buscar mi abrigo y ahí estaba la Mireya, dirigiéndose enérgicamente al país, y el Manuel, gimiendo y mirando angelitos en el Cielo"

"mi amor, el pueblo la espera; Chile la espera; es hora de que se dirija al país"

DIUCA
pene; miembro sexual masculino; cf. tula, pico, pichula, cochayuyo, penca, aparato, Pepito.

"no te hagas la santa tampoco, ¿así que nunca has visto una diuca antes?"

"oye, el Profe salió del baño con la diuca colgando y recién en clase se dio cuenta"

DONDE TE DIJE
en la zona intima; en el miembro sexual; cf. tú sabes qué, adonde te dije.

"se apagó la luz en la fiesta y a la María le pegaron un agarrón donde te dije"

"quedé adolorido donde te dije después de esa cabalgata"

"-¿y dónde le duele, mi amor? -me duele justo ahí donde te dije…"

DURA
verdad; revelación dolorosa o difícil; ardua realidad; asunto lamentable; cf. firme, la firme, la dura.

"cuéntame la dura no más: ¿me van a echar de la pega, cierto?"

"me fui en la dura; la mina me mandó a la cresta el otro día"

Ee

ECHAR CACHITA

fornicar; tener coito; cf. comer, culiar, echarse un polvo, echar una cacha, echarse una cachita, cacha.

"...y ahí los pillaron a los dos, en la ducha, in fraganti, echando cachita"
"-y ¿qué ejercicio hace usted? -Bueno, doctor, nosotros con mi pareja echamos cachita todas la mañanas y todas la noches"

ECHAR CORTADO

producir la mujer el orgasmo del hombre, sin tener el propio, y vencerlo por ello; hacer la mujer acabar al hombre; no lograr contener el hombre su eyaculación y acabar antes de producirse el orgasmo de la mujer; producir el hombre el orgasmo en la mujer; cf. mandar cortado, irse cortado.

"esa mujer es mucha mina para ti, Alfonso, te va a echar cortado al primer topón"

152

"mira, a los hombres que se urgen cuando los echai cortados, a esos les puedes pedir lo que quieras; a los que se quedan muy felices y como si nada, de esos, cuidado, que sueles enamorarte de ellos perdidamente"

"-Profesor, ¿porqué se dice "echar cortado" para nombrar el orgasmo? -La imagen o metáfora subyacente, ejem, es la de los hilos cruzados en la comisión, la popular competencia de los volantines: Así como se desvanece la tensión del hilo del volantín que pierde la contienda, ese que se va cortado, o que echan cortado, así también la erección, tensión sexual o rigidez del pene, es destensada rápida e irrevocablemente luego del orgasmo masculino. Por derivación arbitraria, en la era actual, de inclusión femenina generalizada, se emplea también el giro para referirse al orgasmo femenino -Ay, Profe, gracias. Las cosas que dice. Oiga, ¿y cómo mi hermano el Manuel se cachiporrea que él puede echarse tres cachitas al hilo?"

ECHAR CHUCHADAS
proferir insultos verbales; decir palabrotas; vilipendiar; cf. garabatear, chuchadas.

"don Alfonso le echó su buen par de chuchadas al jardinero por cortarle el nido de colibríes que tenía en el ciruelo"
"la gente se anda echando chuchadas por la calle cuando maneja ¿te has fijado? Es cosa de verlos mover los labios y se puede leer lo que están diciendo"

ECHAR LA ALIÑADA
desafiar a pelear, en general a combo limpio; cf. echar la choreada, echar la foca, echar la encachada, echar la bronca.

"tuve que pelear puh profe, el gil del Gutiérrez me echó la aliñada"
"-¿cómo se te ocurre echarle la aliñada a un cura? -¿Y qué tiene? ¿Así es que porque es cura tiene inmunidad y puede insultarte de cualquier manera?"

ECHAR LA BRONCA
reñirse; regañar; amonestar fuertemente a alguien; intimidar a alguien; cf. echar la foca, echar la choreada, echar la aliñada, bronca, bronquero.

"oiga, nosotros sólo somos vendedores; no nos tiene porqué venir a echarnos la bronca porque le falló el producto"

Echar la Corta

orinar; se usa especialmente por hombres; cf. la larga, corta, meo, la corta.

"voy a echar la corta y salimos, ¿ya?"
"está ocupado el baño, vamos a echar la corta al patio de atrás"

Echar la Choreada

insultar; disputar insultantemente; desafiar; regañar; amonestar fuertemente a alguien desafiar en forma provocativa; hacer amago de agredir; cf. echar la bronca, echar la aliñada, echar la foca, echar la encachada, choro, achorado, achorarse, choreada.

"tuve que echarle la choreada al chofer de la micro, porque no me abría la puerta de atrás pa' bajar"
"oye, no me echí' la choreada tampoco, mira que si me seguí' hueviando te saco la chucha"

Echar la Encachada

desafiar; responder con agresividad; hacer amago de responder; cf. echar la aliñada, echar la bronca, echar la foca, tener la pura encachada no más, la encachada, encachada.

"de nuevo el jefe me pidió que me quedara trabajando y le eché la encachada sobre la misma; le dije que se fuera a la cresta; si nadie nos paga extra, puh; entonces, ¿pa' qué me voy a quedarme?"
"el chofer de la micro me echó la encachada porque lo mandé a la chucha por pasarse, y cuando le dije que nos bajáramos a arreglarlo a combos se echó para atrás; la pura encachada no más el huevón"

Echar la foca

enojarse; regañar; amonestar fuertemente a alguien; desafiar en forma provocativa;

cf. *echar la choreada, echar la aliñada, echar la encachada, echar la bronca, encacharse, achorarse, bronca, bronquero.*

"me voy de este trabajo de mierda; el jefe se lo pasa echándome la foca todo el día y no lo soporto más"

ECHARLE EL OJO
mirar libidinosamente; mirar atisbando el provecho propio; fijarse; mirar con lujuria; pretender provecho.

"le estoy echando el ojo a la vecina"
"le tengo echado el ojo a un autito que está en venta"

ECHAR CHUCHADAS
decir groserías; maldecir; garabatear; vituperar; insultar; cf. echar garabatos, echar puteadas, chuchada.

"empezó a echarle chuchadas al vecino de la esquina por sus perros, despés a la señora Inés, porque le salpicaba agua a su auto cuando ella regaba, y ahí se agarró con don Alfonso que trataba de calmarlo; cuento corto, el nuevo vecino al final terminó tapando a chuchadas a todo el barrio"
"es bueno para echar chuchadas el Alberto; tiene que aprender a controlarse"

ECHAR MIERDA CON VENTILADOR
vilipendiar; despotricar sin recato; hablar mal de otro sin reparos; despotricar a destajo; acusar a medio mundo; insultar a medio mundo; denunciar a medio mundo; criticar dura y locuazmente; cf. tirar mierda con ventilador.

"sacaron a ese diputado con policía del Congreso: empezó a echar mierda con ventilador a la Moneda y no paró más"

ECHAR PUTEADAS
decir palabrotas; insultar groseramente; maldecir; garabatear; vituperar; cf. echar garabatos, echar chuchadas, putear, puteada.

"se fue de la oficina de un portazo y echándole puteadas a todo el mundo"

Echarse a Alguien

matar a alguien; fornicar a alguien; cf. mandarse a alguien, echarse al pecho.

"al Bin Laden todavía no se lo echan"
"¿y te echaste a esa mina o no?"

Echarse al Pecho a Alguien

tener sexo con alguien; se dice en general desde la perspectiva de la mujer; cf. culiar, echar cachita, tirar, chiflar, comer, manducar, mandarse al pecho.

"¿usted se echaría al pecho a don Alfonso comadre?"
"esa poncia de la Mireya se ha echado al pecho a unos cuántos del grupo ya"

Echarse el Pollo

irse; irse por contrariedad; retirarse apurado; cf. rajar, largarse, mandarse a cambiar.

"y en medio de la fiesta, cuando estaba de lo mejor, el Manuel se echó el pollo no sé porqué"
"echémonos el pollo de aquí que todos nos miran como si fuéramos pájaros raros"

Echarse una Cachita

fornicar; tener coito; cf. culiar, chiflar, tirar, echarse un polvo, echar cachita, cachita.

"¿y si nos echamos una cachita de esas rapiditas mi amor?"
"-¡qué aburrimiento, amigui! ¿qué hacemos? -echémonos una cachita, puh"

Echarse una Canita al Aire

tener una aventura amorosa; darse el placer de un desliz esporádico; tener relación sexual puntual fuera de la pareja; engañar casualmente a la pareja; cf. desliz, poner el gorro, gorrear, tirarse una canita al aire, canita al aire.

"Eusebio, antes que te mueras debo confesarte algo: me eché dos canitas al aire durante nuestro largo y dulce matrimonio... Eusebio, no me mires así... ¿Estás bien? Respóndeme, mi amor. ¡Doctor, doctor, Eusebio no respira!"

"los moteles están para echarse una canita al aire"

"después de siete años de arduo y serio trabajo científico, y de cuatro proyectos de investigación adjudicados al tema, tres sociólogos de la FLACSO han podido constatar que, en una medida que se establecerá en forma más precisa en investigaciones futuras, financiamiento mediante, una que otra canita al aire se echan las mujeres de trabajo del Chile de hoy"

ECHAR UNA CACHA

fornicar; tener coito; cf. culiar, tirar, chiflar, botar la piedra, echar cachita, echarse una cacha, echarse un polvo, cacha.

"estaba de lo mejor echando una cachita y zas que suena el despertador"

"ahí estaban, mi teniente, en los matorrales estos dos chiquillos echando cacha"

ECHAR UN LUQUE

otear; revisar; observar brevemente; mirar; cf. lorear, sapear, luquear.

"mi amor, échele un luque a los niños ¿quiere?"

"hay que echarle un luque al horno de vez en cuando; no vaya a ser cosa que se nos queme la pierna de cordero"

ECHARSE UN POLVO

fornicar; copular; tener coito; cf. culiar, echarse una cacha, tirarse un polvo, echar un polvo, polvo.

"lo primero que hizo Aureliano Tejeros al salir de la cárcel fue dirigirse hacia las calles traseras del Barrio Estación Central, meterse en un prostíbulo de mala muerte y echarse un polvo con la primera puta que se le puso por delante; fue allí donde conoció a Ruperta, la del ojo malo"

"dijo el sabio Andaluz: mientras haya apetito y deseos de echar un polvo, hay salud" "el psicólogo nos dijo que echáramos un polvo al día, a ver qué pasa; estamos probando y tenemos fe: en una de esas, nos salva el matrimonio el psicólogo con esta receta"

El Cabezón
el pene; el órgano sexual masculino; cf. pico, pichula, diuca, penca, Pepito, cabezón.

"oiga, mi amor, póngase algo, cómo va a andar con el cabezón colgando como si fuera burro"

El Cachudo
el Diablo; Satanás; el Demonio; cf. el malo, el maligno, el maluco.

"ese huevón es más malo que el cachudo"
"perdón, quedé cachudo: ¿el cachudo existe en qué religión?"
"de cierto os digo, que si me siguen hueviando, va a venir el Cachudo y les va a insertar el tridente por la raja"

El Culo del Mundo
muy lejos; fuera del tránsito normal; donde no hay nadie; donde no pasa nada; cf. a la cresta, donde el diablo perdió el poncho, la chucha de la loma.

"Chile queda en el culo del mundo"
"quisiera irme al culo del mundo y que me dejen en paz"
"Finlandia está en el culo del mundo"
"Islandia está en el culo del mundo"
"perdón, ¿cuántos culos tiene el mundo?"

El Chancho
el trasero; las nalgas; cf. culo, poto, raja, chancho.

"oye, amigui, ¿no hai visto el chancho de miedo que se gasta el nuevo jefe?"
"la mina se agachó cara de raja, como si estuviera recogiendo algo, y le chantó el chancho en plena cara al cliente"

158

El Descueve

muy bien; excelente; lo mejor; óptimo; lo máximo; cf. top, súper, la raja, quedar el descueve, descueve.

"-¿cómo te fue en la prueba? -El descueve"

"me sentí el descueve después de la operación"

"estas codornices están el descueve"

"ese gallo es el descueve; es súper derecho y buena onda"

"para mí, el Rorro es el descueve; él es el acme, el ne plus ultra de mi existencia; lo amo; lo adoro; lo idolatro"

"esa mina es el descueve"

"vivo en un barrio el descuere"

El Día del Pico

nunca; jamás; poco probable que ocurra; muy después; cf. tarde mal y nunca, el día del níspero, el día de la pera, el día que le paguen a los bomberos.

"esos sinvergüenzas de la Telefónica me cobraron demás por diez años y el día del pico me van a devolver lo que me deben"

El Chico

el ano; cf. poto, culo, el hoyo, chico.

"antes era tabú, pero ahora el chico está de moda ¿viste?"

"amigui ¿lo has hecho por el chico alguna vez?"

"bien, jóvenes, estábamos en el tema de las disparidades lógicas o asimetrías en la estructura léxica de las lenguas; por ejemplo, se dice 'el chico' por el ano, pero no 'el grande' por el pene, la vulva o alguna otra parte del cuerpo"

El Hoyo

el ano; el trasero; cf. el chico, poto, cueva, raya, raja, como el hoyo.

"los perros se andan oliendo el hoyo todo el tiempo"

"deja de rascarte el hoyo, Mario, por favor"

El Hoyo del Queque

lo máximo; lo mejor; cf. la raja, el descueve, creerse el hoyo del queque, creerse el hoyo, el hoyo.

"perdón, pero por si no lo sabían, helo aquí, llegó Manuel, el hoyo del queque"

El Mal del Tordo: Las Piernas Flacas y el Poto Gordo

se dice este estribillo a quienes tienen cuerpos con esas características; cf. corta de ruedas.

"tu tía padece del mal del tordo ¿ah?"
"yo me cagaba de la risa de las guatonas a las que les gritaban mal del tordo, y ahora, mírame huevona, estoy vieja, potona y tengo las piernas cortas; qué horror"

El Muy Huevón

ese insensato; ese tonto; ese idiota; qué tonto; el extremadamente tonto; cf. so, el muy pelotas, el muy imbécil, el muy idiota, el muy, huevón.

"dejó a la María, el muy huevón"
"el muy huevón no pagó la cuenta del agua como seis meses y ahora le cortaron el servicio"

El Muy Pelotas

ese tonto; qué tonto; el extremadamente tonto; cf. so, el muy huevón, el muy imbécil, el muy, pelotas.

"el muy pelotas del Andrés se metió a comprar acciones sin tener la menor idea de cómo se maneja la bolsa en Chile"

Encamarse

meterse en la cama con alguien; tener sexo con alguien; cf. encatrarse.

"pa' mí que esos dos ya se encamaron"
"Carmen, ¿cuándo nos vamos a encamar tú y yo?"

160

"es tarde ya, ¿encamémonos?"
"pero ustedes se encamaron, Manuel, a mí me contaron que te metiste con la Mireya, no te vengas a hacer el huevón conmigo"

En Cana
preso; en el presidio; cf. capacha, chuncho, entre rejas, tras las rejas, a la sombra, caer en cana, encanado, cana.

"no me importa estar en cana un tiempo; aquí se aprecia mejor la vida y puedo ordenar mi día y trabajar disciplinadamente en lo que me propongo"

Encanado
preso; cf. entre rejas, tras las rejas, a la sombra, caer en cana, en cana, cana.

"estuve encanado como seis meses por eso del paquete de marihuana que me encontraron"

Encatrarse
meterse en la cama con alguien; tener sexo con alguien; cf. encamarse, catrimonio, catre.

"al otro día estaban los dos, la Mireya con el Manuel, como tortolitas encatrados en la cama de mis viejos en El Quisco"
"flaca, qué plancha, tomé demasiado y me encatré con un mino nada que ver anoche"

En Pelotas
desnudo; sin ropa; cf. pilucho, en cueros, a poto pelado.

"al vecino le gusta andar en pelotas por la casa"
"las minas en la playa andan poco menos que en pelotas"

Entubárselo
rechazar; desdeñar; menospreciar, desatender; cf. pasárselo por la raja, metérselo por el culo, cagarse.

"le dije al jefe que podía entubarse esa idea suya de que trabajáramos los sábados por la mañana"

"chica, ¿sabí qué más? ¡Entúbate tu departamento! Te complicas demasiado con que tu piso, que tus muebles, que tus gatos… chao; nos juntamos donde la Lucy mejor"

"la Carmen me dijo que me entubara mi idea de pasar el fin de semana juntitos los tres"

ENTRAR AL ÁREA CHICA
acercarse al acto sexual mismo, en el juego preliminar.

"y justo estábamos entrando al área chica y suena el teléfono y era la ex del Rodrigo y se enfría todo"

ESTAR AL PEO
andar mal; estar borracho: tener la resaca; cf. andar al peo, estar cuneteado; andar con la caña.

"mejor ni llamamos al Andrés que estaba al peo cuando lo vi esta mañana"

ESTAR CAGADO
estar jodido; estar arruinado; estar perdido; estar mal; cf. estar frito, cagar, estar cagado de adentro, cagado.

"estoy cagada: no tengo ni uno y tengo que pagar el arriendo"

ESTAR CAGADO DE ADENTRO
estar desquiciado; tener problemas constitutivos; tener problemas inextricables; tener problemas psicológicos; cf. no tener remedio, estar cagado, cagado.

"el Miguel está cagado de adentro; ¿cachai que anda transmitiendo que los extraterrestres lo abdujeron y le encomendaron una misión secreta?"

"Chile está cagado de adentro: nunca vamos a construir una sociedad justa"

ESTAR CAGADO EN PLATA

tener mucho dinero; ser rico.

"en Chile hay dos grandes clases sociales: la gente cagada y la gente cagada en plata"
"aquí en esta pobla no estamos cagados en plata precisamente"

ESTAR COMO EL AJO

estar mal; cf. estar como el forro, estar pa' la cagada.

"estoy como el ajo desde que me echaron de la pega"

ESTAR COMO EL FORRO

estar muy mal; cf. estar como las huevas, estar como el hoyo, estar pa' la cagada.

"mi tío Alejandro está como el forro: enfermo, pobre y solo"

ESTAR COMO EL HOYO

estar muy mal; cf. estar como las huevas, estar pa' la cagada, estar como el forro, como el hoyo, hoyo.

"este arreglo quedó como el hoyo; el techo se llueve igual y se suelta con el viento"
"la tele chilena es como el hoyo"

ESTAR COMO LA MONA

estar muy mal; estar estropeado; pasar por dificultades; cf. estar como las huevas, estar como el hoyo, estar pa' la cagada, estar como el forro.

"la cocina de la casa en la playa está como la mona"
"esos parientes del sur están como la mona"

ESTAR COMO LAS HUEVAS

estar muy mal; estar estropeado; pasar por dificultades; cf. estar como el hoyo, estar pa' la cagada, estar como el forro, como las huevas.

"la Mireya está como las huevas: no puede ni caminar después del accidente"
"-¿cómo es la comida en ese lugar? -Como las huevas"

ESTAR CON EL KINO ACUMULADO

no haber tenido sexo en largo tiempo; estar falto de sexo; sentir deseos sexuales; cf. caliente, estar con el agua cortada, no verle el ojo a la papa, estar con la bala pasada, con el Kino acumulado.

"mi pololo se fue a estudiar al sur y estoy con el Kino acumulado desde marzo, amigui"
"oiga, mi vida,… ¿vamos a la camita? -Pero, huevón, acabas de entrar y ya querís tirar… -es que, mi amor, la he echado tanto de menos, acuérdese que estoy con el Kino acumulado desde el viernes…"

ESTAR CON LA BALA PASADA

estar a punto de hacer algo violento; haber sido excitado sexualmente, sin haber logrado la satisfacción sexual; cf. quedar con la bala pasada, quedar picado, estar con el Kino acumulado.

"Carmen, estoy con la bala pasada después de este atraque. ¿Vamos a la cama?"

ESTAR CON LA MIERDA AL CUELLO

estar en graves dificultades; estar involucrado en problemas y contrariedad; estar con mucho trabajo y lleno de deberes; estar sobre endeudado; cf. estar con el agua al cuello, estar hasta las patas, estar sonado, estar cagado, estar con la mierda hasta el cogote, con la mierda al cuello.

"yo diría que están con la mierda al cuello en Colombia: grupos paramilitares, guerrilla desplazándose por amplias zonas del territorio, narcotraficantes por todas partes, intrusión de comandos norteamericanos en la seguridad nacional, secuestros todo el tiempo, corrupción en la gestión pública, problemas con Venezuela y guerra con sus vecinos del Ecuador"

ESTAR CON LA MIERDA HASTA EL COGOTE

estar lleno de problemas y preocupaciones; estar con mucho trabajo y lleno de deberes; cf. estar con el agua al cuello, estar hasta las patas, estar sonado, estar cagado, estar con la mierda al cuello, estar hasta el cogote, con la mierda hasta el cogote.

"en Santiago la gallada está con la mierda hasta el cogote: ruido, estrés, contaminación, malos servicios, largas distancias, peligro, violencia, robos, mucho trabajo y mucho mal humor"

ESTAR CHOREADO

estar aburrido; estar fastidiado; cf. estar cabreado, estar hasta la tusa, estar hasta la coronilla, estar hasta las huevas, chorearse.

"estoy choreado de ver la tele; salgamos al centro a dar una vuelta y ver gente"

ESTAR CHORITO

ser atrevido; provocar; ser provocador; insultar; ser insultante; desafiar; ser desafiante; se usa acusando a otro; cf. choro; echar la choreada.

"¿estai chorito acaso?"

ESTAR DE LO MEJOR

encontrarse algo en su punto óptimo; estar en pleno acto; estar gozando; cf. estar de lo lindo, de lo mejor, de lo mejorcito

"estábamos de lo mejorcito en la cama con la Andrea, cuando se aparece su papá; tuve que salir arrancando por la ventana"
"cuando el asado estaba de lo mejor, se puso a llover y cagó la fiesta"

ESTAR EN LA CUERERA

estar sin dinero; haber quedado sin dinero; cf. estar pato, estar en la pitilla, estar sin ni uno.

"puta, no tengo plata, compadre, estoy en la cuerera"

"¡cómo le vas a pedir plata al Ernesto, si ese gil está en la cuerera desde hace tiempo!"

"mientras haya cobre, nos chupan la sangre metódicamente los explotadores capitalistas, pero cuando se acabe, nos van a dejar en la cuerera esos vampiros conchas de su madre; vamos a andar igual que en África, con una mano por delante y la otra por detrás; acuérdense no más"

Estar Hasta el Cogote

estar en aprietos; estar en dificultades económicas; cf. pedir agua, estar hasta las patas, estar jodido, estar fregado, estar frito, estar con la mierda al cuello, estar hasta el cuello, hasta el cogote.

"estoy hasta el cogote; no puedo pagar la hipoteca; creo que el banco me va a quitar la casa"

Estar Hasta el Cuello

estar en aprietos; estar en dificultades económicas; cf. pedir agua, estar hasta las patas, estar jodido, estar fregado, estar frito, estar hasta el cogote, estar con la mierda al cuello, hasta el cuello.

"oye, en Santiago estamos todos hasta el cuello con esta crisis"

Estar Hasta la Coronilla

estar hastiado; estar fastidiado a no dar más; estar molesto; cf. estar hasta la tusa, estar chato, estar harto, estar hasta las huevas, estar hasta la pera, estar cabreado, tener hasta la coronilla.

"estoy hasta la coronilla con los ruidos de la batería del hijo de mi vecino"

Estar Hasta la Pera

topar límite; estar fastidiado; cf. estar hasta la tusa, estar hasta las huevas, estar cabreado, estar hasta la coronilla.

"estoy hasta la pera de pega este mes"
"estoy hasta la pera en la casa: los cabros chicos reclamando todo el tiempo, mi marido puteando con quién sabe quien, que las cuentas, que las compras, que la loza, que la ropa, que la comida... No puedo más, amigui, estoy que lo mando todo a la chucha"

ESTAR HASTA LAS HUEVAS
estar muy molesto o enfadado; no dar más del fastidio; cf. estar hasta la tusa, estar hasta la coronilla, estar cabreado, picarse, chorearse.

"estoy hasta las huevas con este trabajo de mierda que tengo"
"la Mireya está hasta las huevas con su pololo y lo va a patear en cualquier momento"

ESTAR HASTA LAS PATAS
tener muchos problemas; estar en dificultades económicas; tener mucho trabajo y deberes; cf. pedir agüita, estar hasta el cogote, estar con la mierda al cuello, con la mierda al cuello, con el agua al cuello, hasta las patas.

"estoy hasta las patas: la cuenta de la universidad de mi hija, el dividendo por el auto, cuotas por las vacaciones pasadas, cuotas hipotecarias, cuentas, cuentas y más cuentas"

ESTAR HASTA LA TUSA
estar muy fastidiado; no soportar más; manifestar molestia; cf. estar hasta la coronilla, estar cabreado, sacar los choros del canasto, estar hasta las huevas, tener hasta las huevas.

"los chilenos estamos hasta la tusa con las empresas que nos contaminan el aire, el agua, la acústica, destruyen la vida silvestre, las comunidades y culturas locales, los ríos, las playas, las montañas y todo lo que es riqueza de espíritu y calidad de vida; es hora de que el Gobierno obedezca el mandato que tiene de la Constitución de la República y haga algo por los ciudadanos e inicie una campaña efectiva contra ese ultraje desatado a la dignidad de las personas y al derecho a una vida de calidad"

ESTAR HECHO MIERDA

quedar muy averiado; estar exhausto; cf. estar hecho polvo, quedar hecho mierda, estar chato, estar muerto, no dar más.

"el río Itata está hecho mierda con toda la contaminación de la industria maderera"
"Arauco está hecho mierda con la forestación despiadada de su suelo"
"estoy hecho mierda después del examen de topología"
"estoy hecho mierda después de cambiarme de casa"

ESTAR HECHO POLVO

sentirse muy cansado; extenuarse; quedar exhausto; estar destruido; cf. estar hecho mierda, estar muerto, quedar hecho polvo, no dar más.

"estoy hecho polvo: trabajé todo el fin de semana"
"están hechos polvo los antiguos balnearios del litoral central"

ESTAR JODIDO

estar en problemas; pasar por dificultades; estar arruinado; cf. estar hasta el cogote, estar cagado, estar frito, estar fregado.

"estamos bien jodidos este año, mi amor; vamos a tener que apretarnos el cinturón"
"puta, estoy más jodido que la chucha, huevón; se me perdió la billetera con todos mis documentos y todos los dólares adentro y voy saliendo a Buenos Aires, huevón"

ESTAR MAL DEL COCO

ser loco; ser insensato; ser tonto; cf. estar mal del coco, fallarle algo, tener un tornillo suelto, patinarle.

"su problema, mi amigo, no es renal, ni tiene una hernia en el estómago, ni nada, su problema es que está mal del coco; voy a derivarlo a un especialista cocólogo ahora mismo"

ESTAR MÁS USADO QUE CHALECO DE MONO

estar viejo y gastado; estar estropeado; cf. quedar como chaleco de mono, chaleco de mono.

168

"tengo que cambiarme de cepillo de dientes: el que tengo está más usado que chaleco de mono"

"ésta es mi chaqueta favorita, aunque está más usada que chaleco de mono"

"-la Mireya esta más usada que chaleco de mono -No seas mal hablada -Ay, ¿y qué tiene? La huevona es puta ¿si o no?"

ESTAR METIDO HASTA LAS PATAS
estar muy involucrado en un asunto; cf. estar metido.

"parece que el Ejército estaba metido hasta las patas en Colonia Dignidad"

ESTAR PA'L GATO
sentirse mal, sin ganas, enfermo, cansado; cf. estar lona, estar mal, estar pa' la cagada.

"me resfrié y estoy pa'l gato: no puedo ir al trabajo hoy"

ESTAR PA' LA CAGADA
estar pésimo; estar mal; sentirse mal; pasar por problemas; cf. como las huevas, pa' la cagada, la cagada, cagada.

"me ha ido pésimo; estoy pa' la cagada: no he pagado el arriendo en cuatro meses y ahora sí que me van a echar"

ESTAR PARA CHUPARSE LOS DEDOS
estar sabroso; estar delicioso; estar exquisito; estar apetecible; cf. rico, babear, para chuparse los dedos.

"estos locos están para chuparse los dedos"

"todo en la mesa está para chuparse los dedos"

"-Señorita Carolina, usted está para chuparse los dedos ¿sabía? -¿Ah, sí? ¿Y por qué no se chupa otra cosita, jefe"

ESTAR PASADITO

tener demasiados años, relativo a la pareja.

"¡está pasadito ya ese señor como para ti! ¿no crees?"

ESTAR PATO

estar sin dinero; no tener dinero; haber quedado sin dinero; estar pobre; cf. en la cuerera, en la pitilla, andar sin ni uno, estar sin ni uno, quedar pato, pato.

"estamos recién a mitad de mes y ya estoy pato, huevón "
"-¿compremos una chelitas chiquillas? -¿Y con qué ropa? Estamos todas pato - Puta, llamemos al Manuel, poh"

ESTAR RAJA

estar exhausto; estar agotado; cf. estar zeta, no poderse ni la raja, quedar raja, raja.

"estoy raja, compadre, no voy a poder ir a la reunión"
"vamos a tomarnos una chelitas y después calabaza, a descansar; es viernes y estamos todas raja"
"-Profe, ¿por qué se dice estar raja? -Acaso, Pedrito, porque cuando se está exhausto, posa uno el trasero en el primer lugar que pilla y queda ahí... raja"

ESTAR RECORRIDA

tener mucha experiencia sexual; haber tenido demasiadas parejas o relaciones sexuales la mujer.

"la Mireya se jacta de estar bien recorrida"
"esa mina está más recorrida que la Norte-Sur"
"jamás le cuentes a tu pololo de tus otros pololos; va a creer que estás más recorrida que el Metro y se va a poner huevón o te va a dar filo; son así de infantiles los huevones; les gusta a ellos no más"

ESTAR REVENTADO
estar intoxicado de alcohol o drogas; ser adicto a las drogas o al alcohol; cf. reventado.

"estaban todos reventados en la despedida del Julio"
"ese huevón del Carlos está reventado; ya nunca más lo viste bueno y sano"

Ff

FALLARLE EL COCO

manifestar insensatez; estar medio loco; ser desequilibrado; juzgar en forma aberrante; cf. fallarle la nuca, fallarle la cabeza, fallarle el mate, fallarle la azotea, fallarle, coco.

"-¿Pero es que a todo el mundo le falla el coco en este lugar? -¿Y qué quería? ¿No ve que es el manicomio?"

FANTOCHE

tipo; persona cualquiera; sujeto sin importancia; sujeto sin importancia que se jacta; cf. zutano, don nadie, pobre diablo, renacuajo, pendejo, mandarse las partes, creído, fantoche.

"en este bar se juntan puros fantoches, flaca; no vas a encontrar a tu príncipe azul aquí" "tu hermano es medio fantoche ¿ah? Anda diciendo que él fue al MIT, pero estuvo ahí de visita no más"

"su padre se aparecía de repente por la casa con uno que otro fantoche que se le colgaba de alguna farra por ahí"

FANTOCHE
descarado; sinvergüenza; embaucador; presuntuoso; cf. fresco de raja, pillo, fanfarrón.

"eso que dicen que los argentinos son unos fantoches no es verdad; yo viví en Buenos Aires un año y nada de eso; la gente allí es muy buena y para nada estirada"

FANTSHOP
bebida que combina cerveza con la gaseosa Fanta; cf. chuflai, piscola.

"tomábamos fantshop en los bares con los amigos, mientras conversábamos de fútbol"

"un fantshop para la sed, por favor"

FARAMALLA
charlatanería; habladuría; mentiras; estupidez; majadería; cf. chiva, grupo, cagüín, bla bla.

"no le crea nunca nada a los políticos, mijita, son puras faramallas las que dicen"

"-¡pero no entiendo cómo puede el Mercurio traer tanta faramalla sin que le hagan juicios constantes por injuria, difamación, tergiversación y calumnia! -No te alborotes tanto con la triste versión local de periodismo: Yo me pregunto lo mismo del New York Times y del Financial Times y del Herald Tribune y del Washington Post; son todos una sarta de mentiras y engaños que hay que aprender a descifrar para hacerse una idea de lo que está pasando"

FIAMBRE
apuesto; buen mozo; atractivo; sensual; se dice especialmente de hombres; cf. bistec, filete, rico, mino, pintoso, fachero.

"pasó un fiambrecito que nos quedamos todas con la boca abierta"
"-¿y ese fiambre? -Es el hermano de la Mónica"

FILETE

mujer sexualmente atractiva; cf. cuero, pellejo, mina, minón, ricura, mijita rica, bombón, fiambre, bistec.

"mira ese filete, por favor, si está para devorárselo así, sin cocimiento ni nada"
"la hermana del Ernesto está convertida en un feroz filete"
"pasó una mina que era un verdadero filete frente a una construcción y quedó la cagada; la jaula de los monos del zoológico es un cementerio al lado del alboroto que se produjo"
"esa mina es un filete más o menos"

FLAITE

vulgar; mala clase; ordinario; cf. mala tela, mala pasta, peliento, rasca, malacatoso, punga, cuma.

"salgamos de este bar flaite"
"es un poco flaite este barrio, pero de gente esforzada y con uno que otro malandrín por ahí"
"oye tu novio es muy flaite, ¿sabí? El otro día me lo encontré en el centro y le pregunté si me podía ayudar con unos paquetes y me dijo que me los entubara"

FLATO

flatulencia sonora por la boca; eructo; cf. tirarse un flato.

"echábamos competencia de quién se tiraba el flato más largo"
"¿sabes hablar con flatos?"

FLETAR

golpear; castigar físicamente; fornicar; cf. frisquear, cascar, dar zumba, dar flete, flete.

"te van a fletar si seguís molestando"
"por los ruidos, parece que están fletando a la vecina"

FLETO

homosexual; amanerado; afeminado; cf. marica, maricón, gay.

"tengo una pareja de fletos de vecinos; son buena onda, en todo caso"
"no diga fleto, mi amor, ahora se dice gay"

FOCA

mal aliento; tufo; andar con la foca; cf. chuflai.

"oye, habla pa' otro lado: andai con una foca que pa' qué te cuento"
"ese gil tiene una foca que parece que se hubiese comido un muerto"

FORRO

lío; estar en un forro; meterse en un forro; cf. estar como el forro.

"por fin salí del forro ese en el que me había metido"

FORRO

condón; preservativo.

"cuando mi marido sale de viaje, siempre le pongo un par de forros en el neceser y
cuando vuelve voy a ver qué pasó ahí"
"póngase un forro mi amor mire que estoy con la regla estos días"

FRESCO DE RAJA

*sinvergüenza; aprovechador; cf. pinganilla, maricón, chucheta, puta madre, barsa,
frescura, fresco.*

"no seas fresco de raja y paga tu parte poh Miguel"
"ese es un fresco de raja que se está aprovechando de que la Isabel está enamorada
de él"

"al final, el maestro resultó ser un fresco de raja; primero iba a terminar en cuarenta días, después salió con que necesitaba un par de semanas más, después necesitaba más dinero, después un mes más, después otro mes, más dinero; el trabajo no avanzaba; otro mes más; al final tuvieron que venir los carabineros a sacarlo del departamento, porque se había instalado ahí el muy perla y lo había transformado en su centro de operaciones para otras pegas"

FRIEGA
paliza; castigo; golpiza; cf. zumba, flete, dar friega.

"la friega que le llegó al pobre chiquillo por haberle sacado plata a su madre; hasta aquí se escuchaban los gritos"
"a esos niñitos su papá les da friega con el cinturón si se portan mal"

FRIEGA
fornicación; acto sexual; coito; cf. cacha, flete, zumba, huaraca, dar friega.

"mi amor, si quiere darme friega, tiene que ducharse, ¿ya?"
"estábamos conversando en un departamento aquí en Vitacura, todo de lujo y muy pulcro, ¿cachai?, con gente lo más que hay, arquitectos y diseñadores, y de repente comienza un jadeo profundo a escucharse en el trasfondo, cada vez más intenso y luego gritos y golpes. La anfitriona se puso colorada como un tomate… Le estaban dando friega a la vecinita de arriba y nosotros hablando de estética y funcionalismo"

FRISCA
golpiza; castigo; paliza; acto sexual; cf. flete, zumba, frisquear.

"su marido le daba frisca todos los viernes por la noche cuando llegaba borracho"

FRISQUEAR
golpear; castigar físicamente; dar paliza; fornicar; cf. fletar, cascar, dar zumba, dar flete, frisca.

"te van a meter preso si sigues frisqeando a tu mujer»

"no grite tanto, mi amor, no ve que los vecinos van a pensar que la estoy frisqueando"

FUERTE

hediondo, especialmente de axilas; maloliente; cf. ala, andar fuerte de ala.

"Manuel, andas un poquitín fuerte. Ponte desodorante"
"-oiga, gordita, tiene que decirle a los mellizos que se laven las patas y se dejen de usar zapatillas; el otro día entré en su pieza y tuve que salir arrancando del olor - Fuerte la mesquita ¿ah? Dígales usted que es el padre, pues mi amor"

FULERO

malo; defectuoso; fallado; barato; cf. rasca, mula, cuneta.

"me salió fulero este reloj: se adelanta todo el tiempo"
"-oye, el auto pa' fulero que te compraste -Y vos, ¿qué hablai? No te da ni pa' una bicicleta y andai hociconeando"

Gg

GARGAJO
escupo; flema; cf. pollo.

"no se tiran gargajos en la calle; eso es de mala educación"
"qué asqueroso cuando hay un gargajo en plena vereda"

GOMA
junior; trabajador que hace lo que le pidan en la empresa; mensajero de una empresa; cf. niño de los mandados, suche, estafeta.

"-así es que quiere casarse con mi hija… ¿Y usted en qué trabaja? -Bueno, la dura, la dura, soy goma en una empresa de diseño gráfico"
"me tienen de goma en la empresa; ando puro dejando paquetes y recados"

GOMA
anfetaminas; droga en tableta; cf. pepas, empeparse, engomarse, engomado.

"me pillaron con gomas y me ficharon los pacos"
"el guatón Ignacio anda con unas gomas harto güenas a luca"

GOMA
pene; cf. penca, diuca, pico, pichula, toma toma cachito de goma.

"mamá, el Carlos me está molestando; me mostró la goma, mamá»
"conscriptos, vamos a parar por cinco minutos; todos a sacar la goma y a mear"

GOMAS
senos, pecho, busto; cf. tetas, pechugas, melones.

"tengo las gomas muy grandes; me molestan"
"con esos sostenes se te ven paraditas las gomas"
"me gustan sus gomas, mi amor"

GORREAR
ser infiel a la pareja; engañar; faltar; cf. desliz, comer la color, pellizcar la uva, poner los cuernos, pegar en la nuca, poner el gorro, gorrero.

"el Manuel está gorreando a la María"
"me estás gorreando, Carmen, confiésalo"
"-pa' mí que la señora del ciego lo está gorreando con el gil del quiosco -sí, pero ¿hay cachado que el cieguito hace sus masajes a puertas cerradas?"

GORRERO
persona que engaña a su pareja; cf. poner el gorro, gorrear.

"el José Ignacio es un huevón gorrero y la señora, la Panchita, no cacha nada"
"hoy por hoy, pa' mí que las minas son más gorreras que los huevones"

GRUPIENTO

artificioso; mentiroso; embustero; embaucador; cf. chivero, chamullero, culebrero, carrilero, engrupidor, engrupir, grupo.

"no seas grupienta Lucy; sabemos que te comiste toda la pizza tú solita"
"los hombres son demasiado grupientos; el Manuel me salió con que estuvo toda la noche tocando con los amigos y yo sé que lo vieron en la fiesta de la Mireya"
"qué manera de ser grupientos esos profes, si les falta la culebra alrededor del cuello no más"

GRUPO

mentira; ardid; engaño; cf. chiva, chamullo, culebra, carril, grupiento, engrupidor, engrupir, meter grupo.

"el Alejandro vino con el grupo ese de que había perdido las llaves de la casa y no tenía dónde quedarse por la noche"
"puro grupo no más, su señoría, no le crea nada a esa mujer; yo jamás la he tocado; lo que sucede es que ella es drogadicta y adonde se droga se cae y se saca la cresta y después me echa la culpa a mí; por eso"

GUÁCALA

eh; oy; exclamación de sorpresa, de admiración, de contrariedad o para marcar una impresión; cf. chucha, pucha, caramba, epa, huácala.

"¡guácala, tremendo elefante éste!"
"guácala, disculpa, no sabía que estabas en la ducha"
"guácala, dejaron una araña en el baño"

GUACHACA

ramplón, vulgar, pobre, de clase baja; cf. cuma, roto, punga, peliento, huachaca.

"harto guachaca ese amiguito tuyo ¡ah!; escribió un libro lleno de groserías; y dicen que es… ¿qué dicen que era? ¿Lingüista?"
"efectivamente Chile es una cultura guachaca, pero no por los pobres, que son

180

ingenuos y buenos, sino por las clases medias y los ricos, que sí son guachacas"
"nosotros los Legionarios de Cristo ayudamos también a los guachacas, digo, a los pobres…"

GUACHIPEAR
robar; hurtar; robar minucias; apropiarse indebidamente de algo; cf. estirar los dedos, chupar, pelar, chorear, birlar, afanarse, agenciarse, huachipear.

"¿vamos a guachipiar membrillos a donde el vecino?"
"todos los años los políticos se guachipean el Presupuesto Nacional"
"-¿y ese cuadro? -Me lo guachipié de una subasta que había"

GUACHIPERO
ladrón, ratero; cf. chorero, guachipear.

"mis colegas eran bien guachiperos, sea dicho de paso; no sé cuántos libros nunca volvieron a mi biblioteca"
"ya puh Manuel, no seai guachipero y devuélveme la guitarra que te presté"

GÜENO
sexualmente atractivo; apetitoso; delicioso; espectacular; cf. rica, bueno.

"harto güena su vecina, compadre"
"-oye, cacha el mino güeno que está vendiendo las entradas pa'l concierto -Oye, ¡parece que es el cantante! Mijito rico; más güeno el huevón. Vamos a pedirle un autógrafo, huevona, apúrate"

GÜENA OH
eso no; ¿por qué?; me sorprende; exclamación, muchas veces irónica, otras, de queja ante iniciativa del otro; cf. epa, a ver a ver, adónde la viste, salta pa'l lado, como no, las huifas, mírenlo al perla, buena oh.

"¡chi, güena oh! deja de empujarme"
"¡güena, oh!, ¿así que no estai ni ahí con pagarme la plata que te presté?"

"¿o sea que tú no más podís elegir qué vamos a ver en la tele? Güena, gilucho, ¿a 'ónde la viste?"

Güiña

rufián; rastrero; vil; canalla; aprovechador; miserable; avaro; ladrón; cf. rata, cerdo, buitre, alimaña, último, wiña.

"qué güiña el arrendatario: quedó todo asqueroso el departamento, dejó sin pagar las cuentas de luz y agua, y hasta se llevó las cortinas que yo había puesto"
"no seas güiña y deja que tu señora se quede en la casa; ella te cuida a los hijos y tú ya harto daño le has hecho al abandonarla por una chiquilla más joven"
"esa mina es una güiña; es egoísta a cagarse, nunca paga nada ni deja que su marido pague nada cuando estamos comiendo afuera entre amigos"

Güiro

cigarrillo de marihuana; cigarrillo voluminoso de marihuana u otra droga; cf. pito, aguja, zeppelín, caño, verde, paraguayo, huiro.

"prueba este güiro; está la raja"
"-¿y estos güiros? -Son de Curicó"
"con este papelillo no se pegan bien los güiros"

Guita

dinero; cf. billete, billullo, plata.

"no tengo guita ni pa' la micro"
"nos quedamos sin guita y a seiscientos kilómetros de Santiago"
"todos nos ponemos con un poco de guita pa'l asado ¿estamos?"

Güitriar

vomitar; cf. llamar al Guajardo, buitrear.

"no me güitree la micro pues iñor"
"si se curan con pura cerveza van a terminar güitriándoselo todo"
"qué lata cuando recién te embarazaste y andabai güitriando a cada rato"

GUSTARLE EL HUEVEO
molestar mucho; cf. hueveo, huevear.

"oye, pucha que te gusta el hueveo; deja ya de molestarme tanto con tus preguntas insidiosas"
"¿no te gustaba el hueveo? Por huevón te dejaron sin auto el fin de semana"
"no cuido más a los primos, mami; les gusta mucho el hueveo a esos cabros chicos; más lo que la revuelven todo el tiempo..."

GUSTARLE EL HUEVEO
gustar de la farra y la juerga; divertirse; salir; cf. carretear, hueveo, huevear.

"a las chiquillas les gusta el hueveo: carretean todos los fines de semana"
"igual a la Carmen y a la Lucy les gusta el hueveo; ¿sí o no?"

GUSTARLE EL PICO
gustar la mujer del placer sexual masculino; se dice como insulto a la mujer que se ve con muchos hombres; cf. puta, ser buena pa'l pico.

"-oye, pelao feo; a tu hermana le gusta el pico -¿A quién venís a insultar, concha de tu madre...?"

Hʰ

HABLAR A CALZÓN QUITADO

sincerarse; contarlo todo, sin inhibiciones; decir las cosas francamente; no ocultar nada; cf. la firme, la dura, no tener pelos en la lengua, hablar hasta por los codos, tirar mierda con ventilador, decir las cosas por su nombre, no andarse con rodeos, al pan pan y a al vino vino, cantarlas claritas, no tener pelos en la lengua, a calzón quitado.

"conversamos toda la noche, a calzón quitado"

"pa' optimizar la comunicación y evitar los conflictos típicos de las relaciones personales en mi empresa, oye, una vez al mes reúno a la gente, ¿ves tú?, nos tomamos unos cafecitos en ambiente relajado y hablamos y conversamos a calzón quitado; es una práctica que ha arrojado muy buenos resultados"

"yo le dije que si quería que conversáramos a calzón quitado y ella me dijo que bueno, y como es gringa, no cachó, ¿me entendí?, y se quitó los calzones y me pidió que me sacara los míos»

Hablar Cabezas de Pescado

decir estupideces; decir sinsentidos; cf. pelar el cable, transmitir, hablar huevadas, cabezas de pescado.

"no digas cabezas de pescado: por supuesto que las guerras se emprenden por intereses materiales"

"mira, una vez al mes, el jefe nos reúne pa' hablar puras cabezas de pescado, huevón; pero como hay cafecito y galletitas y uno está cómodo en las sillas le seguimos la corriente al huevón ..."

Hablar Huevadas

decir estupideces; hablar cosas sin sentido; hablar cosas sin importancia; cf. transmitir, pelar el cable, hablar cabezas de pescado, huevada.

"cuando se cura, Manuel habla puras huevadas no más"

"qué manera de hablar huevadas los políticos, ¡por favor!"

"¿y a este profe le pagan por decir estas huevadas?"

Hacer Bosta

destrozar; destruir; arruinar; romper; cf. hacer papilla, hacer charqui, hacer añicos, hacer pedazos, hacer tira, hacer fiambre, hacer pebre, bosta.

"hice bosta mis bototos estas vacaciones"

"quedó hecho bosta el auto después del choque"

"volvió hecho bosta mi terno de la tintorería"

"a los pocos días de la invasión, el ejército iraquí estaba hecho bosta"

Hacer Caca

defecar; cf. mierda, cagada, cagar, cagarse, hacerse caca, caca;

"Manuel, mi amor, la guagua hizo caca; cámbiela por favor"

"el perro hace caca por todo el patio; ya no se puede ni caminar por ahí"

"-voy a hacer caca y de ahí te ayudo ¿ya? -Ay, huevón, no necesito saber esas cosas, ¿ya?"

Hacer Comer Mierda

someter o humillar exageradamente al adversario; vengarse con creces; golpear exageradamente; cf. hacer morder el polvo, mierda.

"vamos a hacer que coma mierda ese Sadam Hussein, decía el clan de los Bush… y así no más fue"
"hice que comiera mierda el huevón del Andrés. Por venderme la colección de Obras Completas de Freud que le había prestado, le conté a todo el mundo que lleva una doble vida y que es gay"

Hacer Como se le Pare

actuar sin miramientos; obrar como uno quiera; obrar como a uno le plazca; actuar libremente; actuar irresponsablemente; obrar impunemente; cf. hacer lo que le da la gana, limpiarse el traste, cagarse, cagarse en la diferencia, anarquista, no estar ni ahí, hacer y deshacer, como se le pare la raja, como se le pare el pico, hacer como se le pare la raja, hacer como se le pare el pico, parársele.

"acá en Chile los inversionistas hacen como se les pare"
"en esta casa, jovencita, usted no va a venir a hacer exactamente como se le pare, ¿me oyó? Hay reglas y todos tenemos que obedecerlas"
"¡pero cómo se te ocurre andar capeando clases, Javier! No puedes hacer como se te pare en esto de tus estudios, pues. Acuérdate que la universidad le está chupando sangre a tus padres mes a mes por tu carrera."

Hacer Como se le Pare el Pico

actuar sin miramientos; obrar como uno quiera; obrar como a uno le plazca; actuar libremente; actuar irresponsablemente; actuar con impunidad; cf. hacer lo que le da la gana, limpiarse el traste, cagarse, cagarse en la diferencia, anarquista, no estar ni ahí, hacer y deshacer, como se le pare la raja, como se le pare el pico, hacer como se le pare la raja, hacer como se le pare, parársele.

"con el colapso de la Unión Soviética, los gringos están haciendo como se les pare el pico por todo el mundo"
"mire, le dije al jefe, usted no me va a decir nunca más lo que debo hacer; renuncio

a este trabajo de mierda; desde ahora en adelante, voy a hacer como se me pare el pico, ¿me entiende? Después pegué un portazo en su oficina, junté mis huevadas y me largué. Me sentí tan bien; total pa' la cagada de plata que ganaba prefiero quedarme en la casa cuidando a los niños"

HACER COMO SE LE PARE LA RAJA
actuar sin miramientos; obrar como uno quiera; obrar como a uno le plazca; actuar libremente; actuar irresponsablemente; obrar impunemente; cf. hacer lo que le da la gana, limpiarse el traste, cagarse, cagarse en la diferencia, anarquista, no estar ni ahí, hacer y deshacer, como se le pare el pico, hacer como se le pare el pico, hacer como se le pare, parársele.

"disfruta mientras te dure, pequeño saltamontes, mira que cuando seas adulto ya no vas a poder hacer como se te pare la raja"
"me gustaría ser como el Rodrigo, que se queda en la casa, escribe, escucha música, almuerza con amigos, sale por las noches, se va a la montaña, desaparece, va los fines de semana a Viña o a La Serena, viaja, hace como se le para la raja y lo pasa el descueve"

HACER CUCHARITAS
tener sexo de costado; abrazarse o acostarse la pareja de costado; cf. la del misionero, pollitos pastando, a lo perrito, cucharita.

"mi marido y yo sólo hacemos cucharitas últimamente; es más relajado, ¿viste?"
"todas la mañanitas, señora, señor, después de mear, no deje de hacer sus cucharitas"

HACER DE CHUPETE
comer con apetito; comer con ganas; fornicar; tener sexo; disfrutar el sexo; tener sexo apasionado; cf. comer, chupete.

"me voy a hacer de chupete este pastel de choclo"
"la María dice que el Manuel se la hace de chupete todos los días"
"-oye, Carmen, si no te cuidas, el Rodrigo te va a hacer de chupete -Hmm, y si no se cuida él, me lo chupeteo yo"

Hacer Eso

hacer el amor; fornicar; tener coito; cf. culiar, tirar, chiflar, echar cachita, tú sabes qué, usted sabe qué, hacerlo.

"-bueno, los viste, pero ¿qué estaban haciendo? -Estaban haciendo eso -¡No! -Te lo juro"

"-a ver señora, pero ¿qué es lo que su vecino y su hija estaban haciendo cuando entró a su casa? -Eso, pues, señor juez, estaban haciendo eso"

Hacer Huevón

engañar; estafar; embaucar; burlar; cf. hacer leso, cagar, hacerse el huevón, huevón.

"me hicieron huevón en ese restaurante; me dieron vuelto de menos"

"a mí no me haces huevón, Carmen, confiésalo de una vez, me estás engañando con tu jefe, mala mujer"

"la política podría definirse como el juego de quién hace huevón a quién"

"a ver, niños; hoy conjugaremos un verbo que nombra una costumbre de arraigo cultural definitorio en nuestra bien amada patria: hacer huevón. Se conjuga en el paradigma pronominal acusativo: yo te hago huevón, yo lo hago huevón, yo los hago huevones (a ustedes), yo los hago huevones (a ellos); repitan…; ahora la segunda persona singular: tú me haces huevón, tú lo haces huevón, tú los haces huevones… Entrenen esta conjugación en casa, con sus padres"

Hacerla Cortita

apurarse; tomar poco tiempo; demorarse poco; acortar el tiempo; tener sexo breve; cf. soplado, rajado, a mil, al tiro, en un dos por tres, en menos que canta un gallo, de una, irse cortado, acabar.

"ese profe no la hace nunca cortita, el huevón tiene complejo de Fidel"

"hágala cortita mi amor, mire que ya pronto llegan los invitados"

Hacer la Grande

cometer un error grave; causar un daño mayor; cf. embarrarla, meter la pata, dejar la escoba, dejar la cagada, cagarla.

"hizo la grande el Lucho el otro día; dejó corriendo la llave de agua y se inundaron todos los departamentos del bloque"

HACER LA PATA
adular; lisonjear; cf. patero, chupamedias, lamerle el culo, chuparle la pata, chupapatas.

"no pienso hacerle la pata al jefe por ese ascenso"
"deja de hacerme la pata, si igual no pienso prestarte el auto"

HACERLE A LOS DOS
ser bisexual; ser tanto homosexual como heterosexual; cf. hétero, bi.

"ese peluquero le hace a los dos ¿no?"
"-esa mina es lesbis, ¿sabías? -Sabía que le hacía a los dos -¿En serio?"

HACERLE EL FAVOR A ALGUIEN
fornicar; tener relaciones sexuales, generalmente, con una mujer; hacerle el favor sexual a una mujer; es forma irónica, como si se tratara de una concesión de servicio amoroso a la mujer.

"la vecinita parece que quiere que le haga el favor"
"ya Gloria, deja de insistir, si no pienso hacerte el favor"
"Carmencita, ¿cuándo me va a dejar que le haga el favor?"

HACERLE LA CAMA
traicionar; perjudicar a sus espaldas; aprovecharse; jugar sucio; tomar el lugar de alguien en forma ilícita; ser infiel; engañar; cf. cagar, aserruchar el piso, comerle la color, poner el gorro.

"esos huevones le estaban haciendo la cama al Mauricio hace rato; por eso que nunca ascendía y ellos sí"
"era su mejor amigo y le hacía la cama con su mujer duro y parejo cuando el huevón iba al club a hacer gimnasia y los dejaba solitos preparando el asado del fin de semana"

"parece que le están haciendo la cama al José Luis, su jefe y su señora"

HACERLE LA TAPA A ALGUIEN

negarse; decir que no; rechazar enfáticamente; cf. las huevas, como no, toma toma cachito de goma, nica, ni cagando, pico, tapita, tapa.

"el Manuel le fue a pedir que lo ayudara a limpiar la casa de sus viejos y la María le hizo la mansa tapa"
"tratamos de entrar al concierto con esas entradas mula que teníamos, pero nos hicieron la mansa tapa"

HACERLO

tener relaciones sexuales; fornicar; copular; cf. culiar, tirar, chiflar, irse a la cama, acostarse, tú sabes qué, hacer eso.

"¿hagámoslo Carmen?"
"¿quieres hacerlo en la cama, en el sillón, en la alfombra o a la paraguaya?"
"¿lo hacemos por delante o por detrás?"
"lo estaban haciendo de lo mejorcito, cuando llegó la tía Ernestina y coitus interruptus"

HACER MIERDA

destruir; destrozar; arruinar; cf. hacer papilla, hacer pebre, hacer añicos, hacer pedazos, hacer bosta, hacer fiambre, hacer charqui, quedar hecho mierda.

"me hicieron mierda mi equipo de música; nunca más lo presto"
"los israelitas hicieron mierda el Líbano"
"los gringos hicieron mierda Vietnam, Nicaragua, El salvador, Irak…"

HACERSE

orinarse con la ropa puesta; orinarse en la cama; no lograr contener la orina o las heces; cf. cagarse, mearse, hacerse pipí, hacerse caca.

"el Lorenzo se hace en la noche"

"chuchas, me hice de pura risa"
"me llegué a hacer de pura risa"
"parece que la guagua se hizo"

HACERSE CACA
no controlar la excreción y ensuciarse; defecarse; perder el control del esfínter; cf. cagarse, hacerse.

"la guagua se hizo caca y hay que cambiarla"
"-mi amor, traigamos al abuelo a pasar una tarde con nosotros en la casa… -¿y qué hacemos si el abuelo se hace caca? -Lo cambiamos, pues, mi amor, ¿o ya se le olvidó cómo era con las guaguas?"

HACERSE EL GIL
fingir ignorancia; evadir la responsabilidad; cf. hacerse el tonto, hacerse el inocente, hacerse el sueco, hacerse el leso, hacerse el loco, hacerse el huevón, hacerse.

"no te hagas el gil, Roberto; tú sabes perfectamente de qué estoy hablando; sacaste a comer a la Inés y entre ustedes pasa algo"
"los animales también se hacen los giles y así se zampan a la víctima"

HACERSE EL HUEVÓN
fingir no saber; evadir asunto; evitar el asunto; cf. hacerse el tonto, hacerse el inocente, hacerse el sueco, hacerse el leso, hacerse el loco, hacerse el gil, hacer como que, hacerse.

"por favor, no te hagas el huevón que todos sabemos que fuiste tú el que filtró el rumor de que el Rigoberto era gay y tenía SIDA"
"si te preguntan, hazte el huevón y di que tú no has oído nada"
"dejándose de huevadas, el ciego del kiosco se hace el huevón no más; a mí siempre me da vuelto de menos"

HACERSE LA MANUELA

masturbarse; auto complacerse sexualmente; tocarse los genitales por placer; cf.
tirarse las huevas, correrse la paja, hacerse una Manuela, Manuela.

"el Roberto se demora como media hora en la ducha; pa' mí que se hace la Manuela"
"lo que es la injusticia de los nombres: el Manuel se puede hacer la Manuela… y la
Manuela también puede hacerse una Manuela… Pero ni la Javiera ni el Javier
pueden hacerse la Javiera… Por eso el sabio ha dicho: doña Javiera Carrera bailaba
la resbalosa…"

HACÉRSELE

vacilar; titubear; no atreverse; arrepentirse; acobardarse; cf. a ver quién es capi,
ser capi, ser culo, chuparse, arrugar, echarse pa' atrás, achaplinarse, correrse,
cagarse entero, hacérsele así el poto.

"se me hace saltar en paracaídas"
"se te hace ir a decirle a la flaca que salga contigo"
"no fuimos culo de ir donde la señora Inés a decirle que nosotros habíamos pasado
a llevar sus plantas con el auto, además de haber chocado su portón; se nos hizo,
huevón"

HACÉRSELE ASÍ EL CULO

sentir miedo; vacilar; dudar; no atreverse; cf. aconchársele los meados, cagarse
entero, cagarse de susto, hacérsele así el poto, ser culo, culo, hacérsele.

"se te hace así el culo saltar del trampolín"
"a la Inés se le hace así el culo subirse a un avión"
"a los surcoreanos se les tiene que hacer así el culo ahora que Corea del Norte
aparece con bombas atómicas"

HACÉRSELE ASÍ EL POTO

sentir miedo; vacilar; dudar; no atreverse; cf. aconchársele los meados, cagarse
entero, cagarse de susto, ser culo, hacérsele así el culo, poto, hacérsele.

"se te hace así el poto contarle a tu mami que te echaste el año"
"apuesto que se te hace así el poto decirle a la María que te metiste con la Andrea"
"igual nos subimos a la montaña rusa, pero se nos hizo así el poto"

HACERSE PIPÍ
no lograr contener la orina; cf. mearse, hacerse caca, hacerse.

"los niños se hicieron pipí de puro miedo cuando escucharon la historia del monje loco que juntaba los huesos de los muertos la noche de San Juan para invocar al Demonio"
"mi amor, la guagua se hizo pipí; cámbiela ¿quiere?"

HACERSE TIRA
hacer el amor apasionadamente dos; fornicar intensamente dos; cf. darse duro, darle duro, culiar, chiflar, dar flete, dar zumba, dar guaraca.

"nos estábamos haciendo tira de lo mejor ¡y no se nos rompe la pata del sofá y nos vamos rodando al suelo!"
"en el piso de arriba la pareja de recién casados se hace tira todas las noches"

HACERSE UNA MANUELA
masturbarse; tocarse la zona genital para el placer sexual; cf. correrse la paja, tirarse las huevas, tirarse las pelotas, tirárselas, hacerse la Manuela, Manuela.

"ay, mujer, qué te espantas tanto: es perfectamente normal que los chiquillos a esa edad se hagan una o dos Manuelas al día"
"-¿y el flaco? -Está en el baño… Debe estar haciéndose una Manuela porque yo al menos le di filo hace un ratito"
"la Andrea de repetne se hace una Manuela en un baño público; dice que la excita"

HACHAZO
dolor de cabeza por efecto de la borrachera; cf. mona, caña, andar con un hachazo en la cabeza.

"desperté con un hachazo que no puedo ni moverme"

"-¿cómo amaneciste? –Ay, con un hachazo… que no es un hachazo… Es como una tribu entera de indios con sus hachas clavadas en mi cabeza, comadre. ¿Tienes un cefalmín por ahí?"

HACHAZO

cobranza alta; cuenta; cf. la dolorosa, sablazo, palo, machetazo, un ojo de la cara.

"ese auto puede estar barato, pero, cuando te toque comprarle repuestos, los hachazos que te van a pegar… olvídate"

"los hachazos de los políticos corruptos son cada vez más estrambóticos"

"viene el verdugo, digo, el mozo con la cuenta; prepárense para el hachazo chiquillos"

HASTA EL COGOTE

en aprietos; en dificultades económicas; cf. pedir agua, hasta las patas, con la mierda al cuello, con la soga al cuello, con la mierda hasta el cogote, estar hasta el cogote.

"Impuestos Internos me tiene hasta el cogote; en cualquier momento pierdo la empresa y se va todo a la chucha"

HASTA EL CUELLO

en aprietos; en dificultades económicas cf. pedir agua, hasta las patas, con la mierda al cuello, con la soga al cuello, estar hasta el cuello.

"el contador me dice que estamos hasta el cuello; yo creo que quebramos este año"

HAY QUE SER MUY

es uno demasiado; es uno excesivamente; cómo se puede ser tan; cf. re, lo, más, súper, a cagarse.

"hay que ser muy huevón para aceptar que la mina le ponga el gorro a uno"

"hay que ser muy imbécil para no darse cuenta de que el sujeto era un timador"

"hay que ser muy hijo de puta para dejar abandonados a los hijos"

HECHO UN PEO

veloz; rápidamente; apurado; a mil, disparado, soplado, rajado, hecho un cohete, salir hecho un peo.

"lo vieron pasar hecho un peo por el pasillo; parece que iba al baño"

"empezó a temblar y salieron todos los estudiantes hechos un peo de la sala de clases"

"desapareció hecho un peo de la oficina; la iñora estaba dando a luz en el hospital"

HÉTERO

heterosexual; cf. bi.

"-ese gallo parece que es bi… -No, es hétero -Ah, ¿y cómo sabes? -Es que ya le pregunté -Pero ¿qué le preguntaste? -Eso puh; si era gay o bi o hétero… -Ay, pero no seas tonto, Ricky, pregúntale si quiere contigo mejor -Ay, tienes razón"

"oye, la fiesta pa' rara del otro día; todos me preguntaban si yo era hétero, bi o gay"

HIJO DE PUTA

mal nacido; infeliz; desgraciado; sinvergüenza; es insulto fuerte; cf. concha de tu madre, un hijo de puta.

"hijo de puta, ¿cómo se te ocurre aparecerte por aquí después de lo que me hiciste?"

"y el muy hijo de puta ni siquiera la apoyó económicamente para hacerse el aborto"

HILACHA

pérdida de imagen; engaño vil; bajeza; hipocresía; cf. mostrar la hilacha, hilachento.

"se ve la hilacha del político que, antes de las elecciones, se asoma en las poblaciones de los pobres para hablar sobre la equidad, la injusticia social, educación y salud para todos, el flagelo de la criminalidad y de las drogas; después del discurso, el sujeto se sube a sus pulcros autos y se devuelve a la seguridad y el confort de sus casas de lujo"

HILACHENTO

pobre; destartalado; cf. pelusa, pilchento, hilacha, mostrar la hilacha.

"ese es un punga hilachento, mijita, no se meta más con él"

"en esa época andaba yo todo hilachento y descuidado: no tenía un cobre"

"-Profesor, ¿por qué se dice hilachento? -Piense, pues jovencito, siempre que haya una imagen, piense y deduzca: hilachento es por las hilachas que se desprenden de la prenda cuando está vieja; la prenda debe cambiarse, pero como los pobres no pueden comprar ropa así como así, andan hilachentos. Nada de esto tiene mucho sentido literal hoy en Chile, porque (a) hay ropa buena suficiente para todos y (b) están de moda las prendas hilachentas"

HILO DENTAL

calzón ínfimo femenino; prenda interior femenina que casi no cubre; cf. colalés, churrines.

"no ande así desnuda, mi amor, póngase el hilo dental que sea"

"-pero, mijita, ¡cómo se va a poner ese hilo dental en vez de calzones! -Pruebe, puh, mami; va a ver que le va a quedar gustando y no se los va a sacar más"

HINCAR EL DIENTE

participar de ganancia o provecho; participar en repartija; acceder sexualmente al otro; cf. cortar el queso, ir en la parada, afilar el cuchillo, afilarse los colmillos, babear, botar el diente, diente.

"hermanos, amigos, compañeros, por fin los radicales hemos vuelto a hincarle el diente al presupuesto nacional"

"finalmente, el Manuel le hincó el diente a la Carmen, aunque algunos dicen que fue la Carmen la que le hincó el diente al Manuel"

HINCHABOLAS

tipo insoportable; pesado; cf. ladilla, caluga, pulguita en el oído, hinchahuevas, hinchapelotas, hincha, hinchador, hinchar.

"¡qué hinchabolas el Manuel: ahora resulta que quiere que le cuente exactamente todo lo que hice en el día!"

HINCHADOR

molestoso; insoportable; majadero; cf. pesado, ladilla, caluga, pulguita en el oído, hinchahuevas, hinchabolas, hinchar.

"qué hinchadores se han puesto los pendejos con eso del viaje de fin de año, mi amor, ¿no le parece?"
"no sea hinchador, ¿quiere mi amor? Mire que bastante tengo ya con el trabajo hinchapelotas que tengo"

HINCHAHUEVAS

tipo molestoso, insoportable; majadero; cf. pesado, ladilla, caluga, pulguita en el oído, hinchapelotas, hinchabolas, hinchar, hinchador.

"Manuel es un hinchahuevas: siempre saca a relucir eso de su familia europea aristocrática y su abuelo que peleó en la Segunda Guerra Mundial. Me carga"

HINCHAPELOTAS

tipo insoportable; majadero; pesado; molestoso; cf. pesado, ladilla, caluga, pulguita en el oído, hinchabolas, hinchahuevas, hinchar las pelotas, hinchar.

"hay que ser muy hinchapelotas para tener una fiesta bailable el lunes por la noche"

HINCHAR

insistir; molestar; joder; irritar; fastidiar; cf. huevear, joder la pita, hinchar las pelotas, hinchada, hinchador.

"¡no me hinches más, Manuel, por favor! No pienso prestarte el auto"
"me hinchó tanto el Mauricio que al final le dije que viniera con nosotros a la playa este fin de semana"

Hinchar la Bolas

molestar; irritar; insistir; cf. huevear, joder la pita, hinchar, hinchador, hinchabolas.

"déjate de hinchar las bolas, Ernesto, por favor"

Hinchar las Huevas

molestar; insistir hasta el cansancio; cf. hinchahuevas, hinchar.

"no le hinches las huevas al abuelo pues"

Hinchar las Pelotas

molestar; irritar, insistir hasta el cansancio; cf. huevear, joder la pita, hinchapelotas, hinchador, hinchar.

"te gusta andarme hinchando las pelotas ¿cierto?"

Hocicón

que delata o cuenta lo que se la ha confiado; que habla más de la cuenta; que se jacta; cf. cagüinero, pomadiento, culebrero, soplón, cantar, soltar la pepa, caérsele el cassette, hociconear.

"no seas hocicón y quédate callado mejor, mira que la María ha cuidado harto al Manuel"
"¡hocicona! ¿Qué tenís que andar contando que me metí con mi jefe?"
"mejor no cuentes cosas íntimas en este lugar, mira que aquí son todos hocicones"

Hociconear

delatar; hablar más de la cuenta; hablar mal de otros; hacer alarde propio; chismear; cf. cagüinear, pelar, caérsele el cassette, cachetonearse, hocicón.

"aquí en la cárcel, el que hociconea se va de tajo"
"el Manuel más lo que hociconea y nunca le ha ganado nada a nadie"

HORTO

ano; culo; cf. chico, raja, cueva, trasero, poto, orto, como el horto.

"-¿en qué quedamos, el hoyo es horto u orto? -No sé, pero otro no es"
"disculpe que me rasque, pero me pica el horto"

HOYO

ano; trasero; cf. chico, poto, horto, orto, cueva, raja, culo.

"-esos bikinis de hoy… ¡pero si se les va hasta el hoyo a las minas! -Ya abuelito,
cálmese, ¿quiere? Mire que no le hace bien exaltarse"
"ah doctor, se me olvidaba: ¿tiene algo para la picadura del hoyo?"

HUÁCALA

*diantre; epa; eh; es expresión de sorpresa o conmoción; cf. mierda, caramba, cresta,
chucha, guácala.*

"huácala, disculpen, no sabía que estaban ustedes en el dormitorio"
"huácala, me perdí"
"huácala, que está caro este vestido"

HUACHACA

*vulgar; de mala calidad; pobre; mala clase; de clase baja; mediocre; cf. flaite,
peliento, rasca, cuma, picante, roto, mula, guachaca.*

"vámonos de esta fiesta huachaca, flaca; aquí hay puros flaites no más"
"-harto huachaca tu amiguito ese que me presentaste, te voy a decir; ¿sabí' lo que
me preguntó en la primera cita? -No, ¿qué? -Si me gustaba ir a los moteles. Último
de picante, encuentro yo. -Y, ¿te gusta? -¿Si me gusta qué?, ¿el huachaca o ir a los
moteles? -Los dos puh, huevona. -No sé, un poco, quizás..."

HUACHIPEAR

*hurtar; robar; apropiarse indebidamente de algo; cf. chorear, estirar los dedos,
guachipear.*

"esta empresa no va a poder seguir por mucho tiempo; todo el mundo huachipea aquí: un lapicito por aquí, un poco de papel por acá, conversaciones telefónicas por allí, unos discos por allá"

HUARACA

azote; castigo; paliza; fornicación; cf. flete, quisca, huasca, dar huaraca, guaraca.

"ese bruto del Andrés le da huaraca a su caballo; así no se trata a un animal que te sirve"
"mi amor ¿cuándo me va a dar huaraca de nuevo?"

HUARÉN

rata grande; rata de canal; tipo despreciable; canalla; cf. alimaña, jote, buitre, chancho, cerdo, rata.

"eres un huarén, Miguel Augusto: ¿cómo pudiste abandonar a la Teresita cuando estaba embarazada de tu hijo?"

HUECO

tipo superficial; emperifollado; homosexual; cf. siútico, pije, maricón.

"en la tele chilena todas las minas son huecas y los huevones son justamente eso, huevones"
"esa mina es una huevona hueca que se preocupa de su imagen y de nada más"
"pa' mí que los vecinos son huecos"

HUEVA

testículo; cf. coco, pelotas, bolas, mata de huevas, saco de huevas, verle las huevas, las huevas, huevas.

"-¿por qué tiene esa hueva verde, gordito? -¡Qué! A ver… Ay, huevona, me asustaste; es el aceite que usamos…"

HUEVADA

insensatez; estupidez; niñería; tontería; desatino; cf. lesera, payasada, burrada, huevonada, pendejada.

"no hagas huevadas, por favor, Manuel: deja de tocar la guitarra y ponte a estudiar"
"Pedrito, ¿por qué pregunta tantas huevadas usted?"
"los humanistas de la U de El Parto enseñan puras huevadas no más"

HUEVADA

asunto sin importancia; nimiedad; algo; cosa; asunto; cf. payasada, lesera, cuestión.

"-¿qué te pasa, Manuel, porqué estás tan serio? -No, nada. Es una huevada no más, no te preocupes"
"tengo una huevada aquí en el ojo que me pica"
"hay huevadas que es mejor dejar así, como están"
"ahora que nos separamos, llévate tus huevadas, por favor"
"¿qué huevada pasa aquí?"

HUEVAS

testículos; cf. cocos, huevos, bolas, huevón, patada en las huevas, mata de huevas, saco de huevas, verle las huevas, las huevas.

"la doctora se puso guantes de goma, me tocó las huevas de arriba abajo y me dijo que no tenía nada"
"¡no te rasques las huevas en público, puh Manuel!"
"mi amor, lamento decirle que con ese trajebaños se le ven las huevas"

HUEVEAR

molestar; fastidiar; insistir; hacer estupideces; cf. lesear, joder, joder la pita, hacer huevadas, agarrar pa'l hueveo, hueviar.

"¡qué día! Me estuvieron hueveando todo el tiempo los niños en la escuela"
"mi amor, por favor no traigas a tu sobrino este fin de semana que huevea mucho y yo quiero descansar ¿ya?"

HUEVEAR

divertirse; bromear; fingir; jugar; cf. carretear, lesear, joder, hueviar, hacer huevadas, agarrar pa'l hueveo.

"salgamos a huevear esta noche"
"oye, no te enojes, si estábamos hueveando solamente"
"no le creas, está puro hueveando"

HUEVEO

entretención; actividad; esfuerzo; cf. carrete, onda, joda.

"está harto bueno el hueveo aquí en esta disco"
"había un hueveo más o menos en el centro: unos asaltantes quedaron atrapados adentro de un banco y los pacos rodeándolos"
"no voy a ir a la nieve este fin de semana: mucho hueveo"

HUEVEO

agitación; alboroto; escándalo; caos; molestia; cf. cagada, joda, huevear.

"había un hueveo más o menos en la Plaza Perú: neumáticos en llamas, guanacos, autos tratando de salir, piedras por todos lados, bombas lacrimógenas, gritos; un feroz hueveo"
"y ahora vamos a una nueva reforma de la educación ¡qué hueveo más grande y más inútil, por favor!"

HUEVIAR

molestar; fastidiar; insistir; hacer estupideces; cf. lesear, joder, hacer huevadas, agarrar pa'l hueveo, huevear.

"no me hueví' más ¿querí'? Estoy cansado de escuchar siempre la misma historia"
"por favor no me huevi' que se me agota la paciencia ¿ya?"
"mira al maestro como huevea con el martillo; yo que tú lo cambiaba antes que te destroce la casa"

HUEVIAR

divertirse; bromear; fingir; jugar; cf. lesear, joder, hacer huevadas, agarrar pa'l hueveo, huevear.

"vamos a hueviar a Viña esta noche"

"no podemos ir a hueviar donde la Lucy, a esta hora ya está durmiendo"

"¡no hueví'! ¿Me estai hueviando? ¿En serio que la Carmencita mandó al jefe a freír monos al África?"

"-¿y qué le pasa al Miguel que está llorando? -Esta hueviando no más, pa' que le den bola"

HUEVO

testículo; cf. coco, bolas, huevas.

"-me duele el huevo derecho, doctora, ¿qué puedo hacer? -No se lo toque tanto, pues, déjelo ahí en paz"

"parece que tengo un huevo más grande que el otro, mi amor, ¿me los puede ver?"

HUEVÓN

idiota; tonto, estúpido; incapaz; que desaprovecha la oportunidad; insulto que se acompaña a veces del gesto imitativo de una mano sosteniendo una pelota de tenis por debajo -el porte de los testículos del injuriado. En otras palabras, la persona es un "huevos grandes"; cf. gil, mamerto, ganso, pailón, pajarón, pavo, pelotas, boludo, amermelado, asopado, hacerse el huevón.

"ese sujeto es un huevón: nunca le ha resultado nada en la vida"

"fíjate por donde andas, huevón"

"no seas huevón, Manuel, pregúntale al viejo de la María si nos presta la casa este fin de semana; total, lo peor que puede pasar es que nos diga que no"

"Andrés es huevón, parece: todavía no saca su título y ya tiene 40 años"

"ay, huevona, no seas huevona; para qué te complicas tanto; acuéstate con el huevón y así sales de la duda y te sacas la calentura; ya los tiempo no están como para hacerse la cartucha"

"no seas huevona, María: no te cases ni por nada del mundo, y menos con el Manuel que anda puro dando el jugo últimamente"

"-Profe, ¿por qué se dice huevón por torpe o tonto? -Una cosa es tener el pene grande, Pedrito, lo que, dentro de parámetros de normalidad, implica un cierto prestigio en el hombre, y otra muy distinta es tener los testículos grandes, asunto que no sirve para nada y que es simplemente una torpeza de la naturaleza"

HUEVÓN

tipo, sujeto, hombre; persona; cf. gil, pelado, ñato, gallo, socio, compadre, huevada, huevonada, huevear, huevonaje, huevón de mierda.

"se apareció un huevón que nadie conocía en la fiesta de la Ale"
"había como cinco huevones y cuatro minas en la barra"
"hay más huevonas que huevones en el mundo, según entiendo"
"puta la huevona inteligente esa"
"¿porqué entran gratis las huevonas a la disco?"

HUEVÓN

hombre; amigo; es muletilla de vocativo; cf. compadre, pelado, viejo, hombre, gancho.

"oye, huevón, ¿y qué pasó con la Alejandra?"
"sabí' qué más, huevón, no pienso invitar al Manuel al paseo del domingo"
"no, huevona, lo que pasa es que el Ernesto no quiere aceptar su responsabilidad en tu embarazo y por eso te sale con el cuento de que te descuidaste con las píldoras y ese rollo"

HUEVONADA

estupidez; tontera; broma; cf. burrada, pendejada, huevada, huevón.

"eso que hizo el Miguel de falsificar el examen de álgebra es una huevonada"

HUEVONAJE

gente; grupo; laya; amigos; cf. lote, montón, gallada, pelaje, huevón.

204

"había harto huevonaje en el lugar del accidente"
"cuando llegué a la fiesta, ya se había ido todo el huevonaje"
"-¿pero qué hace todo este huevonaje achoclonado ahí? -Dicen que están avistando ovnis los huevones -Ah, ya; déjame hasta ahí no más"

HUEVONEAR
aprovecharse de alguien; tratar como imbécil; cf. mangonear, agarrar pa'l hueveo, huevón.

"tienes que puro irte de esta empresa; hace tiempo que te están huevoneando aquí y no te van a dar nunca la oportunidad de avanzar en tu profesión"
"esa mina me huevoneó como quiso y al final lo único que quería de mí era acceder a mi círculo laboral y social"

HUEVÓN QUEBRADO
sujeto amanerado; afeminado; delicado; creído; pretencioso; vanidoso; cf. empaquetado, posero, siútico, pije, mijito rico, creído, tieso, levantado de raja, marica, quebrado, quebrarse.

"ese Lucho es un huevón quebrado; no se ensucia las manos ni pa tomar un lápiz"

HUEVOS
testículos; cf. cocos, huevas, pelotas, huevo.

"¡cómo pueden rascarse los huevos en público esos peloteros, por favor!"
"-me sirvieron criadillas, imagínate, ¡los huevos del animal! ¡Qué horror! -¿Y qué hiciste? -Bueno, me hice la huevona y se las pasé al perro"
"-doctor, me están creciendo los huevos -A ver, muéstrelos… Oiga, ¿usted se tira las huevas jovencito? -Eh, bueno, sí, es lo que dice mi mamá al menos… -Por eso le están creciendo, pues…"

Huiro

cigarrillo de marihuana; cigarrillo voluminoso de marihuana u otra droga; cf. pito, verde, aguja, zepelín, caño, güiro.

"llegaron unos huiros de San Fernando que te dejan en las nubes colgando"
"de la depre me sacó este huiro de Curicó"
"estos huiros que son de Penco no están nada de pencas"
"a los pitos se les dice huiros por la forma de esos instrumentos"

Ii

IMPORTAR UN COCO

ser indiferente; no importar nada; cf. importar un comino, importar un pito,
importar un pucho, importar un bledo, importar un rábano, importar un coco,
importar un huevo, valer hongo, valer callampa, dar lo mismo, no importar un
coco.

"me importa un coco que los demás piensen que yo soy retrógrado; usted no se me
pone minifalda y basta"
"a los políticos les importa un coco este país; ellos viven en su mundillo de posiciones
de poder y de prestigio"

INCURSIONAR

experimentar sexualmente; toquetearse; manosearse; cf. atracar, correr mano.

"-ah, recuerdo mis primeras incursiones en el amor... -¿Qué dijo abuelo? Tiene que

208

ponerse la placa que no se le entiende nada de lo que dice"
"cuando apenas teníamos trece años, la Carmencita, la Luchita y yo comenzamos a incursionar, los tres juntos, en la anatomía humana"

IR

acceder a la relación sexual; atreverse al sexo; cf. dar el pase, dejarse, ir a la parada, ir a la pelea, ir.

"-¿y esa mina va o no va? -Yo creo que va; cartucha no parece"
"y, Carmelita, ¿fuiste o no fuiste con el Rodrigo, pasó o no pasó?"
"yo iría con el Manuel de todas maneras, aunque sea pa' probar un poco"

IR A LA PARADA

responder al reto; realizar el compromiso; no cambiar de opinión; entrar en el negocio; emprender; llegar al contacto sexual en la relación; atreverse al sexo; osar en la relación íntima; hacer el amor; estar en edad de independencia sexual; cf. meterse, ir a todas las paradas, meterse, ir a la pelea, ir.

"bueno Manuel, ya somos cinco para el paseo: ¿tú vai a la parada o no?"
"yo le había dicho a la Mireya que si había cuorum para ir a la playa, yo iba a la parada, así es que obligado a ir no más puh, aunque se me enoje la María"
"al huevón no se le ocurrió nada más romántico que preguntarme si yo iba a la parada con él..."
"no voy al partido, compadre; voy a encontrarme con la Alejandra esta noche; y esa mina va a la parada"

IR A LA PELEA

realizar el acto sexual; atreverse al sexo; estar en edad de independencia sexual; cf. ir a la parada, ir.

"Carmen, no puedes tenerme así para siempre, contéstame ya, ¿vamos o no vamos a la pelea?"
"me gustan las mujeres maduras, que vayan a la pelea y no se anden con rodeos"
"esa mina todavía no va a la pelea; es muy chica"

"le pregunté si iba o no a la pelea y el muy mamerto me dijo que no le gustaba el boxeo"

IR A PUTAS
utilizar el hombre el prostíbulo; visitar el prostíbulo; buscar prostitutas; acostarse con prostitutas; cf. casa de huifa, casa de putas, putas.

"en el campo chileno se va mucho a putas, pero a tomarse unos trago y a bailar, no necesariamente a acostarse con las chiquillas"
"ese huevón es médico y va a putas con la chiva de que lo llaman para que les haga control de sanidad"

IRLE COMO EL HOYO
estar muy mal; pasarla muy mal; resultar mal; cf. irle mal, irle como las huevas, irle como las pelotas, irle como la mona, irle, como el hoyo.

"me va como el hoyo en el nuevo trabajo"
"nos fue como el hoyo en ese negocio de los salmones"

IRLE COMO LAS HUEVAS
resultar muy mal; estar mal; pasarla mal; cf. irle mal, irle como el hoyo, irle como las pelotas, irle como la mona, irle, como las huevas.

"nos fue como las huevas en las negociaciones con los empresarios"
"si no estudias, te va a ir como las huevas en la vida"

IRLE COMO LAS PELOTAS
resultar muy mal; estar mal; pasarla mal; cf. irle mal, irle como las huevas, irle como la mona, irle como el hoyo, irle, como las pelotas.

"nos fue como las pelotas en el negocio del pisco en California"

IRLE EL DESCUEVE
estar muy bien; tener éxito; cf. irle bien, irle la raja, irle, el descueve, descueve.

"me está yendo el descueve en cálculo"
"nos fue el descueve en Pichilemu este fin de semana; agarramos buenas olas"

IRLE LA RAJA

resultar muy bien; estar óptimo; tener éxito; cf. irle bien, irle el descueve, irle, la raja.

"a la Ana le va la raja en su nuevo trabajo"
"me fue la raja ayer en el paseo"

IR RAJADO

moverse rápidamente; pasar rápido o fugaz; cf. ir a mil, volar, ir soplado, apretar raja, rajar, pasar rajado, rajado.

"el Mario iba rajado al trabajo esta mañana; parece que andaba atrasado"
"vamos rajados al súper para alcanzar a ver el segundo tiempo"

IRSE A LA CAMA

ir a hacer el amor; ir a tener sexo; cf. hacerlo, ir, meterse, acostarse.

"me fui a la cama con la María"
"no nos hemos ido a la cama en tres meses con mi marido"
"¿vámonos a la cama, amorcito?"

IRSE A LA CHUCHA

perder el control; chocar; caerse; deprimirse; arruinarse; fracasar; es también acto verbal de expulsar, de echar con firmeza, de rechazar fuertemente; cf. cagar, irse a la cresta, irse a las pailas, irse a la mierda, irse al carajo, mandar a la chucha.

"se nos reventó un neumático y nos fuimos a la chucha cuesta abajo por el cerro"
"después de la muerte de su amigo Andrés, Manuel se fue a la chucha"
"este país sin el cobre se va a la chucha"
"váyanse todos ustedes a la chucha, ¿me oyen? Me cansé de lavarles la ropa, de

hacerles el desayuno, de prepararles el almuerzo, de plancharles las camisas, de llevarlos al doctor, de comprarles medicina; desde ahora en adelante, cada uno se arregla solito"

IRSE A LA CRESTA

perder el control; chocar; caerse; deprimirse, fracasar; es también acto verbal de expulsar, de echar con firmeza, de rechazar fuertemente; cf. cagar, irse a la chucha, irse a la mierda, irse al carajo, irse a las pailas, mandar a la cresta.

"se me cortaron los frenos y me fui a la cresta contra un poste"
"si no paso este examen, me voy a la cresta"
"váyanse a la cresta: no quiero verlos más"

IRSE CORTADO

eyacular; tener orgasmo; cf. mandar cortado, echar cortado, acabar.

"-mi marido tiene problemas de eyaculación precoz... -¿Ella qué? -Se va cortado muy rápido, huevona"
"-oye ¿ya te fuiste cortado ya? -Eh, sí… -¿Y yo huevón? -No sé puh, ¿sigo con las manitos? -Bueno…"

IRSE CORTADO

no poder seguir; fracasar; arruinarse; perder; morir; cf. perder, irse a la chucha, cagar.

"bajó el dólar y se fueron cortado las exportadoras de salmón"
"Pinochet se fue cortado en Londres"
"ese compadre tuvo un derrame cerebral y se fue cortado"
"debes hacer que te vea un médico, mira que te puedes ir cortado en cualquier momento con esa taquicardia que tienes"

IRSE DE HOCICO

caer de frente; caer de cara; cf. sacarse la cresta, comprar terreno.

"como a las dos de la mañana el Nancho, curado, se fue de hocico al suelo y se quedó dormido ahí en un rincón hasta el otro día; patético"

IRSE DE HOCICO

delatar; revelar intimidades; confesar; declarar; cf. caérsele el cassette, cantar, echar al agua, soltar la pepa, abrir la boca, soltarla, irse de lengua.

"se fue de hocico el Miguel y ahora nos buscan los tiras por tráfico de coca"
"pase lo que pase, nadie se va de hocico, porque si cae uno caemos todos, pero si nadie suelta la pepa, no pasa nada"

Jj

JAMONES

piernas, especialmente, de mujer; piernas bonitas; piernas contundentes; cf. piernaza.

"la vecina tiene unos jamones más o menos"
"mijita rica, me comería esos jamones con pura mostaza no más"

JETA

boca; mandíbula; cf. hocico, jetudo, jetón, abrir la jeta, caérsele la jeta.

"se me congeló la jeta y no podía hablar de frío"
"y ustedes ¿tienen acaso arena en la jeta? ¡Hablen! ¿Quién se tomó el whisky que había en la despensa?"
"estaban discutiendo ¡y no le planta el otro un combo en la jeta! Maletero el gil"
"me caí en bicicleta; me vine de jeta al suelo"

JETÓN

idiota; despistado; tonto; ingenuo; cf. desubicado, pavo, amermelado, huevón, mamerto, zonzo, gil, leso, jetudo.

"no seas jetón y cuéntale que la quieres"
"soy más jetona: tendría que haber negociado mejor mi salida de la empresa"

JETUDO

idiota; tonto; ingenuo; cf. zonzo, pavo, amermelado, mamerto, gil, leso, huevón, jeta, jetón.

"es bien jetudo el Miguel; tenía una beca para estudiar a Europa y la rechazó por ese trabajo en la Telefónica"

JOTE

acechador de mujeres; hombre al acecho de la mujer; pretendiente fastidioso; cf. buitre, peuco, lacho, jotear.

"-había unos cuantos jotes en la fiesta -¿Alguno bueno? -Sí, uno que otro"
"estaban los huevones como jotes colgando de la barra del bar y se les cayó la jeta cuando entró la Rita"

JOTEAR

acechar a la mujer; andar a la búsqueda de la mujer en un bar o en una fiesta; acechar a la mujer; cf. lachar, jote.

"pero en este lugar no se puede estar tranquila; andan todos los huevones joteando"
"esos tres giles ahí parados en la barra andan puro joteando"

JUGAR AL EMBOQUE

tener coito; copular; cf. culiar, tirar, echar cachita.

"en este pueblo no hay nada que hacer; obligados a jugar el emboque con la vecinita"
"no tía, si no estamos ocupados, estábamos jugando al emboque no más con la Carmencita"

JUGOSO
sexualmente excitado; cf. jote, lacho, baboso, caliente, ser jugoso.

"ese Lorenzo es un huevón jugoso, no piensa en nada más que en eso"
 "me gusta que estés así, jugosa…"

JUGOSO
ebrio y fastidioso; cf. dar jugo.

"oye, el Mario andaba todo jugoso en esa fiesta; no paró de hablar huevadas toda la noche"
"qué jugoso está el Manuel; es mejor que alguien le diga que pare de tomar"

JULEPE
miedo; susto; desconfianza; aprensión; cf. hacérsele, darle a uno cosa, piel de gallina, pelos de punta, dar julepe.

"te apuesto que no te atreves a entrar solo a la cueva: julepe, julepe"
"sentí julepe al saltar"
"-a que te da julepe subirte al árbol -A que no"

Ll

LABIA
habilidad para hablar; capacidad de discutir y convencer; palabrería; cf. grupo, pomada, culebra, cassette, bla bla.

"el Mario es pura labia nomás: promete pero no cumple"
"-tiene harta labia ese profe de literatura ¿ah? -Sí, y cero pelo"
"-los flojos desarrollan la labia ... -¿O los labiosos desarrollan la flojera?"

LA CACHADA
muchos; un buen número; una multitud; cf. ene, cualquier, todos estos, lote, montón, chorrera, tracalada, cachada.

"he estado en la cachada de partes en mi vida"
"conozco la cachada de gente en Santiago"
"hay una cachada de perros quiltros en el barrio"

"hay una cachada de autos en la vereda"

"sin preservativos esas niñas tienen una cachada de hijos y eso amplifica la pobreza"

La Cacha de la Espada y la Teta de la Monja

y así sigue el cuento; sigue no más, que no te creo; puras palabras; charlatanería; cf. bla bla bla, verborrea, labia, pomada, chamullo, culebra, grupo.

"-tenemos una sociedad más justa ahora; Chile avanza; en mi Gobierno las mujeres han adquirido el protagonismo que se merecen... -¿ah, sí? Y la cacha de la espada y la teta de la monja"

La Cagada

el lío; el entuerto; el descalabre; la tragedia; el desastre; cf. la tendalada, la crema, la escoba, la embarrada, la casa de putas, quedar la cagada, estar pa' la cagada, cagada.

"quedó la cagada en la fiesta del Rodrigo..."

"la mansa cagadita que se mandó el Jaime: se metió con la Teresa y los pilló el marido en pleno acto"

"la cagada más grande, compadre: patrullas, sirenas, pacos por todos lados, viejas llorando, minas gritando, llamadas celulares histéricas, huevones arrancando por encima de la pared, otros saltando a la piscina cagados de la risa, los perros ladrando, los vecinos sapeando todos prendidos como si fuera una película de acción; la cagada, viejo, la cagada; nunca más hago una fiesta con la loca de la Nacha; es que es demasiado reventada esa mina; la caga, huevón, la caga"

La Corta

el pipí; el pis; cf. la larga, la meada, echar la corta, corta.

"echemos la corta detrás de esos árboles"

"detén el auto que tengo que echar la corta"

La Cueva que te Gastai

la suerte que tienes; qué suerte la tuya; que buena fortuna tienes; cf. cueva, raja, la cuevita que te gastai.

"la cueva que te gastai viejo: esa mujer que tienes vale oro"
"la cueva que se gasta mi compadre: se ganó la lotería"

La Cuevita que te Gastai

la suerte increíble que tienes; la suerte que tuviste; la escapada increíble esa; cf. raja, cueva, la cueva que te gastai.

"la cuevita que te gastai: te salvaste por un pelito de que te pillara el jefe atracando con su señora en su propia oficina"

Lachento

que insiste en buscar mujeres; que no piensa más que en mujeres u hombres; que insiste en la búsqueda amorosa; cf. buitre, jote, lachar, lacho.

"ese Betito está muy lachento últimamente"
"no seas lachenta, María, si el Marco no te da bola"

Lacho

mujeriego; persona que siempre anda detrás de las mujeres; que insiste en la búsqueda amorosa; que busca insistentemente la amistad; que no se despega; cf. pegote, ladilla, don Juan, buitre, jote, lachar, lachento.

"oye el huevón lacho ese de tu hermano: no deja de llamarme por teléfono"
"al Manuel las minas le tiran los cagados a cada rato y, con lo lacho que es el huevón, ando celosa todo el tiempo"
"andai lacha detrás del Rodrigo, confiésalo"

La Chucha de la Loma

lejos; muy lejos; perdido; quién sabe dónde; cf. el culo del mundo, donde el diablo perdió el poncho, a la cresta, quedar a la chucha de la loma, a la chucha de la loma.

"nos pasamos varias cuadras y fuimos a dar a la chucha de la loma"
"no podemos hacer la fiesta donde el Pablo; su casa está en la chucha de la loma"

"...me despierto al otro día y no cacho nada; no me acuerdo de nada ¿cachai? La caña, pa qué te cuento, mala mala mala. Abro los ojos así apenitas y veo que estoy en una carpa... y el huevón del Manuel al lado. Miro pa' fuera y veo un cerro y arbolitos y pajaritos, ¿cachai? ¿Dónde cresta estamos, huevón?, le pregunto al Manuel. Compadre, me dice, esta es la famosa chucha de la loma, puh"

LA DEL PICADO
por envidia; por rencor; por resentimiento; cf. pica, picado, picarse, dijo el picado.

"-la Pamela le mostró a todo el mundo unas fotos íntimas de la Alejandra -Esa fue la del picado, porque la Ale la había ridiculizado a ella antes..."
"-y cuando iba saliendo con el premio al mejor diseño, la tonta de la Rosa me gritó que su trabajo era mucho mejor, que ella habría ganado el premio si no fuera por ese tío mío metido en la comisión -Ah, la del picado no más, puh; no le hagas caso, Martita"

LADILLA
persona que no se despega de uno; persona molestosa; insistente; cf. pulguita en el oído, caluga, pegote, lacho.

"¡qué ladilla tu sobrinito, oye! A donde tú vas, ahí siempre quiere ir él también"
"el Miguel es un ladilla, siempre anda buscándonos y después no se nos despega más"

LA LARGA
la defecación; cf. hacer caca, cagar, la corta, larga.

"-permiso, mi amor, voy al baño -¿La corta o la larga? -No sea comisaria ¿Tengo que decidirlo ahora? ¿Hay un formulario que llenar?"

LA LEY DE MORAGA EL QUE CAGA CAGA
que se salve el que pueda; cada uno se las arregla como puede; no hay ayuda en la adversidad; la mala suerte toca a cualquiera; cf. sálvese quien pueda, pase lo que pase, mala cueva, cagar, cague quien cague, la ley de la selva, Moraga el que caga caga.

"durante un terremoto lo que rige es la ley de Moraga: el que caga caga"
"actualmente, el así llamado Gobierno Socialista garantiza un sistema laboral que opera bajo la ley de Morga: el que caga, caga. La derecha promete operar bajo la ley de Santana: el que caga, gana"

La Lombriz Solitaria
el gusano parásito intestinal; el parásito; el hambre insaciable; se usa para referirse al mucho comer y al no saciarse; cf. tener la lombriz solitaria.

"¿cómo puedes comer tanto, Ernesto? Ni que tuvieras la lombriz solitaria"
"oiga, parece que estos niñitos tienen la lombriz solitaria: pelan el refrigerador todos los días"

Lameculos
adulador, cf. chupamedias, chupapatas, lamer el culo.

"ese gil del Arnulfo es un lameculos: ahora resulta que le está contando al jefe cómo hacer para controlar que las llamadas telefónicas estén realmente vinculadas con los negocios de la empresa"

Lamer el Culo
adular; lisonjear; halagar; humillarse; doblegarse; cf. hacer la pata, chuparle la pata, lameculos.

"lamento decírtelo así directamente, pero tu trabajo es lamerle el culo al jefe"
"en período de campaña electoral, los políticos le lamen el culo a todo el mundo"

Langüetear
langüetear; lamer; pasar la lengua; recoger la última comida del plato con la lengua; dar placer sexual con la lengua.

"me gusta cuando me langüeteas por ahí"
"no langüetees tanto el plato, si ya te lo comiste todo"

LANZA

ratero; ladrón; delincuente; cf. cogotero, choro, punga, pato malo, ratero.

"hay unos lanzas parados en la esquina, así es que tenemos que tener cuidado al salir"

"no se te ocurra comprar nada en esta tienda; son unos lanzas"

"¿o sea que yo soy lanza, porque me robé estas pilas en Almacenes París, pero los Pinochet que le estuvieron robando a Chile millones y millones de dólares, día tras día, año tras año, ellos no son lanzas?"

LA PASADA

el consentimiento al acceso sexual especialmente de la mujer al hombre; cf. con ventaja, con tuti, pensión Soto, todo pasando, pasar de todo, el pase, dar la pasada.

"¿tienes o no tienes la pasada con la Mireya, Manuel?"

"mi amor, ¿me va a dar la pasada o no?"

LA PENCA DEL BURRO

un pene grande; se dice para expresar pasmo o admiración por gran tamaño en un pene; cf. pico, pichula, diuca, Pepito, cochayuyo, tula, pirula, pirulín, pito, aparato, así una penca, penca.

"entro al dormitorio y está el Lorenzo mirando una película pornográfica… y el actor tenía la penca del burro"

"-oye, amigui, ¿es cierto eso que dicen, que los negros tiene la penca del burro? -No sé huevona, nunca lo he hecho con un negro…"

LA PENSIÓN SOTO: CASA, COMIDA Y POTO

se dice de la casa en la que el pololo de la hija es bien recibido; se dice de la casa de la pareja, especialmente la casa de la mujer, cuando el afortunado del caso obtiene todos esos beneficios; cf. la pensión Soto.

"se puede jugar con el tema de la pensión Soto. Por ejemplo, la pensión San Antonio: casa, comida, poto y… ¡matrimonio! La pensión Padilla: casa, comida, poto y

¡¡ladillas!! O la fatal pensión Lo Hermida: casa, comida, poto y ¡¡¡SIDA!!!"
"está la pensión Soto, pero la mejor es la pensión Matta: casa, comida, poto y plata"

La Puntita no Más

se refieren a meter sólo la punta del pene en el acto sexual y alude en forma irónica a una petición o promesa ridícula, porque, por su naturaleza, una vez iniciada, la penetración sexual no se rige por esa gradación; sólo un inicio, pero que implica todo; sólo un poco, pero que deriva en todo; cf. meter la puntita, meter la puntita no más.

"Mireya, mi amor, te lo prometo, sólo la puntita no más ¿ya?"
"primero mi tía llegó onda de visita, ¿me entendí'? Pero era la puntita no más; al final se quedó a vivir con nosotros para siempre"
"pero Carmen ¿qué tiene? Si es sólo la puntita no más"

La Raja

qué bien, genial; muy bueno; excelente; óptimo; lo máximo; cf. súper, top, el descueve, quedar la raja, raja.

"la raja, entonces nos encontramos en el cine a las ocho"
"mi pololo es la raja: nunca deja que pague nada"
"el libro El Restaurante al Final del Universo es la raja"
"se cree la raja el Manuel con esa minita que andaba el otro día"
"-señorita Andrea, la verdad, nos gusta mucho el trabajo que realiza en nuestra empresa, pero hemos notado que usted es un poco garabatera y queremos pedirle que deje de emplear dos palabras que usa mucho cuando hay clientes -Por supuesto, jefe, dígame no más -Una de las palabras es 'la raja' y la otra es 'como las huevas' -Pero, por supuesto jefe, ningún problema, dígame no más ¿cuáles son las palabras?"

Larga

el acto de defecar; cf. la corta, la larga.

"disculpa que te pregunte, pero, ¿vas a hacerla corta o larga?"

Las Huevas

los testículos, cf. cocos, pelotas, bolas, huevas.

"doctor, he sentido una pequeña molestia en las huevas últimamente"
"qué rotería esa la suya de ajustarse las huevas en público, mi amor, ¿no puede hacerlo en el baño?"

Las Huevas

no; ni por nada; no en absoluto; cf. las huifas, las huinchas, nica, pico, pichula, ni cagando, cómo no, las pinzas, huevas.

"-y pagaste esa multa por el tac? -No, las huevas que voy a pagar, si el error es de ellos, poh"
"¡las huevas que me acuesto contigo, Manuel!"

Las Huifas

no; no, en absoluto; es un rechazo enfático; cf. ni cagando, las huevas, pico, pichula, cómo no, las pinzas, las huinchas.

"las huifas que voy a votar por ese candidato"

Las Huinchas

no; no en absoluto; es rechazo enfático; cf. ni cagando, las huevas, pico, pichula, cómo no, las pinzas, las huifas.

"las huinchas que voy a faenar esos chanchos pa'l patrón; eso no es mi trabajo aquí"

La Zorra

parte intima de la mujer; sexo de la mujer; vagina; cf. poto, concha, chucha, zorra.

"el huevón degenerado del doctor lo único que quería era tocarme la zorra"
"qué bonita que se ve señorita Pamela, con ese traje rojo de una pieza, con sombrero y todo… A ver, muéstreme la zorra, perdón, la gorra, la gorra"

"ese depravado del Lorenzo tiene en la puerta de su cuarto una zeta del Zorro rayada y abajo dice 'La Zorra'"

LA ZORRA

lío; escándalo; desastre; desenfreno; destape; orgía; cf. la escoba, la cagada, la crema, zorra, quedar la zorra, zorra.

"-pero, ustedes tienen la zorra aquí en el cuarto puh chiquillos; ya, mañana no me salen a ninguna parte hasta que no esté todo ordenado aquí ¿queda claro? -Sí, papi"
"está la zorra en el restaurante; la banda tocando y cocida hasta las patas, todo el mundo bailando con todo el mundo, en el baño métale yerba y coca… La zorra compadre, la zorra"

LELA

lesbiana; mujer que gusta de mujeres; cf. tortillera, lesbis.

"filo con los locos; mejor ser lela"
"está de moda ser lela, pero yo, no sé, como que no me atrevo…"
"esas dos no son amiguis, son lelas, que es distinto"

LESBIS

lesbiana; mujer que gusta de mujeres; cf. tortillera, lela.

"pa mí que las vecinas son lesbis"
"ahora la Andrea dice que ella es lesbis"
"o sea, yo soy media lesbis, pero no entera, ¿cachai?"
"-Profe, ¿por qué se dice lesbis? -Viene de lesbiana, es decir, natural de la isla griega de Lesbos. Allí vivió Safo, poetisa cuyos poemas de amor a la mujer inmortalizaron su lugar natal"

LESEAR

bromear; molestar; pasarlo bien; cf. hueviar, revolverla, leseo, leso, lesera.

"pero si sólo estábamos leseando"

"no me lesees más, ¿quieres?"

"¿salgamos a lesear por ahí esta noche mi amor?"

"qué manera de lesear estos chiquillos de mierda ¿por qué no les dice que se vayan a su pieza gordita?"

LESEO

juego; diversión; broma; fiesta; cf. hueveo, tandeo, joda, lesear, leso, lesera.

"pero no se enoje, pues gordita, no ve que era puro leseo no más"

"¿no te gusta el leseo? Bueno, ahora te toca sufrir la caña, poh huevón; es la última parte del leseo"

LESERA

insensatez; estupidez; niñería; tontería; desatino; cf. huevada, leseo, leso, lesear.

"el Manuel está haciendo puras leseras últimamente; ahora dejó medicina y dice que quiere dedicarse al rock»

"los políticos tienen al país paralizado con sus leseras"

LESERA

cosa; algo; asunto; cosa sin importancia; nimiedad; cf. cuestión, huevada.

"-oye, ¿qué es esa lesera que tenís ahí en el pecho? -Es un prendedor que me trajo un amigo de Nicaragua"

"me salió una lesera en la piel; parece que voy a tener que ir al médico"

"no te preocupes tanto de ese ramo; Orientación Vocacional es una lesera no más; concéntrate en las materias fuertes, como química, fisiología y biología"

LESO

ingenuo; tonto; es también muletilla de apelativo; cf. pavo, gil, huevón, leseo, lesear, lesera.

"no seas leso, Rodolfo, pegúntale a la Elvira si quiere salir contigo; seguro que te dice que sí" "no, leso, si lo que quería decir era otra cosa; ¿por qué siempre estás pensando que trato de mandarte?"

LEVANTADO DE RAJA

creído; presumido; vanidoso; pretencioso; petulante; engreído; cf. quebrado, empaquetado, posero, siútico, pije, mijito rico, creído, tieso, quebrarse, quebrado, creerse la muerte, creerse el hoyo del queque, creerse, raja.

"no soporto este restaurante; el lugar apesta; con esta cantidad de gente levantada de raja que hay el techo está todo raspado de mierda"
"desde que entró a estudiar medicina, este Manuel se ha transformado en un huevón levantado de raja que se cree la muerte"

LEVANTAR CARPA

tener una erección; cf. andar con la piedra, andar con carpa, parársele el pico, tenerlo parado, tener el pico parado, estar caliente, carpa.

"-ay, gordito, parece que está levantando carpa, ah… -Es que soy antiguo boy scout, mi amor; siempre listo"

LEVANTAR CARPA

irse; organizarse para irse; partir; cf. agarrar moto, mandarse cambiar, virarse, echarse el pollo.

"¿y ya van a levantar carpa? Pero si es temprano todavía; quédense un ratito más"
"domingo, hora de levantar carpa, chiquillos; se acabó el fin de semana en la playa; tenemos que volver al feísimo Santiago"

LEVANTARLE LA PAREJA A OTRO

conquistar la pareja de otro; enamorar a la pareja de otro; seducir a la pareja de otro; quedarse con la pareja de otro; cf. meterse.

"-¿y su mujer, compadre? -Me la levantó un gil de su trabajo y no la he visto más"
"la Mireya trató de levantarle el Manuel a la María"

"¿tú le levantarías la mina a tu mejor amigo?"

"la Marta le levantó el José a la Glenda"

"-mi mejor amigo me levantó a mi polola y ahora está embarazada y se van a casar. ¡De la que me salvé, gancho! -Préndele una velita que sea a tu amigo, puh"

LIMPIARSE EL CULO

despreciar; rechazar enfáticamente; cf. no estar ni ahí, cagarse, cagarse en la diferencia, sentarse, limpiarse el poto, limpiarse el traste, limpiarse el trasero.

"-pero, señor González, su hijo ha obtenido malas notas, eso es todo; debe repetir el año; esta es una casa de estudios seria... -¿Seria? Oiga, me limpio el culo con esta universidad"

LIMPIARSE EL POTO

despreciar; rechazar enfáticamente; cf. no estar ni ahí, cagarse, cagarse en la diferencia, sentarse, limpiarse el culo, limpiarse el traste.

"me limpio el poto con esa invitación a la nueva boda de tu ex; yo al menos no voy ni cagando"

"me limpio el poto con la nueva ley de divorcio: mejor no casarse y ya"

LIMPIARSE EL TRASERO

despreciar; rechazar enfáticamente; cf. no estar ni ahí, cagarse, cagarse en la diferencia, sentarse, hacer lo que le da la gana, hacer como se le para la raja, limpiarse el poto, limpiarse el traste, limpiarse el culo.

"los gringos se limpian el trasero con las resoluciones de las Naciones Unidas"

LIMPIARSE EL TRASTE

despreciar; rechazar enfáticamente; cf. no estar ni ahí, cagarse, cagarse en la diferencia, hacer lo que le da la gana, hacer como se le para la raja, limpiarse el poto, limpiarse el culo.

"pa' lo que necesito ese trabajo; me limpio el trasero con esa empresa"

LONGI
tonto; torpe; cf. gil, gilucho, mamerto, amermelado, huevón.

"esos longi se robaron unas alarmas y como querían ver si funcionaban les pusieron pilas adentro del negocio y lógico que se activaron, puh.. ¿Serán longi? Ahí mismito los pillaron con la mercancía, ¿cachai?"
"no seai longi, puh, si te podí conseguirte un pase para tu polola tení que puro hacerlo, puh; si no va a tener que pagar ella la entrada"

LOREA
mira; observa; fíjate; presta atención; cf. ojo, cachar, aguaita, sapear, loro, lorear.

"¡lorea, la mina rica!"
"lorea, un elefante en la Alameda"
"lorea el huevón ese con cara de camello rumiante y una sandía debajo del brazo"
"lorea la vieja rascándose el poto"
"lorea el cura cuartiándose con esa mina"

LOREAR
mirar; observar; vigilar; cf. sapear, luquear, lorea.

"no, señor juez, le prometo que yo no tengo na' que ver; yo estaba loreando no más; me dijeron que loreara por si venía alguien, pero yo no chorié na', yo puro sapeaba, pero no chorié na', se lo juro por Diosito Santo"

LUCA
billete de mil pesos; mil pesos; cf. Arturo, Gabriela, gamba.

"présteme luca, compadre, después se las devuelvo"
"¡tres lucas por una cagada de completo y una bebida!"

LUCAZO
cigarrillo de marihuana que vale mil pesos; porción de marihuana tranzada en mil pesos; cf. luca, pito.

230

"esos lucazos de Curicó están harto güenos"
"vamos a la esquina a comprar unos lucazos"
"-¡pero cómo pueden estar a luca quinientos los lucazos, digo yo! -A luca y media, socio, es que están escasos, ¿me entiende? -Pero, ¡pero es que ya no hay respeto por nada… ni por la semántica! ¡Adónde vamos a llegar, digo yo! -Bueno, pero la semántica pasántica también estaban a luca quinientos, por si acaso, socio ¡ah!"

LUMEAR

golpear con la luma; dar de a palos; cf. quisquear, dar quisca, dar huaraca, dar luma, luma.

"lo pacos se dedicaron a lumear duro y parejo a los demostrantes"
"-Profe, ¿por qué se dice lumear? -La luma es un árbol de madera dura de la que se sacan palos resistentes, por ejemplo, para golpear, como la luma que usa el carabinero"

LUMEAR

reprender; regañar fuertemente; cf. retar, subir y bajar, agarrar a chuchadas, dar luma, luma.

"me lumearon anoche por llegar tan tarde, así es que no voy a poder salir este viernes"
"el jefe se lumeó a la secretaria bien lumeada por haber prestado los registros de los mejores clientes a esa empresa financiera"

LUMEAR

fornicar; desvirgar; cf. culiar, afilar, chiflar, dar flete, montar, fletar, dar guaraca, dar luma.

"flores en el escritorio de la oficina; se supo todo: el jefe se lumeó a la secretaria"
"con la llegada del SIDA, los pacos y los tiras ya no se lumean a las prostitutas"

LUQUE

vistazo; inspección; mirada; ojeada; cf. luquear, echar un luque, pegarse un luque.

"-ya pues mi amor, deje de mirar ese auto y vámonos que tenemos que ir a buscar a lo niños a la escuela -El último luque y nos vamos, gordita, ¿ya?"

LUQUEAR
mirar; observar; inspeccionar; cf. sapear, lorear, echar un luque, pegarse un luque, luque.

"tú te quedai luqueando por si vienen los pacos"
"no señora, si nosotros no hicimos nada, si estábamos luqueando no más"

LLAMAR AL GUAJARDO
vomitar; cf. buitrear, guitrear.

"ahí estaban los tres llamando a guajardo en la playa a las cuatro de la mañana"

LLEGAR A HACERSE DE PURA RISA
no lograr contener el esfínter de la orina por causa de la risa; cf. hacerse, hacerse de la risa, hacerse pipí.

"fuimos a ver al Coco Le Grand y nos llegamos a hacer de pura risa"
"cuando vi al Manuel disfrazado de Conejito de Pascua, no pude contenerme; me llegué a hacer de pura risa"

Mm

MALACATOSO
delincuente; maleante; rufián; sujeto de mala clase; cf. choro, punga, malandro.

"salgamos de este bar de mala muerte, que hay demasiados malacatosos aquí"
"fíjate, hay un malacatoso parado en la esquina"
"después que la María lo dejó, el Manuel se convirtió en un gil medio malacatoso: bebe, pide prestado, no devuelve la plata, no se baña y te mira así como de reojo, onda cuidado con tu reloj"

MALA CLASE
vulgar; bajo; vil; cf. último, mala pasta, mal parido, mala tela, mala leche.

"no seas mala clase, Manuel; anda donde la María y dile que metiste las patas pero que la quieres; la mina se lo ha llorado todo estos días"
"mala clase esa Universidad del Parto, pocos académicos, muchos chantas"

234

Mala Cueva

mala suerte; cf. mala pata, mala raja, raja, cueva.

"¡qué mala cueva he tenido últimamente! Primero perdí mi celular y ahora me robaron la billetera"

"ah, mala cueva no más puh; ya me gasté esa plata; yo no tengo la culpa de que usted me diera vuelto de más"

"¡qué mala cueva, Leoncio, qué mala cueva!"

"-Profe, ¿porqué se dice 'mala cueva'? -La expresión ha pasado por equívoco a interpretarse como una grosería, pero su origen es ingenuo. La expresión alude a haber sido escogida una cueva impropia para la morada del troglodita errante del imaginario popular, una cueva habitada por un oso, digamos, o un tigre. Hora oportuna de apretar cachete con la señora y la prole aceleradamente. En el mejor de los casos, salvamos el pellejo a duras penas; en el peor, nos destroza la bestia. Mala cueva en ambos casos. Por el valor de 'trasero' en otra derivación, por cierto, picantona, del término 'cueva', la expresión 'mala cueva' ha pasado a formar parte del léxico tabú. Pura mala cueva, en verdad. Por otro lado, el término 'cueva', por su posición en esta expresión que significa 'mala suerte', ha pasado a significar 'suerte' o 'buena fortuna', en sí; de modo que se escuchan expresiones como 'qué cueva la tuya, Jimena' y 'el Manuel tiene un cuevazo que no te imaginas, se acaba de ganar una beca a Europa', 'dime que no es cueva la mía: justo no me subí a ese bus que después chocó'. Finalmente, por la confusión inicial con 'trasero' se ha producido una inversión en lenguaje actual de modo tal que una mujer puede tener 'una muy buena suerte', en el sentido de un trasero bonito, atractivo"

Mala Leche

mala calidad humana; rencoroso; traicionero; no confiable; corrupto; canalla; cf. vaca, maricón, último, mal parido, mala tela, mala pasta, mala fibra, ser mala leche.

"ese huevón es mala leche: no te metas con él"

"con gente mala leche mejor no tratar"

"en el Departamento de Español se ha acumulado gente muy mala leche, un verdadero yogurt pestilente y descompuesto, en venta en locales masónicos bajo la denominación de Vacas del Sur"

Malandro

tipo facineroso; criminal; delincuente; cf. punga, cuma, pato malo, malacatoso.

"en la pobla tenemos ene malandros"
"¿no me digas que la Teresita se va a casar con ese malandro del Andrés?"
"los políticos son malandros con fuero social"

Mal Parido

sujeto bajo; tipo traicionero; tipo no confiable; corrupto; canalla; cf. último, mala clase, mala leche, mala pasta, mala tela.

"ese sujeto es un mal parido; a su propia madre la abandonó cuando ella más lo necesitaba"
"paradójicamente, en la Universidad de El Parto hay muy pocos bien paridos y hay una colección curiosa y abundante de mal paridos"

Mala Pata

mala suerte; es accidente; cf. mala cueva, mala raja, tener mala pata.

"mala pata no más: el que llega primero toma el mejor asiento"
"tuve mala pata en la competencia; se me reventó un neumático en la última vuelta"
"-Profesor, ¿por qué se dice 'mala pata'? -Es creencia popular antigua que guardar una pata de conejo trae buena suerte. Hasta el día de hoy, no falta gente que hace y usa amuletos de la suerte con patas de conejo. De modo que si me va mal en algo, y tengo uno de esos amuletos, le echo la culpa al amuleto: ¡mala pata! -Gracias Profe, se pasó… Oiga, Profe, ¿y porqué se dice 'mala cueva'?…"

Mal del Tordo, las Patas Flacas y el Poto Gordo

se usa refiriéndose a un cuerpo con esas características; el mal del tordo; cf. tener el mal del tordo.

"cuando las mujeres se casan, comienza el mal del tordo"
"los hombres chilenos no padecen el mal del tordo sino el de la torda: las piernas flacas y la guata gorda"

236

MAMAR
aprovecharse; parasitar; vivir de otro; cf. pechar, bolsear, mamón.

"ese gil del Alberto está puro mamando en esta casa; no hace nada ni aporta ni uno"
"ya tienen casi treinta años los dos y todavía los tengo mamando en la casa; no sé qué cresta voy a hacer pero en cualquier momento los mando cascando pa' fuera a los dos"

MAMAR
chupar miembro masculino; aplicar sexo oral; cf. conferencia de prensa, corneta, chupar el pico, chuparlo, tomar el micrófono, dirigirse al país.

"me gusta mamárselo, mi amor"
"-oiga, chanchi, ¿cuándo va a pintar el portón? -Cuando me lo mame, pues mi amor"

MAMARSE
soportar o aguantar algo; vivir algo; sufrir algo; resignarse; deber aceptar; cf. bancarse, chuparse, comérselas, apechugar.

"tengo que mamarme ese ramo de nuevo el próximo año"
"no quiero ir a la casa de la María, porque no quiero tener que mamarme al Manuel"
"todos los días tengo que mamarme el Metro atestado de gente"

MAMARRACHO
sinsentido; raya; garabato; bodrio; porquería; monstruosidad; fealdad; cf. mierda, cagada, bazofia.

"pero esta composición es un mamarracho, Pedrito…"
"este proyecto de ley es un mamarracho"

MAMERTO
tonto; tarado; cf. huevón, boludo, gil, fiambre, amermelado, ganso.

"no seas mamerto Roberto: ponte botas que está lloviendo"

"pa' mí que ese Alberto es medio mamerto"

"-¿será mamerto el marido de la Sonia? -¿Por que? -Fíjate que el otro día tenían que medir la altura del asta que tienen frente a la casa y la Sonia le dijo que la bajara para medirla… -¿Y? -Y el mamerto del marido le dijo que tenían que medir el alto no el largo"

Mamita

lindura; preciosa; exclamación a la mujer atractiva; cf. mijita, mijita rica, ricura, cosita.

"¡mamita, quién fuera el cinturón de su cintura! ¡quien fuera el sostén de sus pechos! ¡quién fuera el colalés de sus nalgas!"

"no se enoje, mamita, si es sólo un piropo no más"

Mamón

sujeto dependiente de la mujer; marido sumiso; cf. calzonudo, macabeo, mamar.

"mi marido es demasiado mamón, encuentro yo; parece cabro chico"

"los hombres chilenos son todos unos mamones inútiles buenos para nada"

Mandar a Freír Monos al África

rechazar; decir que no; expulsar; regañar; hacer callar; cf. mandar a la cresta, mandar a la chucha, irse a freír monos al África.

"yo sólo le dije que me gustaban sus piernas y me mandó a freír monos al África"

"dos ex agentes de la DINA se metieron a la embajada Sueca a pedir asilo político; los mandaron a freír monos al África"

Mandar a Guardar

fornicar; desvirgar; cf. culiar, remojar el cochayuyo, metérselo, ponérselo, mandarlo a guardar, mandárselo a guardar, mandarse.

"si no te cuidas del jefe, te lo va a mandar a guardar, niña"

"es cierto que es mi prima, pero igual se lo mandaría a guardar"
"¿es idea mía o en la familia de Adán todos se lo mandaban a guardar a todos?"

MANDAR A LA CHUCHA

rechazar; expulsar; enfadarse con alguien; cf. mandar a la cresta, mandar a la punta del cerro, mandar a freír monos al África.

"fuimos a pedir un préstamo al Banco Mundial para mejorar la calidad de la educación en Chile y nos mandaron a la chucha"
"tuve que mandar al Miguel a la chucha porque se estaba poniendo pesadito"

MANDAR A LA CRESTA

rechazar; expulsar; enfadarse con alguien; la acción aludida literalmente es decirle a alguien 'ándate a la cresta' o a algunos 'váyanse a la cresta'; cf. mandar a la chucha, mandar a freír monos al África, irse a la cresta, a la cresta, cresta.

"la María mandó a la cresta al Manuel: le dijo que no lo quería ver nunca más"
"y entonces, por probar de la fruta fresca del árbol del conocimiento, por esa sola lesera, Dios los mandó a la cresta a Adán y a Eva"

MANDAR A LA PUNTA DEL CERRO

negarse; rechazar; expulsar; enfadarse con alguien; cf. mandar a la cresta, mandar a freír monos al África, mandar a la chucha.

"oye, María, vino tu pololo ese del Manuel a pedirme prestado el auto y lo mandé a la punta del cerro"

MANDAR CORTADO

vencer en la contienda de cruce de hilos entre volantines; cf. pavo, cometa, volantín, chuncho, ñiecla, arrebanar, echar comisión, comisión, irse cortado, echar cortado.

"el pavo de la esquina siempre nos manda cortados a todos; es el mejor"

MANDAR CORTADO

producir la mujer el orgasmo del hombre; en el acto sexual, no lograr contener la eyaculación el hombre; vencer en capacidad de resistencia ante el orgasmo en el acto sexual; cf. echar cortado, irse cortado.

"mi amor, me mandó cortado, vamos a tener que esperar un poquitito y de ahí seguimos, ¿ya?"

"esto lo leí en la Revista Fresia: Una mujer es más fuerte, y siempre puede mandar cortado a un hombre, porque puede seguir indefinidamente en el acto sexual, ¿me entiendes?, incluso después de su orgasmo; en cambio un hombre, después de la eyaculación, ya no se le para, pues, ¿ves?"

MANDARLO A GUARDAR

fornicar; penetrar sexualmente; cf. culiar, remojar el cochayuyo, mandarse, mandárselo a guardar, mandar guardar.

"después de estos seis meses en cana, compadre, tengo que mandarlo a guardar, me da lo mismo con qué mina, ¿me entiende?"

MANDARSE

realizar; hacer; efectuar; padecer; vivir la experiencia; darse; tomarse; cf. pegarse, mandarse un suelazo, mandarse un condoro, mandarse una cagada, mandarse las partes, mandarse al suelo, mandarse a la chucha.

"se mandó una cagada más o menos el Manuel el otro día: le dijo Carmencita a la María cuando estaban en la cama"

"me voy a mandar una duchita y después conversamos"

"qué te parece si nos mandamos su buen asadito este fin de semana, ¿ah?"

"mandémonos unos traguitos, poh, huevón; total, ¿qué nos va a hacer?"

MANDARSE

tener coito; fornicar; cf. culiar, chiflar, tirarse, echarse, mandarse al pecho, mandar a guardar, mandárselo a guardar.

"y, ¿te la mandaste o no te la mandaste?"

"oye amigui, parece que te querí' mandar al vecinito, ¿ah?"

MANDARSE A ALGUIEN

matar a alguien; liquidar a alguien; cf. echarse a alguien, mandarse.

"después de que invadió Kuwait, al Hussein se lo iban a mandar en cualquier momento; tenía los días contados"

"-oye, se mandaron al Rucio anoche -Chucha, ¿qué onda? -La droga -Pero ¿quién se lo mando? -Entre varios tiene que haber sido, si el Rucio igual iba siempre cargado, poh"

MANDARSE AL PECHO A ALGUIEN

fornicarse a alguien; cf. echarse al pecho, montar, culiar, mandar a guardar, mandarse.

"la Andrea dijo que se quería mandar al pecho al Pancho, pero el Pancho se le corre; le tiene miedo, yo creo"

"Rosita, si sigues coqueteando con el jefe te van a mandar al pecho y van a bajar tus bonos con los compañeros de trabajo"

"-mi amor, ¿usted se mandaría al pecho al Robert Redford? -Jamás te pondría el gorro, Roberto, y tú lo sabes… pero la próxima vez tírame un minito más joven, poh"

MANDARSE LAS PARTES

ser creído; creerse importante; ser presumido; ser pretencioso; cf. darse aires, creerse la muerte, creerse la raja, creerse.

"oiga, usted no viene aquí a mandarse las partes; ¿quién se cree usted que es? ¿El Papa? ¿Batman? ¿La Caperucita Roja? ¿El Llanero Solitario?"

"el gil le repetía a la jefa que la empresa necesitaba liderazgo, que la empresa necesitaba más energía positiva, que la empresa aquí, que la empresa allá, y al final, por mandarse tanto las partes, lo despidieron al muy gilucho"

"no me gusta el jefe; se manda las partes como que él hace todo y lo único que hace es firmar papeles"

MANDÁRSELO A GUARDAR

tener coito; penetrar sexualmente; fornicar a alguien; cf. culiar, chiflar, ponérselo, metérselo, mandarlo a guardar, mandárselo.

"mi amor, ¿cómo que no soy romántico? ¿y cuando le pregunto si quiere que se lo mande a guardar? ¿Ve?"

MANDARSE UNA CAGADA

cometer acto que ocasiona daño; fallar; cf. condorearse, mandarse un condoro, mandarse un chorizo, cagarla, cagada.

"me mandé una cagada, compadre; dejé mi celular donde la minita y la huevona contestó una llamada de mi señora"
"-una doña cagada se mandó el Rodrigo -¿Qué paso? -Se echó la moto del viejo por cocido"
"la mansa cagadita que se mandaron los gringos en Irak; de ahí van a tener terroristas por cincuenta años por lo bajo"

MANDARSE UN CONDORO

producir un problema por falta propia; cometer falla grave; fallar; cf. cagarla, meter la pata, dejar la cagada, condorearse, condoro.

"me mandé un condono el otro día; choqué el furgón de la empresa"
"los profes se mandan puros condoros en esta universidad y nosotras las secretarias tenemos que parcharles todo a los huevones; y después, ellos se llevan los aplausos… y la platita"

MANDARSE UN CHORIZO

cometer un grave error; causar un problema mayor; producir un enredo o escándalo; cf. mandarse un condoro, meter la pata, cagarla, embarrarla, dejar la escoba, mandarse, chorizo.

"oye, medio chorizo que se mandó la Carmen en el trabajo: cortó el paso de luz y perdimos toda la información de ese momento"

"-hola, poh, Pancho ¿cómo estai, poh, huevón? -Puta, medio quemado, huevón; es que me mandé un chorizo más o menos, huevón… Cachai que me apoyé en un poste y la huevada era un botón que activaban una mansa grúa que se empezó a mover y chocó contra un edificio y se metió en unas oficinas y parece que hasta agarró a un gerente y lo levantó con silla y todo… Puta, cuento corto, me echaron de la pega, huevón, y anda un huevón rabioso y agresivo buscándome con un saco de almorranas al hombro"

Mandar un Combo en l'Hocico
dar un puñetazo en la boca de otro; golpear con el puño en la cara de otro; cf. charchazo, aletazo, combo, hocico, agarrarse a combos, combo en l'hocico.

"llegó una minita nueva a servirnos el café… y en eso ¿no se para la secretaria y le manda un feroz combo en l'hocico al jefe en plena reunión de trabajo? Se supo todo"

Manducar
comer; engullir; devorar; cf. yantar, manyar.

"¿querís ver gente manducando en secuencia surrealista? Paséate por Ahumada y cacha a todos esos giles en vitrina devorándose los mansos lomitos y completos como si fueran leonas manducándose su cacería…"
"me encontré con el Manuel el otro día; se estaba manducando un tremendo chacarero el gil; el sándwich era como del porte de su cabeza"

Manducar
tener sexo; cf. mandarse al pecho, echarse al pecho, mandarse, echarse, comer.

"te tengo cachada, amigui, te querí manducar al Rodrigo, ¿sí o no?"
"no, no la podía contratar; esa niña era muy bonita; y aquí hay hombres, pues; se la hubieran manducado mis hijos… o mi marido"

Manosear
pasar las manos por donde no se debe; tocar partes íntimas; disfrutar tocando las

partes íntimas de la pareja; toquetear; cf. atracar, agarrar, agarrón, manoseo, correr mano.

"no me gusta andar en micro, porque, cuando se llena y va una de pie, no falta el huevón que te manosea"
"me tuve que ir de esa casa, es que el marido me estaba manoseando"
"manoséeme, mi amor, manoséeme"
"cuando llegué los pillé a los dos tiraditos en la cama, manoseándose los muy chanchitos"

MANOSEO
toqueteo de partes íntimas de otro; cf. atraque, manosear, correr mano.

"un plato de entrada de la cena sexual se ingiere con las manos; es el así llamado manoseo"
"ese manoseo que me hace, mi amor, me gusta mucho"

MANSA GRACIA
eso no es impresionante; cuál es el mérito de aquello; esa no es ninguna habilidad; qué pericia es ésa; es frase irónica que con 'tremenda gracia o pirueta' significa lo contrario; cf. mansa huevá, manso.

"mansa gracia; cualquiera tiene un departamento en Reñaca si te lo regalan los viejos, puh"
"mansa gracia; claro que borraron del mapa al ejército iraquí, si las armas que tenía eran más viejas que Matusalén"

MANSA HUEVÁ (MANSA HUEVADA)
para qué; por lo que interesa; eso no importa; eso no impresiona; eso no es nada; eso no me molesta; es frase irónica que con 'tremendo asunto' significa lo contrario; cf. pa' lo que, mansa gracia, manso.

"¿así es que el nuevo Gobierno va a entregar treinta mil viviendas sociales en Arauco durante su período? Mansa huevá puh: las forestales extraen en un mes madera de Arauco para hacer millones de viviendas de esas"

"ah, mansa huevá puh; yo también puedo darme una vuelta de carnero"
"¿y eso es todo lo que carga? Mansa huevada; entonces no tengo para qué cambiar de camioneta; la que ya tengo carga lo mismo"

MANSA NI QUETE CAGADITA
qué desastre; qué escándalo; tremenda catástrofe; cf. la cagada, la mansa ni quete cagada, manso ni que, manso.

"mansa ni quete cagadita que hay en esta empresa; nadie tiene idea de nada"
"mansa ni quete cagadita que quedó en Irak y mansa ni quete cagadita que comienza en Afganistán"

MANSO
grande; enorme; inmenso; imponente; magnífico; cf. lo, re, el, feroz, manso ni que.

"manso auto que se compró el Rodrigo"
"mansa mina que tenemos de vecinita"
"el manso portaviones que pusieron los gringos frente a Grenada; casi inundan la isla los huevones"
"se armó un manso lío en la oficina"
"pasó una mansa mujer por delante de la construcción y quedó la cagada"

MANSO NI QUE
enorme; grande; desproporcionadamente grande; estupendo; magnífico; cf. lo, re, el, feroz, mansa cagadita, mansa huevá, manso.

"oye, mansa ni que mujer que sacó el Alejandro"
"manso ni que pescadito que es tu hermano; debe medir como dos metros el gil"
"mansa ni que mina que llegó al barrio".

MANSO NI QUETE
gran; enorme; excelente; cf. lo, re, el, feroz, manso, mansa cagadita, mansa huevá, manso ni que.

"el Manuel se rajó con manso ni quete asado el otro día"
"mansa ni quete fiesta, compadre, lo estoy pasando la raja; gracias por invitarme"
"¿y qué íbamos a hacer? El gil sacó mansa ni quete pistola"
"¿mi amor ¿y ese manso ni quete paquete?

MANSO PESCADO
persona grande; cf. pescado.

"el primo Ernesto está convertido en un manso pescado"
"los basquetbolistas son mansos pescados, como que no es fácil encontrar una cama decente cuando se tiene ese porte, ¿cachai?"

MANTEO
asalto colectivo contra uno del grupo, más bien en broma, cubriendo de golpes con las manos a la víctima, generalmente entre escolares de un mismo curso; elevar un grupo a alguien de arriba abajo sobre una manta o lona o simplemente con las manos en son de broma.

"le hicimos un manteo al mateo del curso y ahora estamos todos suspendidos"
"en esos años felices les hacíamos manteos a las chiquillas del Liceo Uno; era para cuartearnos"

MANUELA
masturbación; cf. paja, correrse la paja, hacerse una Manuela.

"cuando éramos boy scouts y acampábamos y hacíamos competencias, teníamos en mi patrulla una tradición peculiar: la hora de la Manuela matutina; el curita Alfonso que dormía con nosotros en la carpa la conocía bien; pa' mí que nos espiaba mientras nos corríamos la paja junto al arroyo; es que era cola el curita"
"las minas son secas pa' la Manuela, ¿sabías?"
"-Profe, ¿porqué se dice Manuela? -La manuella, con doble ele, es una palanca con forma fálica que se usa en las embarcaciones y se manipula con las manos, de ahí su adecuación para nombrar la masturbación masculina… Por homofonía y juego, la palabra pasó a confundirse con el nombre propio Manuela, lo que, de paso, facilita que se refiera a la masturbación de ambos sexos…"

MAÑANERO

coito matinal o al despertar; acto sexual matutino; masturbación matutina.

"ah, recuerdo aquellos tiempos felices: el gusto de la comida, de la bebida, de la música, la lectura, la escritura intensa, la filosofía, un pito de madrugada y esos mañaneros con la mujer amada que seguían plácidos hasta el mediodía; la plenitud, mi nieto querido, la plenitud de la vida"
"receta del doctor Otero: antes de salir al trabajo, péguese un buen mañanero"
"¿un mañanero mi amor?"

MAÑANERO

cigarrillo de marihuana de la mañana; primer cigarro de marihuana del día; cf.
pito, huiro, aguja, zepelín, caño.

"aquí en la playa, el día se comienza con un mañanero"
"mi amor, ¿qué hacemos? ¿Nos fumamos o nos tiramos un mañanero primero?"
"-a ver, hombre, cuénteme ¿cómo es su vida sexual? -Bueno, doctor, yo empiezo con un pito mañanero y luego con una cacha mañanera con mi señora; después en la oficina, como a las once me hago el gil y me echo una cachita en el subterráneo con la Raquel, que es una minita que vende flores en el pasaje; por ahí por las dos salimos a colación y ahí de repente nos vamos a un parejero con la Rita, porque igual es rico un pollito con papas fritas; en la tarde, si me quedo en la oficina trabajando, a veces pasa con la Tere, ahí mismo, sobre el escritorio; después en la noche me acuesto y me mando a mi mujer, poh... Pero, fuera de eso, yo diría que tranquilo, doctor"

MARACA

prostituta; cf. camboyana, puta, patín, maraco.

"ahí están de nuevo las maracas en la esquina"
"pareja clásica: un tira con una maraca"

MARACO

prostituto; homosexual; cf. maricón, marica, cola, puto.

"ahora resulta que hay maracos además de maracas en las esquinas"

"como en todos los oficios, hay una tendencia hacia el de maraco si la madre es maraca"

MARACO

persona traicionera; persona no confiable; rufián; cf. maricón, marica, vaca, chueco.

"¡qué maraco el Andrés! Le contó a todo el mundo que nos vio a la Carmencita y a mí saliendo de un motel"

"no le vayas a prestar nada al Alfonso; ese gil maraco nunca devuelve nada"

"maraca la Fabiola; cachai que dice que no me presta el auto porque no tengo ni uno para arreglarlo si choco o me pasa algo"

MARCA CUNETA

producto de imitación; de mala calidad; cf. pirata, marca chancho, mula, cunetero, cuneta.

"me compré unos lentes marca cuneta y me salieron bastante buenos te voy a decir"

"el Lorenzo compra todo marca cuneta"

"a Chile, como a los otros países del tercer mundo, nos llega todo marca cuneta"

MARCA CHANCHO

producto de imitación; mala calidad; cf. pirata, marca cuneta, cuneta, mula.

"ese estéreo que te compraste es marca chancho"

"en este negocio todo es marca chancho"

"-bonitos esos jeans… -Y son marca chancho, pa' que sepai; tres lucas me costaron, cáchate"

MARICA

homosexual; afeminado; cf. cola, colipato, fleto, mariconcito, maricón, maraco.

"los maricas están siendo aceptados cada vez más"

"-amigui, mira, aquí dice que de cada cien hombres quince son maricas… -¿Quince no más?"

MARICA

desleal; traicionero; cf. culiado, chueco, vaca, mariconada, mariconcito, maraco, maricón.

"¡huevón marica! ¿Tenías que contarle a la María que la Ale también estaba con nosotros en la playa?"

"puta el huevón marica; no nos invitó a su fiesta; todo porque cacha que las minas se van con nosotros"

MARICÓN

homosexual; afeminado; cf. cola, colipato, fleto, mariconcito, maraco, marica.

"el día en que los maricones, perdón, digo, los gay y las lesbis se puedan casar en Chile, ahí sí que te creo, ese día habremos avanzado como sociedad"

MARICÓN

egoísta; aprovechador; desleal; traicionero; engañoso; vil; canalla; inmoral; cf. cagado, cabrón, culiado, vaca, chueco, hijo de puta, mariconcito, marica, maraco, mariconada.

"que maricona la Gabi, me levantó al Rafa"

"puta el huevón maricón, no nos quiso llevar a la playa y tenía espacio demás en el auto"

"maricones lo políticos; siempre lo mismo con ellos; en la pobla lloran con los pobladores y en el congreso se cagan de la risa con los congresistas"

MARICONADA

traición; acto vil; bajeza; injusticia; inmoralidad; canallada; cf. culiado, vaca, chueco, hijo de puta, marica, maraco, maricón, mariconear.

"-el Marco le dijo a Rodrigo que la Mireya se había metido con el Manuel también
-Esa es una mariconada del Marco; ¿qué tiene que andar hablando él?"
"en la Universidad del Parto de Concepción, la Rectoría hace mariconadas por montones"
"el zapatero y sus zapatos; los políticos y sus mariconadas"

MARICONCITO
afeminado; cf. fleto, maraco, maricón.

"-por suerte los hombres de ahora están más sensibles -Sí, pero más mariconcitos también"
"-oye, Manuel, y todas estas cremitas que veo en tu botiquín; ¿te has puesto bien mariconcito ¿ah? -Son de la María, huevón"

MARICONCITO
desleal; traicionero; cf. vaca, culiado, chueco, marica, maraco, maricón.

"bien mariconcita tu amiguita; primero la invitas a quedarse en tu casa y resulta que se metió con tu pololo"
"-bastante mariconcitos estos profesores del Departamento de Español ¿no? -Sí, mariconcitos y taraditos los pobrecitos"

MARICONEAR
traicionar; cometer acto vil; cometer injusticia; aprovecharse; cf. culiado, vaca, chueco, hijo de puta, marica, maraco, maricón, mariconada.

"luego de registrar y medir el grado de ocio y el grado de intrigas, una investigación publicada en La Posta concluye que los académicos humanistas de la U de El Parto hacen dos cosas bien: tirarse las huevas y mariconear"

MÁS CAGADO QUE PALO DE GALLINERO
muy mal; con muchos problemas; en dificultades; en aprietos; cf. como las huevas, más cagado que poto de guagua, más cagado que pañal de guagua, pa' la cagada, cagado.

250

"puta ando más cagado que palo de gallinero: me dejó la mina, perdí el año, choqué el auto y no tengo plata para el arriendo"
"la Anita está más cagada que palo de gallinero: tiene dieciséis años, se metió con un cabro de catorce y hace dos meses que no le llega la regla"

MÁS CAGADO QUE PAÑAL DE GUAGUA
jodido; arruinado; cf. más cagado que palo de gallinero, cagado.

"eran años difíciles y andábamos más cagados que pañal de guagua por las calles de Ámsterdam"

MÁS CAGADO QUE PAÑAL DE GUAGUA
avaro; egoísta; miserable; roñoso; ahorrador; cf. cagado, amarrete, apretado, más apretado que manito de guagua.

"ese huevón no te va a prestar ni un cobre: es más cagado que pañal de guagua"
"el dueño es más cagado que pañal de guagua"

MÁS CAGADO QUE POTO DE GUAGUA
muy mal; con muchos problemas; cf. cagado, más cagado que pañal de guagua, más cagado que palo de gallinero.

"con la crisis que hay andamos todas sin pega y más cagadas que poto de guagua"

MÁS QUE LA CRESTA
muy; en extremo; mucho; abundante; cf. re, más, lo, más que la chucha, todo esto, para tirar al techo, más que.

"estoy más complicado que la cresta"
"¿sabes?, te quiero más que la cresta"
"-¿nos quedan puchos? -Más que la cresta"
"en esta universidad hay profes más chanta que la cresta"

Más que la Chucha
muy; extremo; mucho; cf. re, más, lo, más que la cresta, más que.

"se puso más colorado que la chucha, de pura vergüenza"
"me cansé más que la chucha subiendo el cerro"
"me gusta esa mina más que la chucha"

Más ... Que Puta la Huevá
muy; extremadamente; cf. más, más que la chucha, más que.

"el Roberto es más minucioso que puta la huevá"
"esos profes son más chantas y mediocres que puta la huevá"
"esos dos se quieren más que puta la huevá"
"me fue más mal en la prueba de cálculo que puta la huevá"

Mata de Huevas
idiota; estúpido; torpe; cf. amermelado, gil, huevón, saco de huevas, huevas.

"el mata de huevas del Manuel me cagó el equipo de música"
"oye, mata de huevas, saca el auto de mi portón huevón no ves que no puedo entrar a mi casa"

Matapasiones
calzones grandes; calzones antiguos; cf. churrines, colalés.

"mi amor, no se ponga esos matapasiones que no se me va a parar nunca"
"-no sé qué hacer, amigui, mi marido es demasiado caliente; ni con matapasiones logro sacármelo de encima -Pinta los matapasiones de rojo ahí abajo y pon cara de circunstancia; nunca falla"

Matar la Gallina
fornicar; tener coito; satisfacerse sexualmente; masturbarse; cf. culiar, tirar, chiflar, remojar el cochayuyo, echar cachita.

"los marineros bajan a puerto a matar la gallina"
"Profe, ¿por qué se dice matar la gallina por…? Bueno, usted sabe… -Para matar la gallina en el campo se le estira el cogote, que estaba tenso hasta ese momento, pero después no; de modo que la rigidez inicial y la flaccidez final de ambos procesos se corresponden; además que el cogote tiene forma de pene (o vise versa); por último, el movimiento del caso puede proyectarse al de la masturbación manual"

MEAR
orinar; cf. echar la corta; cf. hacer pipí, echar un meo, meo.

"todos a mear antes de meterse al bus"
"vamos a parar a mear un poco más allá"

MEAR FUERA DEL TIESTO
equivocarse rotundamente; no acertar en algo; estar despistado; cf. nada que ver, chancho en misa, andar escapando.

"estaba meando fuera del tiesto al invertir en agricultura tradicional; lo que toca ahora es el producto de lujo y orgánico para la exportación"

MEARSE
no lograr contener la orina; cf. hacerse pipí, hacerse, mearse de la risa.

"se meó el abuelito, mami"
"sabís que nos meamos con esa película; o sea literalmente nos meamos de la risa…, menos mal que era de noche y no se notaba, pero estábamos las dos mojadas ahí abajo…"

MECA
excremento; excremento humano; mierda; cf. soruyo, suruco, caca, mojón.

"hay una meca ahí, en plena vereda"
"cuidado, no pises esa meca"
"no confundir, hacer meca, que toma esfuerzo, pero, vamos, ocurre, con hacerse la Meca, que casi nunca ocurre"

ME HAS VISTO LAS HUEVAS

crees que soy idiota; me tomas acaso por un idiota; a quién tratas de engañar; cf. hacer huevón, cómo no que te voy a creer, me has visto las pantorrillas, me has visto las canillas, me has visto las pelotas, verle las huevas, huevas.

"así es que quieres que aumente mi cuota de gastos comunes porque tengo un perro en el edificio… ¿me has visto las huevas acaso?"

ME HAS VISTO LAS PELOTAS

crees que soy idiota acaso; cf. hacer huevón, cómo no que te voy a creer, me has visto las pantorrillas, me has visto las canillas, me has visto las huevas, verle las pelotas, pelotas.

"pero, ¿qué se cree? ¡Cómo es posible que se haga el huevón! Yo le pasé un billete de diez, no de cinco. ¿Me ha visto usted las pelotas acaso?"

ME IMPORTA UNA HUEVA

no me importa en absoluto; eso no me interesa nada; cf. me importa un bledo, me importa un coco, me importa un comino, me importa un huevo, me importa un rábano, me importa una raja.

"me importa una hueva que usted sea carabinero; no puede entrar aquí; esta es mi casa y yo no lo he llamado"
"me importa una hueva que la mina haya sido puta; yo la invité a mi fiesta y basta; si las otras minas se espantan, que se vayan a la chucha esas hipócritas de mierda"

ME IMPORTA UNA RAJA

no me importa en absoluto; eso no me interesa nada; cf. me importa un bledo, me importa un coco, me importa un comino, me importa un huevo, me importa una hueva, me importa un rábano, raja.

"me importa una raja si usted es alcalde o basurero, aquí todos respetamos la cola"
"me importa una raja lo que digan, he decidido salir del closet"

Me Importa un Coco

no me importa en absoluto; eso no me interesa nada; cf. me importa una raja, me importa un bledo, me importa un comino, me importa un huevo, me importa una hueva, me importa un rábano, coco.

"me importa un coco no haber quedado en medicina"
"me importa un coco que tu madre esté en la otra habitación ¿por qué no podemos hablar de nuestras cosas?"

Melones

senos; pechos; busto; cf. tetas, gomas, pechugas.

"me duelen los melones, amigui, ¿no te pasa que se te hinchan?"
"les muestras la mitad de los melones y puedes pedirles cualquier cosa a los huevones"
"con ese par de melones que se gasta nunca le va a faltar trabajo a usted, Yayita"
"esos melones de la Rita tienen locos a todos en la ofis"
"-…y la mina se acerca, se inclina hacia mí y me pone el par de melones casi en la nariz, compadre… -¿Y? -Aquí está mi currículo, me dice -¿Y? -Puta, demás le di el trabajo, puh, Ramón; con ese par de antecedentes que traía…"

Menos de lo que Dura un Peo en un Canasto

en muy poco tiempo; inmediatamente; rápidamente; cf. de una, al tiro, soplado, en un dos por tres.

"-ese Ministro de Educación cagó al tiro con la revolución de los pingüinos; lo echaron con viento fresco -Duró menos de lo que dura un peo en un canasto"
"-y ¿cómo están las cosas con tu hombre? -¡Para qué te cuento! Ese me pesca por las noches como si fuera una de esas muñecas inflables y se va cortado en menos de lo que dura un peo en un canasto"

Meo

pipí; meado; pis; cf. la corta, mear, echar un meo, un meo.

"detenga el bus, que tengo que echar un meo"
"¿paremos a un meo?"

METER CHIVA

mentir; falsear; exagerar; embaucar; engañar; timar; cf. vender la pomada, engrupir, tirarse un carril, carrilearse, desenrollar la culebra, meter grupo, chivero, chiva.

"-me metió la chiva esa de que había estado estudiando con el teléfono desconectado toda la noche -¿Y le creíste, gansa? -Sí, en ese momento le creí, porque igual sabía que estaba en período de pruebas…-Las chivas que meten estos hombres… ¡es increíble!"
"esos gallos del banco te meten puras chivas para venderte un producto"

METER EL PICO

penetrar sexualmente; fornicar; cf. mandarlo a guardar, remojar el cochayuyo, culiar, ponérselo, metérsela, meterlo.

"los huevones son unos puercos, lo único que quieren es meterte el pico y después, listo, si te he visto no me acuerdo"
"ya pues mi amor, métame el pico, no hable tanto"

METER GRUPO

mentir; falsear; exagerar; inventar excusa; embaucar; engañar; timar; cf. vender la pomada, engrupir, tirarse un carril, carrilearse, desenrollar la culebra, meter chiva, grupiento, engrupidor, engrupir, grupo.

"oiga, mi amor, qué manera de meter grupo esta niñita ¡ah! Ahora dice que llegó a las tres de la mañana anoche porque el reloj se le paró a las doce"

METER LA CUCHARA

hablar sin ser requerido; interrumpir un relato o discurso y opinar sin invitación; inmiscuirse; cf. cagüinear, metinche, meticke, metete, meterse, meter la nariz.

"no debí haber metido la cuchara en la reunión; ahora se armó una tremenda discusión en la empresa sobre la seguridad en el lugar de trabajo"

"por meter la cuchara me pasó; dije que las máquinas estaban subutilizadas los fines de semana y ahora me dieron trabajo extra los sábados por la mañana"

METER LA PUNTITA

iniciar la penetración sexual; iniciar algo suavemente; introducirse subrepticiamente con la intención de luego ocupar todo el lugar; hacer algo sólo un poco, sabiendo que la acción seguirá hasta el final; se usa en forma irónica para indicar que si se da ese paso, ya se ha concedido todo el resto; cf. meter el codo, pasar un gol, meter un gol, meterlo, meter la puntita no más, la puntita no más.

"mi amor, se lo prometo, la pura puntita no más"
"-¿y dejaste que te lo metiera? -No..., bueno, la puntita no más..."
"o sea que Afganistán era la puntita no más; después vino Irak con tuti; y ahora, vuelto a Afganistán mierda"

METER LA PUNTITA NO MÁS

ejecutar penetración sexual sólo de la punta del pene; se usa en forma irónica para indicar que si se da ese paso, ya se ha concedido todo el resto; cf. meter el codo, pasar un gol, meter un gol, meterlo, meter la puntita no más, la puntita no más.

"-me dijo que sólo necesitaba un lugar para el escritorio... -Sí, claro; o sea que te va a meter la puntita no más... ¿Te falla algo? No puedes meterlo en tu firma de ese modo, porque se va a instalar con su propia empresa en tus locales y van a terminar peleándose"
"-¿así es que tu amigo sólo necesita quedarse acá unos días? O sea que nos va a meter la puntita no más, ¿eso? -Pero, mi amor, no sea tan suspicaz..."
"se lo prometo, señorita Loreto, la puntita no más le meto"

METERLO

penetrar sexualmente; fornicar; cf. ponérselo, mandarlo a guardar, chiflar, culiar,
afilar, tirar, meter la puntita, meter un gol, meter el pico, metérselo.

"un consejo: antes de meterlo, compadre, póngase un condón; mire que andan ene
enfermedades venéreas por ahí"
"los huevones lo único que quieren es meterlo y chao"
"-¿y dejaste que te lo metiera? -Si, poh; si yo quería, poh"

METÉRSELA

penetrar sexualmente; fornicar; cf. culiar, afilar, chiflar, tirar, mandar a guardar,
ponérselo, meterlo, metérselo.

"-ay, me duele…-bueno, se la voy a meter despacito, ¿ya?"

METÉRSELE EL CALZÓN O CALZONCILLO EN LA RAJA
intercalarse prenda íntima entre las nalgas.

"¡qué incómodo!, se me metió el calzón en la raja"
"mi amor, anda con el calzoncillo metido en la raja"
"qué molesto cuando se te mete el calzoncillo en la raja y estás en una reunión
formal y no podí' sacártelo"

METÉRSELO

penetrar sexualmente; fornicar; cf. echar cacha, culiar, chiflar, tirar, ponerlo,
ponérselo, meter un gol, meterlo, metérsela.

"en pleno atraque, la mina me dijo al oído que se lo metiera"

METÉRSELO DONDE MEJOR LE QUEPA
no compartir; rechazar; instar al otro a irse al infierno; es eufemismo para decirle
a alguien que se meta algo por el ano, significando que el objeto pedido ya no se
desea; es un rechazo fuerte; cf. cagarse en algo, limpiarse el poto con algo,
mandarse a cambiar, irse a la cresta, mandar a la cresta, mandar a la chucha,

metérselo por el culo, metérselo por la raja, metérselo por el poto, metérselo por el hoyo, metérselo por el traste, metérselo por donde mejor le quepa.

"puedes meterte tu guitarra donde mejor te quepa, no la necesito"
"hipócritas: métanse su etiqueta y manierismos donde mejor les quepa"

METÉRSELO POR DONDE MEJOR LE QUEPA

es eufemismo para decirle a alguien que se meta el objeto pedido por el ano; expresa el rechazo fuerte en acusación e insulto por mezquindad; cf. métetelo por donde mejor te quepa, métetelo por el culo, métetelo por la raja, cagarse en algo, limpiarse el poto con algo, mandarse a cambiar, irse a la cresta, mandar a la cresta, mandar a la chucha, metérselo por el culo, metérselo por la raja, metérselo por el poto, metérselo por el hoyo, metérselo por el traste, metérselo donde mejor le quepa.

"les dije que se metieran mi sueldo por donde mejor les cupiera y me mandé a cambiar"
"métete tu equipo por donde mejor te quepa; igual me puedo conseguir uno en otra parte, pero no te pienso invitar a la fiesta..."

METÉRSELO POR EL CULO

instar al otro a irse al infierno; es insulto por no compartir; se usa en acusación de mezquindad; llama a guardarse en el ano el objeto pedido; es rechazo fuerte; cf. métetelo por donde mejor te quepa, métetelo por el culo, métetelo por la raja, metérselo por donde mejor le quepa.

"-el Manuel llegó y nos dijo que nos metiéramos el equipo por el culo; y nosotros no tenemos idea de qué está hablando -Es que les pidió el equipo de música y ustedes ni lo oyeron parece"

METÉRSELO POR EL CULO

penetrar sexualmente por el ano; tener sexo anal. cf. por el chico, por detrás, metérselo, culo.

"en ese película que estaba viendo el Lorenzo a la mina se lo metían por el culo"
"en esta era postmoderna, todo asunto entra sin disimulo; está de moda, por ejemplo, metérselo por el culo"

METÉRSELO POR EL POTO

instar al otro a irse al infierno; es insulto por no compartir; se usa en acusación de mezquindad; llama a guardarse en el ano el objeto pedido; es rechazo fuerte; cf. métetelo por donde mejor te quepa, métetelo por el culo, métetelo por la raja, cagarse en algo, limpiarse el poto con algo, mandarse a cambiar, irse a la cresta, mandar a la cresta, mandar a la chucha, metérselo por el culo, metérselo por la raja, metérselo por el poto, metérselo por el hoyo, metérselo por el traste, metérselo por donde mejor le quepa.

"-es que no te la puedo prestar, porque la vas a desafinar... -Ah, bueno, métete por el poto tu guitarra entonces; huevón cagado"
"queridos estudiantes, se pueden meter ese diploma por el poto; no vale nada"

METÉRSELO POR EL POTO

penetrar sexualmente por el ano; tener sexo anal; cf. por detrás, por el chico, metérselo, poto.

"-mi amor, ¿se acuerda de nuestra luna de miel? -Si gordita -A ver, cuéntame ¿Qué recuerdas? -Bueno, me acuerdo que me dijiste que no te gustaba que te lo metieran por el poto -Idiota"

METÉRSELO POR EL TRASTE

instar al otro a irse al infierno; es insulto por no compartir; se usa en acusación de mezquindad; llama a guardarse en el ano el objeto pedido; es rechazo fuerte; cf. métetelo por donde mejor te quepa, métetelo por el culo, métetelo por la raja, cagarse en algo, limpiarse el poto con algo, mandarse a cambiar, irse a la cresta, mandar a la cresta, mandar a la chucha, metérselo por el culo, metérselo por la raja, metérselo por el poto, metérselo por el hoyo, metérselo por el traste, metérselo por donde mejor le quepa.

"métanse su etiqueta por el traste; yo como con las manos si me place"

"esa invitación te la puedes meter por el traste; yo no voy a fiestas donde están esos idiotas que arruinaron la empresa"

METÉRSELO POR EL TRASTE

penetrar sexualmente por el ano; tener sexo anal; cf. por detrás, por el chico, metérselo, traste.

"¿qué voy a hacer, amigui? ¡Mi marido quiere metérmelo por el traste!"

METÉRSELO POR LA RAJA

instar al otro a irse al infierno; es insulto por no compartir; se usa en acusación de mezquindad; llama a guardarse en el ano el objeto pedido; es rechazo fuerte; cf. métetelo por donde mejor te quepa, métetelo por el culo, métetelo por la raja, cagarse en algo, limpiarse el poto con algo, mandarse a cambiar, irse a la cresta, mandar a la cresta, mandar a la chucha, metérselo por el culo, metérselo por el poto, metérselo por el hoyo, metérselo por el traste, metérselo por donde mejor le quepa.

"el jefe nos mandó a meternos el diseño que habíamos preparado por la raja y que le presentáramos una solución viable al corto plazo o nos echaba a todos cagando de la empresa"

METÉRSELO POR LA RAJA

penetrar sexualmente por el ano; tener sexo anal; cf. por detrás, por el chico, metérselo, raja.

"la mina me dijo que hacía de todo, menos que se lo metieran por la raja"

MÉTETELO POR DONDE MEJOR TE QUEPA

no me interesa; no lo quiero; guárdate eso; es expresión fuerte de rechazo; cf. métetelo por el culo, métetelo por la raja, metérselo por donde mejor le quepa.

"tu oferta esa de prestarnos la casa durante el verano si te la pintamos métetela por donde mejor te quepa"

MÉTETELO POR EL CULO

no me interesa; no lo quiero; guárdate eso; es expresión fuerte de rechazo; cf. métetelo por donde mejor te quepa, métetelo por la raja, metérselo por el culo.

"métetelo por el culo tu auto; no me interesa"

MÉTETELO POR LA RAJA

no me interesa; no lo quiero; guárdate eso; haz lo que quieras con eso; es expresión fuerte de rechazo; cf. métetelo por donde mejor te quepa, métetelo por el culo, metérselo por la raja.

"-Mireya, te presto la bicicleta si me dejas que te toque las tetas -¿Que? Métetela por la raja tu bicicleta"

MIÉCHICA

expresión de desagrado o frustración; expresión por impresión o sensación fuerte; es eufemismo por 'mierda'. cf. caramba, mierda, chucha, puta, cresta, miércole, por la miéchica.

"¡miéchica! Nunca me parte el auto a la primera"
"miéchica, se me olvidó comprar leche"

MIÉCHICA

afeminado; amanerado; teatral; delicado; cf. cuático, mijito rico, marica, maricón, mariconcito.

"ese gesto tan miéchica que hiciste… ¿se nos está dando vueltas del paraguas?"
"tan miéchica que es el Pepe para jugar a la pelota, parece mina el huevón"

MIÉRCOLE

expresión de desagrado; expresión por impresión o sensación fuerte; es eufemismo por 'mierda'. cf. caramba, mierda, chucha, cresta, miéchica.

"miércole, me torcí el pie"
"miércole, de nuevo se me pasó el bus"
"miércole, me olvidé que la María está de cumple hoy"

MIERDA
excremento; suciedad; basura; porquería; cf. mojón, suruco, soruyo, caca.

"con las lluvias se rebalsan las alcantarillas y la mierda empieza a flotar por todas partes"
"Santiago es una mierda"
"este país es una mierda"

MIERDA
diantre; es expresión de asombro o por sensación fuerte; cf. caramba, cresta, chucha, miéchica, miércole, por la mierda, qué mierda.

"¡ah mierda me quemé!"
"¡mierda! Mira ese gallo robándole la cartera a la vieja"
"pero, mierda, ¿qué mierda es esto? ¿A esto llama usted un bife chorizo?"

MIJITA RICA
mujer sexualmente apetecible; es también grito por excitación sexual masculina; cf. mina, minón, rica, ricura.

"la suerte del Pedro; su señora es una mijita rica para chuparse los dedos"
"-¡mijita rica! -Cállate roto de mierda"
"-iba pasando por una construcción y un huevón me gritó mijita rica -¿Y qué hiciste? -Le dije que se inventara una nueva; se cagaron de la risa sus compañeros; le decían, si puh, huevón, no vi' que nos dejai mal..."

MIJITO RICO
hombre sexualmente apetecible; cf. macho, fiambre, mino, pintoso, facha.

"¡qué mijito rico el Carlos Ignacio!"

"fui a ver al Tom Jones el otro día; mijito rico; lo amo; se ve regio; me lo comería todo el rato"

Mijito Rico

relamido; delicado; sujeto de la clase alta; persona consentida; cf. siútico, cuico, pije.

"ay, qué mijito rico que te has puesto, Manuel; ahora ya no puedes salir a acampar con nosotros porque quieres una cama blanda y televisión con cable por las mañanas"
"la Claudia es toda delicadita así, todo perfectito; es muy mijita rica esa huevona; no la soporto"

Mina

mujer; mujer atractiva; cf. bombón, mijita rica, ricura, minón.

"oye, ¿no te has preguntado porqué se maquilla tanto la mina del vecino ciego?"
"mira, por favor, eso que va ahí en le vereda de en frente; esa sí es mina; tiene todos los atributos"
"una mina te busca"
"las minas de hoy están más relajadas y son más independientes"
"el espejo es el corazón de las minas; la espada, el de los huevones; pero las espadas están prohibidas; ergo, cagaron los huevones"

Mino

hombre; hombre atractivo; macho; cf. mijito rico, fiambre, pintoso, rico.

"ese sí es mino"
"los minos de hoy son más sensibles"
"no hay muchos, pero el Rodrigo es un mino de verdad; es pintoso y sabe llevarte; es como rudo y caballero al mismo tiempo"
"en este bar no hay ni un mino, puros buitres no más"
"filo con los minos, yo prefiero tortillar"

MINÓN
mujer muy atractiva; cf. mijita rica, yayita, mina.

"la vecina es un minón"
"¿hay cachado que la mamá del Ernesto es un minón? Me calienta ene. Por eso es que paso siempre a buscarlo a su casa a ese gil pa'l carrete de los viernes"
"y llamé a ese minón, le pregunté si podía ir a verla y me dijo que fuera porque no había nadie en su casa. Fui, por supuesto, y… no había nadie en su casa"

MOCO
mucosidad nasal; cf. loro, mocoso.

"tienes un moco en la nariz"
"¡suénate los mocos, cochino!"

MOCO DE PAVO
fácil; facilísimo; no hay problema; cf. papaya, la nada, un moco de pavo.

"no sé por qué se les hace tan difícil la trigonometría, si es un moco de pavo"
"-no se cómo escanear este documento, Rosita; ¿tú puedes? -Por supuesto, moco de pavo; pásamelo y yo te lo hago"

MOCOSO
niño; infantil; cf. cabro, pendejo, moco.

"no seas mocoso y reconoce que metiste la pata"
"ya, mocoso de mierda, deja de molestar"

MOJARSE EL POTO POR ALGUIEN
jugársela por alguien; exponerse por otro; arriesgar lo propio por ayudar a otro; cf. sacar la cara, mojarse el potito, tomar las riendas de un asunto, a lo hecho pecho, ser bien hombre, sacar pechito, plantarse, plantarse bien parado en los pies.

"la Carmen se ha mojado el poto por mí más de una vez en la oficina"
"por muchos y largos años me estuve mojando el potito por todos ustedes; ahora me toca preocuparme de mí misma"

Mojón

pieza sólida de excremento; excremento; cf. mierda, bosta, caca, suruco, soruyo, adiós mojón por el agua, mojón por el agua.

"hay un mojón flotando en el baño"
"oiga doctor, ¿cuántos mojones hay que hacer al día?"

Mojón por el Agua

por fin se va ese indeseable; terminó; se usa para marcar la partida de alguien indeseado; cf. filo, chao, adiós mojón por el agua, se va mojón por el agua, mojón.

"-¿y el Andrés? -Mojón por el agua"

Montar

tener coito; cf. culiar, mandarse al pecho, afilarse, tirar, darse, dar huasca, pisar.

"mi amor, ¿quiere que me la monte?"
"lo único que le gusta al Fernando es montar; no piensa en nada más"
"a mí me gusta estar arriba; me gusta montarme a mi mino"

Moquillo

semen; esperma masculino; cf. moquillento

"para la inseminación de su mujer necesitamos harto semen suyo, amigo, así es que métase a esa pieza, córrase la paja mirando esta revista y junte el más moquillo posible en este tubito, ¿ya?"
"este engrudo hilachento parece moquillo"
"-María Angélica, ¿sabes?, hoy cumplo dos meses de casada... -¡Felicitaciones, amigui! ¿Y le has probado ya el moquillo a tu marido?"

MORAGA EL QUE CAGA CAGA
cada uno se las arregla como puede; es el caos; a cualquiera le puede tocar la
mala suerte; cf. la ley de la selva, pase lo que pase, sálvese quien pueda, mala
cueva, cagar, cague quien cague, la ley de Moraga el que caga caga.

"en el sistema neo liberal rige Moraga, el que caga, caga"

MOSQUEAR UN ASUNTO
hacer circular un asunto antes de tiempo, perdiéndose por ello su valor o interés;
incluir familiares o amigos cercanos a una actividad formal; difundir en forma
impropia o prematura un conocimiento beneficioso; deteriorar un asunto por
exposición; introducirse o mezclarse algo en un asunto para su detrimento;
corromper; cf. echar a perder, quemar un asunto.

"si metes a tu hermano en la empresa se te va a mosquear el trabajo"
"si metemos más gente en este negocio seguro que se nos va a mosquear"
"no hablemos fuera de esta mesa directiva del proyecto de implementación de
personal en la empresa, para que no se nos mosquee el asunto"

MOSTRAR LA HILACHA
no estar a la altura de la situación; obrar en forma innoble; demostrar pequeñez;
mostrar un lado débil; obrar en forma egoísta; revelar una doble intención; revelar
hipocresía; cf. desteñir, hilacha.

"todos querían verlo, decían, pero cuando llegó el momento de dejar lo que estaban
haciendo para realmente ir a verlo, casi todos mostraron la hilacha"
"el Manuel mostró la hilacha total: le dijo a la María que el arriendo lo tenían que
pagar a medias… ¡siendo que la María no puede porque no tiene trabajo!"
"-don Francisco haciéndose la cirugía estética y justificándose con que es por su
trabajo; eso es mostrar un poco la hilacha ¿no? -Sí, es mejor decir derechamente
que se trata de mejorar el look y ya"

MULA
el que transporta la mercancía de contrabando entre fronteras; el que ingresa
cocaína en su equipaje por las fronteras del norte a Chile; cf. burro de carga.

"señora, ¡pero cómo es posible que no se dé cuenta que la están usando de mula para transportar cocaína!"

"no señor juez, yo soy mula no más; un peón solamente; los verdaderos maleantes son otros, pero no puedo hablar, puh señor juez, no ve que me matarían"

MULA
imitación; de mala calidad; falso; mentira; engaño; artificio; cf. cuneta, rasca, chiva.

"estos lentes son mula así es que no me importa perderlos"

"colegas, es mejor que lo digamos con todas sus letras: esta es una Facultad mula"

"nos creímos la mula esa de que iban a descontaminar Santiago"

"me compré un equipo mula, que me salió harto bueno te voy a decir"

"la Luchita siempre anda con recetas mulas para sacar fármacos"

"-¿y esos lentes? ¿Son nuevos? -Son unas huevadas mulas que me compré -Ah, son cuneta -Sí"

Nn

NICA

no; en absoluto; eso no; de ninguna manera; cf. nones, ni tonto, ni amarrado, filo,
cómo no, no pasa, las huevas, pico, ni cagando.

"no le pienso pedir perdón a la Carmela, nica; después de que me zapateó la nuca
con el Manuel, es que nica, nica le pido perdón"
"-¿le vas a pedir disculpas a tu vecina por el ruido de anoche? -Nica, ellos meten
más ruido que nosotros, y no sólo los viernes por la noche"
"no llego nica a las ocho, gordita; es que estoy lleno de trabajo; pero ustedes
empiecen sin mí; yo llego cuando llegue"

NI CAGANDO

no; en absoluto; de ninguna manera; cf. cómo no, nones, ni por nada, ni amarrado,
ni loco, ni tonto, filo, no pasa, las huifas, las pinzas, las huevas, pico, ni loco, nica.

"¡ni cagando voy dejar que pagues tú de nuevo, Manuel!"
"a Pinochet no lo metieron preso acá en Chile ni cagando"
"ni cagando entres a esa Universidad de El Parto; ahí están los masones y es sabido que los masones se comen a los estudiantes"
"-Noé habrá vivido de la pesca mientras estaba en el Arca ¿no? -No creo… No, ni cagando, poh… ¿con qué anzuelo iba a pescar si tenía dos gusanos no más?"

No Haberle Visto el Ojo a la Papa
ser virgen; no haber tenido relaciones sexuales; cf. cartucho.

"el Carlitos todavía no le ha visto el ojo a la papa"
"el Papa no le ha visto el ojo a la papa"

No Hueví'
es acaso verdad; puede acaso ser verdad eso; no lo dices en serio; es también muletilla para expresar en forma solidaria el asombro ante la intervención del otro; es también muletilla irónica para comentar la intervención del otro; cf. en serio, no me diga, huevear.

"-¿sabías que el sobrecalentamiento del mundo tendrá a nuestros nietos comiéndose los unos a los otros? -¿No hueví'? -Sí, así es. Yo he optado por comprar un terrenito en el sur para cuando eso ocurra, de modo que podamos sobrevivir del producto propio -¿No me hueví'? ¡Qué buena idea!"

No Importar un Coco
ser indiferente; no importar nada; cf. no importar un huevo, no importar un rábano, importar un coco.

"no me importa un coco que seas cristiano: o Dios no existe o es un ser malévolo que produce todo el sufrimiento del mundo"

No Poder con la Raja
estar exhausto; estar extenuado; cf. tener pilas, no poder con su alma, no poderse ni la raja, estar lona, estar raja.

"pobre Manuel, no puede ya ni con la raja de cansado que está con tanto estudio"

No Poderse ni la Raja
estar agotadísimo; estar exhausto; cf. no poder con el alma, no poder con la raja, estar lona, estar raja.

"mi amor, esta noche no, mire que no me puedo ni la raja"
"no nos podíamos ni la raja después del partido"

No Sabe lo que es Canela
no sabe lo que es bueno; no sabe lo que se pierde; no sabe lo delicioso que puede ser el sexo; es aún virgen; cf. ser canela.

"la Francisca Ignacia y la Manuela todavía no saben lo que es canela"

Oo

Orto

ano; culo; cf. chico, raja, cueva, trasero, poto, horto.

"mi amor, lo que más me gusta de usted es su orto; ¿lo sabía?"

"las revistas pornográficas se distinguen entre aquellas que muestran y aquellas que no muestran el orto"

"-qué desatino, por favor; le pusieron de nombre ORTOS a un programa interactivo de ortografía; suena como un video pornográfico ¿no? Como una orgía profusa…
-Es que a lo mejor es para mejorar la venta"

"che, este camino está como el orto, boludo, como el orto"

Pp

Paja

masturbación; cf. manuela, tirarse la huevas, tirarse las bolas, pajero, pajearse, correrse la paja.

"para activarme sexualmente, el doctor me recomendó una paja al día"
"lo que es el progreso ¿no? Antes se decía que las mujeres 'se tocaban'; ahora ya se corren la paja igual que los huevones"

Pajarón

persona desconcentrada; despistado; zopenco; boquiabierto; cf. volado, huevón, pavo, pailón, pajarear, andar pajareando, pajaronear.

"eso te pasa por pajarón; la mochila tienes que cuidarla todo el tiempo"
"no confío en la Nacha para manejar; es muy pajarona"

Pajaronear

desatender un asunto; andar despistado; ir boquiabierto; descuidarse; cf. andar con la boca abierta, andar mirando la luna, pajarear, andar pajareando, pajarón.

"no quiero verlos pajaronear en mi clase ¿me entienden? Todos van a leer el capítulo con atención"
"por andar pajaroneando me robaron la billetera"

Pajero

que se masturba; que se masturba mucho; cf. manuela, paja, pajearse, tirarse la huevas, tirarse las bolas, correrse la paja.

"no se preocupe tanto, mijita; a esa edad los muchachos son pajeros y hay que dejarlos tranquilos"
"ya puh, huevón pajero, desocupa el baño que somos dos más que tenemos que ducharnos"

Pajero

que estudia o trabaja en algo intensamente; muy dedicado y esforzado; comprometido en algo; que es exagerado en su dedicación.

"ese huevón es un pajero de las matemáticas y la química; prefiere quedarse estudiando a ir a una fiesta"
"no seas pajero; trabajas mucho y te vas a estresar, necesitas relajarte y disfrutar del ocio"

Pajero

que no hace nada constructivo; que no hace nada; cf. tirarse las huevas, tirarse las bolas, tirarse las pelotas, peinar huevos.

"es más pajera la Mireya; se lleva todo el día escuchando música"
"ése es un huevón pajero que no hace nada con su vida"

masturbarse; cf. manuela, paja, pajero, tirarse la huevas, tirarse las bolas, correrse la paja.

"la María pilló al Manuel pajeándose en el baño"
"aquí en el monasterio, mi querido Ignacio, no queda otra sino pajearse"

PAJEARSE

estudiar intensamente; trabajar intensamente en algo; dedicarse con esfuerzo a algo; cf. pajero, matearse.

"me tengo que pajear con los capítulos de teoría de valencias y peso atómico este fin de semana"

PAJEARSE

no hacer nada constructivo; no hacer nada; estar ocioso; cf. tirarse las huevas, tirarse las bolas, tirarse las pelotas, peinar huevos.

"nos fuimos con la Carmen y la Lucy a Cachagua, nos llevamos unos pitos y unas chelas, y no hicimos nada más que descansar; nos pajeamos todo el fin de semana"
"no puede pajearse todo el tiempo pues Ernesto; salga a buscar trabajo como todo el mundo"

PA' LA CAGADA

mal; desastroso; caótico; cf. como las huevas, al lote, despelotado, chabacán.

"esta universidad es pa' la cagada: los profes son mediocres, las clases son despelotadas, no hay material de estudio, no nos dan computadoras; con decirte que no hay ni papel confort en los baños, cómo será"
"esta fiesta está pa' la cagada, virémonos"

PALITO BLANCO

persona entre el público que sirve de señuelo o gancho al vendedor callejero; cf. palo blanco.

278

"yo hacía de palito blanco: Llegaba con bolsas del supermercado de ahí mismo como si viniera recién saliendo de las compras; me metía a mirar un poco y le preguntaba si era la misma que se vendía en Almacenes Paris; de ahí le compraba una caja; la metía entre mis compras y después me iba"

PALO
cobranza exagerada; cobranza alta; costo alto; cf. machete, sablazo, aforrar un palo, pegar un palo, dar un palo.

"cada vez que uno usa esta carretera, te aforran un palo"
"el palo que me dieron en ese restaurante, ¡para qué te cuento!"

PALO
un millón de pesos; cf. gamba, luca, Arturo, Gabriela, guatón, un palo.

"-¿y cuánto es el premio? -El premio es palo y medio para el ganador y medio palo para el segundo puesto -Mish, nada de mal"

PALO
pene; miembro sexual del hombre; pico, pichula, diuca, aparato, penca, cochayuyo, Pepito, banana.

"-¿sabes lo que me dijo ese peliento del Lorenzo? -No ¿qué te dijo? -Que él tenía un palo privilegiado -Mira el huevón rasca ése; además que debe tener un palito todo cagón, una cagada chica; ése lacho es más trancado que compuerta de submarino"

PALO GRUESO
sujeto importante; persona clave; cf. peso pesado, pez gordo, cototudo, cosa seria.

"mi madre es ahora palo grueso en su empresa"
"-¿quién es el palo grueso en tu casa, tú o tu marido? -Bueno, no es tan simple, puh, comadre, usted sabe; el palo grueso soy yo, pero lo tiene él ¿Ve?"

PALOMILLA
chusco; tunante; chico de la calle; callejero; cf. pelusa, palomillar.

"no sean palomillas cabros; todo el día en la calle haciendo quién sabe qué travesuras"
"ese Andrés todavía es un palomilla; y ya está casado ya"

PALOMILLAR
estar en la calle con los amigos; salir a vagar por las calles; callejear; hacer travesuras y desmanes; cf. pelusa, palomilla.

"mami, el Juanca anda puro palomillando todo el día; la otra vez se metieron a la fábrica de hilos y se chorearon unos carretes por puro lesear no más"
"es bueno eso de la jornada escolar completa para que los niños no anden por ahí palomillando mientras una está trabajando"

PALPO
papel higiénico; cf. papel confort, palpoto.

"se nos acabó el palpo, mi amor"
"en esta Facultad nunca hay palpo en los baños"

PALPOTO
papel higiénico; mal; desanimado; tullido; en problemas; cf. papel confort, palpo, como el hoyo, pa' la cagada, pa' laca.

"hay que comprar papel palpoto, mi amor"
"estoy pa'l poto; no tengo ganas de salir ni de hacer nada este fin de semana"

PANIZO
lío; problema; escándalo; negocio; asunto; cf. jaleo, rollo, cagada, crema, escoba, chorizo, arreglarse el panizo.

"crea un tremendo panizo esto de la Educación Municipalizada, porque simplemente

agudiza la inequidad social que deteriora tanto a este país"
"-oye, ¿y este panizo que hay en la empresa? -Desde que comenzaron los despidos que empezó a quedar la cagada con la gente"

PAPE
puñetazo; golpe de puño sobre la cara del otro en la pelea; cf. cachuchazo, charchazo, combo.

"me llegó un pape en la pelea y quedé con el ojo en tinta una semana enterita"
"discutan, pero no se den papes como los pelusas"
"te voy a mandarte un solo pape en l'hocico si me seguís hueviando"

PAQUETE
el volumen que se forma en los pantalones masculinos en la zona sexual; cf. bulto, paquetón.

"oye, mira, tiene buen paquete ese mino ¿ah?"

PAQUETÓN
volumen formado en la zona sexual masculina de lo pantalones; cf. bulto, paquete.

"Andrea ¿te gustan los hombres con paquetón? -Claro que sí puh gansa. ¿Para qué sirven sin?"
"el Lorenzo es un ridículo acomplejado; se abulta de papel higiénico ahí donde te dije para que se le vea grande el paquetón"

PARADO EN LA HILACHA
insolente; prepotente; atrevido; resuelto; contestador; cf. puntudo.

"es bien parada en la hilacha la Daniela, y eso le sirve en este trabajo, porque tratamos con público difícil todo el tiempo"
"oye, no seai tan parada en la hilacha, mira que aquí somos todas ejecutivas igual que tú"

Paraguaya

sexo en algún rincón público, parados los dos; el acto sexual en la calle; sexo de pie; cf. a la paraguaya.

"-a ver señora, ¿y qué estaban haciendo esos dos cuando usted llegó? -Una paraguaya, pues señor juez, eso estaban haciendo; ahí, en el portón de mi casa ¡imagínese! Por eso llamé a Carabineros inmediatamente…"

Paraguayo

cigarrillo de pasta de marihuana; cigarrillo de marihuana en resina; cf. pito, piticlín, aguja, verde, caño, canuto.

"se acabaron los verdes en Santiago, quedan puros paraguayos"
"los paraguayos dan dolor de cabeza"
"prefiero no fumar a fumar paraguayos"

Parar la Chalupa

morir; cf. irse cortado, estirar la pata, pasar a mejor vida, parar la pata.

"el viejo Colo Colo del sitio de al lado paró la chalupa"
"tarde o temprano, todos paramos la chalupa"
"delicado el Sargento que teníamos. Las malas noticias siempre las entregaba muy sutilmente. Una mañana, por ejemplo, nos formó y nos dijo: a ver, conscriptos, todos los que tengan su madre viva, que den un paso adelante… González, usted no; ayer su madre paró la chalupa"

Parar la Olla

proveer; dar de comer a la familia; subsistir; darle vuelta al mes; pagar las cuentas del mes; tener una entrada.

"con los sueldos de hoy no alcanza ni para parar la olla"
"tenemos dificultades para parar la olla en la familia"
"ahora que se casó va a saber lo que es bueno Andrecito: va a tener que parar la olla todos los meses"

PARAR LA OREJA
prestar atención; interesarse; inspeccionar; cf. estar vivo el ojo.

"cuando hablaron de plata, todos pararon la oreja"
"tienes que parar bien la oreja en clases y anotar lo que el profesor dice"

PARAR LA PATA
morir; cf. irse cortado, estirar la pata, pasar a mejor vida, parar la chalupa.

"cuando llegué, el paciente ya había parado la pata, doctor"
"queridos hermanos, preguntémonos, ¿por qué será que todos queremos irnos al Cielo pero nadie está dispuesto a parar la pata?"

PARARLE EL CARRO A ALGUIEN
encarar; plantarse; detener la ofensa o trasgresión; interponerse; cf. parado en la hilacha, cantársela clarito, pararle los carros, parar el carro, pararla.

"hay que pararle el carro a este gobierno: ¡no se puede aceptar tanta explotación de la gente, mientras los políticos se suben y se suben sus propios sueldos!"
"la María le paró el carro al Manuel, por fresco"
"Lagos le paró el carro a los micreros; es el primero que lo logra"
"cuando los estudiantes de secundaria salen a protestar a la calle, no hay quién les pare el carro"

PARARLE LOS CARROS A ALGUIEN
encarar; plantarse; detener la ofensa o trasgresión; interponerse cf. pararse en los pies, parado en la hilacha, cantársela clarito, pararle el carro, pararla.

"le paramos los carros al jefe: si no hay aumento de sueldo como nos prometió, nos tomamos el taller"

PARAR LOS CARROS
no dejarse atropellar; hacerse valer; llamar la atención; cf. ponerle el punto a las íes, cortarla, pararla, pararle los carros, parrarle el carro.

"a los pendejos hay que pararles los carros, si no se te suben por el chorro y al final te comen viva"

"párale los carros al jefe, flaca, si no te va a comer como un caramelo"

"me echaron por pararle los carros a ese maricón de mierda del jefe que quería sobrepasarse conmigo"

PARÁRSELE
tener erección; endurecerse el pene; cf. agachársele el pico, levantársele la carpa, tenerlo parado, pico parado, parársele el pico.

"a mi marido ya no se le para"

"ay, mi amor, parece que se le está parando ¿no?"

"¡qué plancha! Se me había parado justo cuando la mamá de mi polola viene y me da un abrazo para saludarme"

"-oye Rodrigo, ¿y se te va a parar con tanto trago que tomaste? -Pero, flaca, por favor, Pepito siempre listo, como buen soldado, semper parabus, dispuesto a cumplir con el deber; ven, vamos al dormitorio…"

PARÁRSELE EL PICO
tener erección; endurecerse el pene; cf. agachársele el pico, levantársele la carpa, tenerlo parado, pico parado, parársele.

"al Manuel se le paró el pico cuando estaba bailando con la Verónica y la otra armó un escándalo"

"qué plancha cuando te está revisando una doctora y se te para el pico ¿no?"

PARTUZA
orgía; fiesta con sexo; fiesta con excesos de todo tipo; fiesta escandalosa; fiesta; cf. bailoteo, a todo trapo.

"la fiesta se transformó en una partuza a todo trapo"

"organicemos una partuza este fin de semana, ¿ya?"

Pasado pa' la Punta

de conducta extrema; de hábitos dudosos; atrevido y grosero; insolente; cf. contestón, parado en la hilacha.

"muy pasado pa' la puta tu hermanito; no hubo día que no se curara hasta las patas este fin de semana"

Pasarlo Como el Forro

tener una mala experiencia, sentirse mal, estar mal; cf. pasarlo, pasarlo mal, pasarlo como las huevas, pasarlo como el hoyo, como el forro.

"cuando voy donde la Adriana lo paso como el forro"

Pasarlo Como el Hoyo

estar mal; sentirse mal; tener una mala experiencia; cf. pasarlo, pasarlo mal, pasarlo como el forro, pasarlo como las huevas, como el hoyo.

"lo pasamos como el hoyo en la nieve: nos cagamos de frío, perdimos los equipos, y nos tocó mal tiempo todo el fin de semana"
"lo estábamos pasando como el hoyo así es que decidimos separarnos de común acuerdo"

Pasarlo Como las Huevas

estar mal; sentirse mal; tener una mala experiencia cf. pasarlo, pasarlo mal, pasarlo como el forro, pasarlo como el hoyo, como las huevas.

"lo estoy pasando como las huevas en Curanipe"
"-¿cómo lo pasaste? -Como las huevas"

Pasarlo la Raja

estar muy bien; sentirse muy bien; tener una muy buena experiencia; encontrarse excelentemente; cf. pasarlo bien, la raja.

"lo pasamos la raja los tres ¿no es cierto?"
"lo pasamos la raja en la casa del Pablo el verano pasado"

Pasar por el Aro

fornicar; desvirgar; cf. pasar por las armas, culiar, pasarse por el aro, aro.

"me tuve que ir de esa empresa; el huevón del jefe quería pasarme por el aro y la situación se ponía cada vez más tensa para mí"
"Panchita, si usted se deja pasar por el aro, yo no le digo nada a nadie de las tres computadoras que se choreó de la empresa"

Pasar por el Aro

aprovecharse; estafar; desestimar; ignorar; cf. hacer huevón, meter el dedo en la boca, pasar por el poto, pasarse por el aro, aro.

"se lo pasaron por el aro: lo contrataron sin ningún beneficio social"
"me paso por el aro a tu familia: lo nuestro ha terminado"

Pasar por las Armas

fornicar; desvirgar; violar un grupo de hombres a una mujer; cf. mandar guardar, culiar.

"los tiras se pasaron por las armas a las patines que detuvieron esa noche"

Pasárselo por la Raja

despreciar; no interesarse; rechazar enfáticamente; no considerar en absoluto; cf. pasárselo por el poto, limpiarse el poto.

"me paso por la raja esa costumbre idiota de juntarse con la familia a ver la tele por las tardes"
"se pasó por la raja la señal del tren y aceleró la moto, pero el tren lo topó justo atrás, tiró la moto a la cresta y mató a su acompañante; el huevón quedó rayado para siempre"

Pasárselo por el Poto

despreciar; ignorar; rechazar enfáticamente; considerar absurdo o insignificante; cf. pasárselo por la raja, limpiarse el poto.

"si pudiera, me pasaría por el poto todo este papeleo infernal"
"Estados Unidos se pasa a la ONU por el poto"

PASARSE PARA EL OTRO EQUIPO

cambiar de partido político; cambiar de orientación sexual; cambiar de opinión,
cf. cambiarse de camiseta.

"oiga, ¿pero usted no era socialista? ¿Y cómo está defendiendo la globalización mercantilista? Parece que se pasó para el otro equipo, puh iñor"
"el José se pasó pa'l el otro equipo: ahora es oficialmente gay"

PASARSE PARA EL OTRO LADO

cambiar de partido político; cambiar de orientación sexual; cambiar de opinión;
cf, pasarse para el otro equipo.

"el Manuel hace rato que se pasó para el otro lado: ya no es ni cagando de izquierda; él dice que es independiente de centro"

PASARSE POR EL ARO

despreciar; rechazar; no importarle; aprovecharse; estafar; desestimar; ignorar;
cf. hacer huevón, meter el dedo en la boca, pasar por el poto, pasarse por la raja,
limpiarse el culo, pasar por el aro, aro.

"se lo pasaron por el aro: lo contrataron sin ningún beneficio social"
"me paso por el aro a tu familia: lo nuestro ha terminado"
"se pasó por el aro ese trabajo que tenía; lo mandó todo a la cresta y se mandó a cambiar a Europa"

PASAR UN GOL

embarazarse la mujer como estrategia para capturar o mantener al hombre; cf.
anotar un gol, meter un gol.

"las minas antes les pasábamos goles a los huevones; nos quedábamos preñadas para salir de la casa o para asegurarnos; pero ahora, gracias a Dios, ya no estamos ni ahí con eso; ahora somos independientes"

PASE
sugerencia amorosa; insinuación sexual; cf. dar la pasada.

"¿cuántos pases te han hecho los hombres hoy, Mireya?"
"pero, si es de caballero hacerle un pase a una mina, ¿no te parece?"

PATADA EN LA RAJA
no; chao; es rechazo fuerte; cf. filo, chao, mandar a la chucha, mandar a la cresta, patear.

"Mónica, si sigue llamándote, patada en la raja, dile que no lo quieres ver nunca más, y ya"
"-pero son mi familia, mi amor. -No me importa; patada en la raja con todos esos familiares inútiles que se instalan por meses en la casa"

PATADA EN LAS HUEVAS
patada en los testículos; cf. patada en los cocos, huevas.

"mira, si te asalta un gil, no te arrancas; te acercai tranquila y, cuando menos lo espera, le pegai una patada en las huevas y listo"

PATADA EN LOS COCOS
patada en los testículos; cf. patada en las huevas, cocos.

"-y ¿qué aprendió hoy en la clase de jujitsu, Andreita, mi amor? -Aprendimos a pegar patadas en los cocos, mami"

PATÍN
prostituta de la calle; cf. puta, patinar.

"todas las noches la misma patín bajo el farol, hasta que la recoge algún cliente"

PATINAR
buscar clientes la prostituta en la calle; cf. patín.

"no es raro que haya tanta mina patinando por las calles; ¡con los sueldos que nos pagan en los otros trabajos!"

PATO

beso intenso; beso largo e íntimo; cf. calugazo, atracar, besuquearse, darse un pato.

"y ahí estábamos los dos, métale patos en nuestro banco favorito del Parque Forestal"
"y, de repente, se me tira encima y me da un tremendo pato"
"oye Pato, ya no me das patos como antes; ¿es que no me quieres?"

PECHONIO

beato; pacato; formal; tímido; católico observante; hipócrita; cf. cartucho, pechoño.

"harto pechonia tu familia, María Pía"
"los pechonios son hipócritas que decoran su casa con la Virgen y con Jesús, van a misa a posar y siguen los rituales para socializar, sin ningún compromiso real con las doctrinas cristianas"
"no seas pechonia, Carmen, sácate los pantalones y métete en la cama conmigo"

PECHOÑO

beato; pacato; formal; tímido; católico observante; hipócrita; cf. cartucho, pechonio.

"-bueno, mi marido nunca haría esas cosas conmigo, amigui; es que el es muy formalito y religioso… -O sea que el huevón es pechoño"
"bañémonos en pelotas en la piscina, que es más rico; total, estamos entre amigos, no seamos pechoños"

PECHUGAS

senos; cf. tetas, gomas, melones, pechugona.

"los hombres te miran primero las pechugas y después los ojos"
"¡qué me dices de esas pechugas!"

"¡a qué hemos llegado, Dios mío, se ven pechugas todos los días por la tele!"
"con este escote los huevones se quedan pegados en mis pechugas"

Pechugona
de senos voluminosos; de senos contundentes; cf. tetuda, pechugas.

"me estoy poniendo pechugona"
"-ahora, relájese; vamos a asociar libremente. Me dirá lo que primero se le venga a la mente; empezamos: Fellini - Pechugonas"

Pegar en la Nuca
engañar; ser infiel; cf. gorrear, poner los cuernos, comer la color, pellizcar la uva.

"la Carmen me está pegando en la nuca con el Jefe"
"ya ahora, en la postmodernidad, las parejas se pegan en la nuca mutuamente como la cosa más natural"

Pegar en la Pera
aprovecharse; no pagar; cf. bolsear, pechar.

"el Andrés se lo pasa pegándonos en la pera; no paga nunca nada"

Pegarse la Alcachofa
finalmente entender; por fin captarlo; darse cuenta; cf. pisparlas, cachar, abrir los ojos, caerle la teja, pegarse la cachada, pegarse un alcachofazo.

"finalmente el Sergio se pegó la alcachofa y ahora está tomando mucho menos"

Pegarse la Cachada
finalmente entender; por fin captar un asunto; darse cuenta; cf. pisparlas, descartucharse, cachar, abrir los ojos, pegarse una palmada en la frente, caerle la teja, pegarse la alcachofa, pegarse.

"pégate la cachada de una vez por todas: el Miguel tiene problemas serios y tiene que ver a un psiquiatra"
"es hora de que nos peguemos la cachada: la Concertación trabaja para el Capital"

Pegarse un Alcachofazo

entender de súbito; finalmente entender un asunto; cf. pisparlas, caerle la teja, pegarse la cachada, pegarse la alcachofa.

"me pegué un alcachofazo más o menos el otro día; amigui. Resulta que a mí, como soy la mayor, mis viejos me sacaban la chucha cuando chica; y recién ahora me doy cuenta que todas mis trabas vienen por eso, ¿cachai?"
"oye, Manuel, pégate el alcachofazo de una vez; entiende que la María te dio filo"

Pegarse un Atraque

besarse y acariciarse apasionadamente; besarse y tocarse en partes íntimas; cf. besuquearse, toquetearse, correr mano, pegarse, atracar.

"lo confieso, me pegué un atraque con la Carmen, pero no pasó de eso"
"la fiesta estaba llena de parejas pegándose feroces atraques"
"bueno, hagámoslo, pero peguémonos un atraque primero para entrar en calor"

Pegarse una Volada

fumar marihuana; fantasear; imaginar o suponer sin fundamento; especular; elucubrar algo novedoso y revelador; cf. volarse, pegarse.

"no hay nada más rico que pegarse una volada en la playa, como a eso de las once, después del desayuno, y salir a caminar y recorrer las rocas y volarse con el mar y con la naturaleza"
"el profe de matemáticas se pegó una volada más o menos el otro día con la idea de que los números primos eran parte intrínseca de la estructura del universo; a mí me voló ene y ahora quiero saber más sobre eso; estoy leyendo todo lo que pillo sobre el tema"

PELADILLA

asalto colectivo a un estudiante; vejación entre muchachos de liceo que consiste en bajar los pantalones a uno y llenarle las partes íntimas de pasta de dientes; cf. manteo, una peladilla.

"en mis tiempos, jovencito, en el liceo éramos bravos para la peladilla"
"con la exposición de la cámara del celular, la peladilla pasó a la prehistoria; ahora se filman cosas bastante más avanzadas que pasan directamente a todo el mundo"

PELADO

vacío; pobre; cf. sin ni uno, pato, pelar.

"-¿me presta unas veinte luquitas, compadre? -Estoy pelado, compadre; no tengo ni uno"

PELADO

calvo; con poco pelo; rapado; cf. cabeza de huevo, morocho, quedarle poco hilo en la carretilla, pelada.

"-¿y cómo era el hombre que la asaltó? -Era gordo, chico y pelado… Se parecía harto a usted, puh, juez…"
"oye, ¿te estás quedando peladito o es que te está creciendo la cabeza?

PELADO

militar; conscripto; cf. milico.

"los pelados ignorantes se tomaron el país por casi dos décadas, robaron, mataron, torturaron, exiliaron, ¿y qué mierda de bueno dejaron? Nada. Hubo que hacer todo de nuevo…"
"el Juanca está haciendo el Servicio; ahora es un pelado raso más no más"
"los pelados tienen que estar en los regimientos entrenándose y en el norte cuidando los recursos que nos robamos"

PELADO
sujeto; tipo; persona; es también muletilla de apelativo; cf. flaco, gallo, gil, huevón, morocho, ñato.

"un pelado vino a verte y dijo que te iba a llamar en la tarde"
"y ese pelado que está en la esquina ¿qué onda? Pa' mí que es pato malo"
"no puh, pelao, yo jamás he dicho que la Mireya es puta..."

PELADO
pene; órgano sexual masculino; cf. pico, pichula, diuca, Pepito.

"espérate que se me agache el pelado chico y de ahí me levanto"
"resulta que el doctor era una mujer y me hizo bajarme los pantalones y me empezó a tocar las pelotas y el pelado y después se puso unos guantes de goma y me metió el dedo en el poto…"

PELIENTO
vulgar; pobre; de clase baja; de mala clase; cf. callejero, roto, guachaca, punga, cuma, palomilla, pelusa, pelaje, pelo.

"qué peliento ese gallo, fíjate, parece gitano con tanta joya que tiene puesta"
"harto peliento te has puesto últimamente"

PELOTAS
testículos; cf. huevas, huevos, cocos, bolas, hinchar las pelotas.

"practiquemos karate, pero tengamos cuidado con las pelotas"
"estos pantalones me aplastan las pelotas"

PELOTAS
idiota; estúpido; insensato; cf. mamerto, amermelado, desubicado, huevón, gil, leso.

"ese Manuel es un pelotas: le puso el gorro a la María, que es tan buena con él"
"no seas pelotas y retorna a tus estudios"

Pelotudo

estúpido, idiota; insensato; cf. mamerto, amermelado, gil, huevón, pelotas, pelotudez.

"se supone que los académicos son inteligentes ¿no? ¿Y por qué son tan re pelotudos? digo yo…"
"no seas pelotudo y cuéntale la verdad de una vez"

Pelotudez

idiotez; tontera; necedad; insensatez; cf. boludez, pendejada, huevada.

"lo que hiciste fue una pelotudez ¿cómo se te ocurre decirle a don Alonso que preferías la relación de convivencia al matrimonio; eso al papá de la mina nunca le va a caer bien"

Pellejo

cuerpo; cuerpo de mujer; cuerpo atractivo; cf. filete, bistec, cuerada, cuero.

"buen pellejo la jefa ¿ah?"
"con ese pellejo que tienes, Carla, nunca vas a tener problemas de cesantía"

Pellizcarle la Uva a Alguien

meterse con la pareja de alguien; cf. comerle la color, poner el gorro, pegar en la nuca.

"el Manuel le está pellizcando la uva al Ignacio; es que la mina esa, la Loreto, es demasiado rica"
"el del quiosco de la esquina le pellizca la uva al cieguito de al lado"
"vecina, la invito a pellizcar la uva"

Penca

se le dice a un tallo de río comestible; cf. nalca.

"la penca se aliña como la lechuga: limón, vinagre, aceite y sal"
"nos sirvieron una ensalada de penca"

294

PENCA

cactus espinudo; planta de la tuna; tallo del cactus de la tuna; cf. tuna, pencazo.

"cuidado con esas pencas, que tienen espinas muy bravas"

PENCA

pene; órgano sexual masculino adulto o grande; cf. pico, pichula, diuca, tula, aparato, la penca del burro.

"la María dice que el Manuel tiene una mansa penca"
"el Mario se lo pasa rascándose la penca"
"ese cubano tiene la penca del burro"
"-Profesor, ¿por qué se dice le dice penca al pene? -Vea la entrada anterior, Andreita, y saque sus propias conclusiones"

PENCA

malo; lamentable; fallado; deficiente; defectuoso; de baja calidad; de mala categoría; una lástima; mala fortuna; cf. qué pena, mala pata, mala cueva, rasca, mula.

"¡qué penca esta tele! ¡no se ve nada!"
"no habrá vacaciones de invierno este año! ¡Qué penca, qué mala onda!"
"penca todo lo que ocurre en Irak"

PENCAZO

golpe fuerte; choque; cf. chancacazo.

"al Lorenzo le pegaron un pencazo en la cabeza con un bate de béisbol"
"le pegué un pencazo al auto ayer por la noche"
"se escuchó un pencazo fuerte anoche, ¿lo oíste?"

PENCAZO

trago de vino; trago fuerte; cf. trago, taco, cañonazo, caña, huascazo, huarisnaque.

"vamos a tomarnos unos pencazos mientras esperamos a las chiquillas"
"¿un pencacito compadre?"
"dos pencazos es demasiado, tres, muy poco"

PENDEJADA
infantilismo; ridiculez; idiotez; minucia; cf. burrada, huevada, huevonada, pelotudez, pendejo.

"me cansé del Mario; se lo pasa en pendejadas todo el tiempo; yo necesito un hombre maduro, que me dé estabilidad…"
"esa es una pendejada; cómo se te ocurre invitar a tus amigos a la casa de tu suegro"

PENDEJO
pelo pélvico; vello de la entrepierna; vellito; cf. champa.

"mi amor, la tina del baño está llena de pendejos"
"y salió lo más campante del baño rascándose los pendejos"
"doctor, me pican los pendejos ¿qué tengo?"

PENDEJO
niño; chico; pequeño; cf. peneca, pitufo, peque.

"¿dónde están los pendejos, mi amor?"
"el aborto sigue prohibido en Chile y, claro, siguen llenándose de pendejos las poblaciones de los más pobres; y después se escandalizan y se preguntan de dónde viene tanta criminalidad callejera los muy imbéciles"
"los pendejos dicen la verdad y avergüenzan a los hipócritas de sus padres"
"¡Lo que son los pendejos! Le dije a Carlitos: ¿Sabías que la velocidad de la luz es tan rápida que da dos vueltas a la Tierra en un segundo? Y el chicoco me preguntó sobre la misma: ¿Y la velocidad de la sombra?"

PENDEJO
idiota; ridículo; infantil; cf. mamerto, pavo, amermelado, pelotas, gil, pobre huevón, pendejada.

"no seas pendejo, Mario, si con el jefe estaba almorzando, nada más"
"¡qué pendejo eres! No sabes hacerte un par de huevos revueltos siquiera"

Pensión Soto: Casa, Comida y Poto
se dice de la casa en la que la pareja o "pololo" de la hija es bien recibido y "agarra de todo"; cf. la pensión Soto.

"el Manuel en la casa de la María está en la pensión Soto, tiene casa, comida y poto, el muy suertudo"

Peo
pedo; flatulencia o gas intestinal que emana y suena; cf. peorro, peorrento, tirarse peos.

"los porotos causan peos"
"me gusta la cebolla, pero después los peos…"
"a estos años, pues linda, bueno, tú sabes, ¿no es verdad? A uno se le escapa uno que otro peo de vez en cuando, pues oye"
"por favor, ¡qué rotería! Alguien dejó un peo en el ascensor"

Peorrento
que suelta pedos copiosamente; cf. peo, peorro.

"oye los caballos pa' peorrentos estos; separémonos un poquito pa' poder respirar"

Peorro
que suelta pedos copiosamente; que suelta gases todo el tiempo; cf. peo, peorrento.

"el Andrecito está muy peorro últimamente: parece metralleta tirándose peos"

Peorro
mediocre, flojo; mal estudiante; cf. porro, peo.

"el Ricardo era un alumno peorro en la básica, pero fue mejorándose y llegó a especializarse en ingeniería robótica en el M.I.T."

PEPITO
pene; eufemismo del miembro sexual masculino; cf. pequén, tula, pirulo, pirulín, diuca, pico, pichula, penca, aparato, pelado.

"no puedo, mi amor, es que Pepito no obedece y no se para"
"ya pues, Ignacio, dígale a Pepito que descanse, que ya ha comido demasiado"
"-Profe, ¿por qué se le dice Pepito a... bueno, usted sabe? -Se usa este apodo de José para referirse al miembro masculino, Andreita, acaso por una figura pícara de las historietas nacionales, el Pepe Antártico, cuya cabeza asemejaba un pene; por otro lado, acaso es el personaje que se llamaba así por el apodo del pene..."

PEQUE
niño; chico; pequeño; cf. pitufo, pendejo, peneca.

"es tarde; es hora de que los peques se vayan a la cama a dormir"

PEQUÉN
lechuza pequeña común.

"en el fundo, por las noches, se escucha el grito suave del pequén"

PEQUÉN
pene; miembro masculino; cf. tula, pirulo, penca, pico, pichula, pepito, diuca.

"-¿y cómo se llevan con tu marido, Rosita?- Ay, ese gil lo único que quiere es que le chupe el pequén"

PEQUÉN
empanada chica, idealmente jugosa; cf. caldúa.

"antes de entrar al fundo, pasamos a Chépica a comernos unos pequenes y a tomarnos una chichita pa'l frío"

PERRA
mujer fastidiosa; mujer insistente e insoportable; cf. bruja, peuca, vaca, yegua.

"la jefa es una perra; nos controla todo lo que hacemos; hasta cuando vamos al baño nos observa"

"el pobre Memo tiene que aguantar a esa de perra de la Javiera; no sé porqué no se separa"

PERRA

mujer perseverante; mujer enérgica; mujer fuerte; cf. aperrado, aperrar.

"lo que me gusta de la Andrea es que es bien perra pa' su trabajo; es súper seria y hace bien las cosas"

PERRO ZORRERO

perro que realiza servicios sexuales con la lengua a la mujer; perro al servicio sexual de la mujer.

"-Bertita acompáñeme a buscar un perrito que me regalaron… -Ay Señora Paz Ignacia ¿y para qué quiere un perrito, si ya los niños se fueron hace tanto tiempo? -De compañía, pues Bertita; como mi marido tampoco está… -¡Ah, bueno! O sea ¿como perrito zorrero?"

"-Manuel, ¿sabías que la Carmencita se trajo un perrito del sur? -¿Zorrero? -Huevón, ¿no podís pensar en nada más?"

"-oye Rafa, ¿y estos perros que veo en el fundo? -¿Te gustan? Son zorreros… - ¿Son zorreros de verdad o se te dio vueltas el paraguas?"

PEUCA

mujer; mujer deplorable; es término más bien neutro entre hombres pero negativo entre mujeres; cf. mina, bruja, yegua, perra, vaca, peuco.

"mire esas peucas ahí, compadre; no están nada de mal ¿ah?"

"esa huevona es una peuca, me cae como patada en la guata"

PEUCO

ave rapaz común, que en el campo se come las gallinas y otras presas de la granja.

"bonita la caza del peuco"
"no me gusta dispararle al peuco, aunque pierda aves"

Peuco
hombre al acecho de la mujer; hombre; macho; cf. buitre, jote, peuca.

"ahí están los peucos en la barra"
"-¿y ese peuco? -Es un amigo de la Carmen"

Picado de la Araña
mujeriego; hombre entusiasta sexual; cf. lacho, caliente, chucheta, cachero, puta madre.

"el vecino es medio picado de la araña parece: siempre anda con mujeres distintas"

Picarle el Cucurucho
estar la mujer excitada sexualmente; desear la mujer tener sexo; cf. estar caliente.

"-mientras el Enrique estaba preso, su mujer se metió con el Brian -Le habrá picado el cucurucho a la mina…"

Pico
pene; miembro sexual masculino; cf. pequén, pichula, penca, cochayuyo, diuca, pirulo, tula, aparato, pelado, Pepito, agacharse el pico, parársele el pico, pico parado, pico agachado.

"mi amor, no puede ser tan desatinado, ¿sabe? Usted se lo pasa acomodándose el pico cuando estamos con visitas"
"ahora aparecen hasta picos en la tele"
"así es que ahora hay que decirle el "eso" al pico. ¡Por favor! Al pan, pan, y al pico, pico"

Pico
exclamación de rechazo; no; cf. toma, como no, ni cagando, pichula, las huevas.

"pico que voy a hacer la limpieza de la casa todos los días"
"pico que voy a volver a trabajar de basurero"

PICO AGACHADO

el pene fláccido; el miembro sexual masculino sin erección; cf. pico parado,
agachársele, agachársele el pico, pico.

"lo tiene agachado, mi amor, pero, no importa, después intentamos de nuevo"
"recéteme Viagra, doctor, mire que ando con el pico agachado todo el tiempo"

PICO PARADO

el pene erguido y tieso; erección masculina; cf. pico agachado, parársele, parársele
el pico, pico.

"gordi, tengo el pico parado de nuevo; ¿vamos a una segunda patita?"
"-oye, amigui, no sé, igual es raro, pero estaba bailando un lento con el Rodrigo y
parece que lo tenía parado, porque sentí algo ahí abajo -Mira, no me extraña nadita;
este huevón es cara de raja y capaz que haya bailado contigo con el pico parado"

PICHÍ

pis; acto de orinar; orina; cf. pipí, meo, mear, hacer pichí.

"hay olor a pichí en este cuarto"
"vamos a hacer pichí detrás de ese árbol"
"-la guagua está con pichí, mi amor; hay que mudarla... -Cámbiele usted los pañales,
pues gordito; ¿no ve que estoy en la cocina?"

PICHICATA

marihuana; droga; cf. yerba, pichicatero, pichicatearse.

"en la cárcel también se vende pichicata"
"lo pillaron con dos kilos de pichicata"
"¿hay pichicata o hay que salir a comprar?"
"en Bolivia, y en la zona andina en general, la pichicata es la cocaína"

PICHICATEARSE
drogarse; fumar marihuana; doparse; cf. yerba, volarse, angustiarse, pichicata, pichicatero.

"unos chiquillos se estaban pichicateando en la esquina del barrio"
"¡todo el día pichicateándose! ¿No tienen nada mejor que hacer?"

PICHICATERO
marihuanero; drogadicto; cf. volado, pichicata, pichicatearse.

"el Manuel se ha puesto harto pichicatero últimamente"
"esos cabros son unos pendejos pichicateros que todavía no saben qué hacer con sus vidas"

PICHULA
pene; cf. pequén, pico, diuca, penca, aparato, pelado, pepito, tula, pirula.

"oye Vero, cachaste que con esos trajebaños cuando se sentaba el Ernesto se le veía toda la pichula"
"el Pedro quería que le chupara la pichula el fresco"

PICHULA
exclamación de rechazo; no enfático; cf. pico, las huevas, ni cagando.

"a si que le debo cien mil pesos ¿eh? Pichula que le voy a pagar. Primero me arregla usted la abolladura que me dejó en la puerta del auto"

PICHULEAR
aprovecharse; engañar; bromear; cf. pitorrear, cagar, agarrar pa'l hueveo.

"¡oiga, a mí no me viene usted a pichulear ah! Estos no son nada mil palos, apenas cuento ochocientos"
"se lo pichuleó como quiso; un año más o menos le estuvo robando sistemáticamente de su empresa"

PIERNA

pareja; mujer que es pareja sexual; cf. mina, yunta, polola, media naranja,
pioresnada.

"he vivido sin pierna por demasiado tiempo ya"
"una pierna de vez en cuando no le hizo mal a nadie"
"desde que se me fue mi pierna, me siento como rara, desorientada"
"usted, mi amigo, no tiene problema psicológico alguno, lo que necesita es una
buena pierna que lo acompañe por las noches"

PIERNO

pareja; hombre que es pareja sexual; cf. mino, yunta pololo, media naranja,
pioresnada.

"-¿y tu pierno, flaca? -Ya viene ese huevón, anda estacionando el auto"

PIFIADO

fallado; defectuoso; malo; cf. pifiarla, pifia.

"me salió pifiado el equipo de música, así es que tengo que devolverlo"
"me excita esa pifia suya en sus nalgas mi amor"

PIFIAR

fornicar; cf. darle, culiar, tirar, chiflar.

"los pillaron pifiando en la pieza de los viejos"
"-oye, ¿y tú hace tiempo que trabajas de prostituta...? -¿Cómo es la huevada?
¿Vinimos a pifiar o a conversar?"

PIFIARLA

fallar; cometer un error, cf. pegarse un guatazo, pifia, pifiado.

"el Manuel la pifió: se le olvidó comprar el carbón y nos quedamos sin asado"

PILUCHO
desnudo; cf. en cueros, en pelotas.

"¡terminamos todos piluchos en la piscina esa noche!"
"pero si anda casi pilucha, pues Catita; no sea vanidosa y póngase algo, mire que hace mucho frío"

PINTARLE UN NIÑO
dejar embarazada; embarazar a la mujer por desliz; embarazar a la mujer y marginarse el hombre de su responsabilidad paternal; cf. tragarse un melón.

"¡ya le pintaron otro niño a mi hermana! Este es el tercero, y ninguno tiene papá"
"el Juan Carlos le pintó el primer niño a la Inés cuando ella tenía dieciséis"

PIÑÉN
mugre pegada a la piel, especialmente en los pies y en el cuello; cf. ñoña, piñiñento.

"a los niños que trabajaban en el carbón en Lota no les salía nunca el piñén"
"compadre, traje unas piedras pome para que nos saquemos el piñén de las patas"

PIÑIÑENTO
vulgar; mugriento; cf. peliento, rasca, piñén.

"en esa familia son todos unos piñiñentos"
"ese es un huevón piñiñento ordinario"

PIORESNADA
pareja; cf. pololo, yunta, media naranja, pierna, peor es nada, peor es nada.

"iba de lo mejorcito con mi pioresnada por el pasaje, cuando no nos aparecen dos cogoteros y uno me pone la cuchilla justo aquí en el cogote. ¡Menos mal que nos dejaron la ropa que llevábamos puesta!"

PIPÍ

pis; orina; cf. meo, pichí, hacer pipí.

"los hombres no saben mear: dejan lleno de pipí el piso del baño"
"permiso, voy a hacer pipí"
"estoy que me hago pipí de la risa"

PIRIGÜÍN

renacuajo; cualquier gusanito del agua; gusano parasítico; pequeño; pene; cf. pirula, guarisapo, pirihuín.

"hay caleta de pirigüines en el arroyo; ¿vamos a juntar?"
"¡mami, mira, pesqué un pirigüín!"

PIRIHUÍN

renacuajo; cualquier gusanito del agua; gusano parasítico; pequeño; pene; cf. pirula, guarisapo, pirigüín.

"los niños estuvieron jugando con los pirihuines del arroyo todo el verano"
"mi amor, ¿y ese pirihuín me quiere meter?"

PIRULA

pene; trozo o protuberancia de forma cilíndrica; cf. pequén, pirulín, pico, penca, pichula, diuca, tula, pirulo.

"tápese la pirula, mi amor, que está en la ventana"
"usted tiene la pirula muy grande, mi amor"
"hay profes en el Departamento que están seniles ya; esa señora que repite siempre lo mismo y habla puras cabezas de pescado y no se da ni cuenta; y la otra vez salió un profe de literatura del baño con el cierre abierto, el pantalón mojado y la pirula al aire"

PIRULÍN

pene; pene del niño; cf. pico, pequén, pichula, pirula, tula.

"saque su pirulín y haga pipí, mi amor"

PIRULO
bonito; arreglado; acicalado; cf. encachado, pituco, dije, choro, monono, pirula.

"¡qué pirulo que andas hoy, Ernesto!"
"qué pirulo que te quedó el jardín"

PIRULO
pene; trozo o protuberancia de forma cilíndrica; cf. pico, pirula, pichula, tula, penca, diuca.

"conscriptos, a la cuenta de tres, todos sacan el pirulo y mean hacia el cerro: uno, dos y tres"
"¿y cómo es que se llaman los doctores expertos en el pirulo?"

PISAR
fornicar, tener coito; cf. culiar, tirar, montar.

"estábamos pisando de lo lindo cuando apareció la suegra"
"-oye, ¿y los curas no pisan? -No, claro que no… -¿No? ¿Y qué? ¿Vuelan los huevones?"

PITEADA (PITIADA)
chupada de cigarrillo; chupada de cigarrillo de marihuana; cf. pito, pitear, piteada.

"convídame una pitiada"
"ya no fumo...de repente pido una pitiadita, pero dejé el cigarrillo"
"dame una pitiadita"
"-¿tú piteas? -¿Yo? No, una pitiadita de vez en cuando, pero pitiar pitiar, no"
"convídame una pitiada"
"convídame una piteada, ¿ya?"
"pégale una piteada a este pito mira que esta yerba está mortal"

Piteado

perturbado; estresado; loco; neurótico; cf. chiflado, chalado, gagá, pitearse.

"la pobre Danila está piteada; es que cualquiera se chala en esos trabajos de vendedora de mall"

Pitear (Pitiar)

fumar marihuana; fumar; cf. angustiarse, pichicatearse, pito, pitiada, pitear.

"esos vagos se paran en la esquina a pitiar marihuana todos los viernes"
"-¿tú pitiai mucho? -Ni tanto; los fines de semana más que nada"
"pero señor carabinero, ¿qué tiene de malo pitear un poco de yerba de vez en cuando?"
"oye, estas chiquillas son verdaderas aspiradoras, pitean como chimenea"
"no, si pitié, pero no aspiré, su señoría..."

Pitear

fornicar; cf. chiflar, pifiar, culear, tirar, pito.

"el Manuel se piteó a la Mireya en la playa"
"si seguís coqueteándole al jefe, te va a pitearte loca"

Pitear (Pitiar)

matar; asesinar; cf. echarse.

"pitearon al Flaco Willy este fin de semana"
"el Jonathan te va a pitear si te metí' con su hermana"
"te van a pitiar en cana por soplón"
"pa' mí que fueron los tiras que se pitiaron al Nike Escobar; él los estaba chantajeando con una partida de coca que los ratis se habían virlado pa' ellos"
"si hablai, te vamos a pitearte, longi; pa que sepai"

Pitearse

enervarse; estresarse; enloquecer; cf. chalarse, chiflarse, piteado.

"después de dos meses de trabajar en devoluciones y reclamos se piteó; es que ahí uno recibe toda la mala onda de la gente doce horas al día, ¿cachai?"

PITICLÍN

cigarrillo de marihuana; pitillo de marihuana; cf. zepelín, caño, aguja, verde, paraguayo, huiro, pito.

"-¿un piticlín? -Bueno ya puh"
"nos fumamos un piticlín y salimos, ¿ya?"
"ya puh, flaca, saca los piticlines"

PITO

cigarrillo de marihuana; cf. zepelín, caño, aguja, verde, paraguayo, huiro, piticlín.

"disculpe señora, ¿no habrá visto un pito por aquí en su oficina? Es que parece que se me cayó mientras me estaba haciendo la entrevista de trabajo"
"en Holanda venden pitos en los cafés"
"queridos hermanos, llegó la época del descenso, del aterrizaje mundano y de la meditación cotidiana… ¡Se acabaron los pitos en Santiago!"

PITO

pene; cf. tula, pirulo, pirula, pirulín.

"a ver, saque su pito y haga pipí Arturito"
"mira amigui, por este hoyito que da al baño le podemos mirar el pito a los huevones, ¿hagámoslo?"
"yo siempre he considerado que usted Rosita es como un árbitro para mí, ¿me va a tocar el pito?"

PITORREAR

bromear; tomar a la ligera; cf. agarrar para el hueveo.

"se lo estuvieron pitorreando al Lorenzo durante toda la fiesta"
"no me venga usted a pitorrear a mí, ¿me oye? Yo le encargué dos sacos de semillas y ahora me trae medio saco"

POBRE HUEVÓN
que no vale nada; despreciable; cf. huevón, pendejo, gil, fantoche, pobre diablo, pobre hombre.

"los académicos son unos pobres huevones en este país: no valen nada"
"ese hombre es un pobre huevón; nunca ha hecho nada importante ni tampoco nada bueno en su vida"

POLVO
coito; encuentro sexual; fornicación; cf. cacha, echar un polvo, echarse un polvo, tirarse un polvo.

"el huevón del psicólogo me recomendó dos polvos al día"
"mi amor, ¿qué me dice? ¿Un polvito antes de salir?"
"es increíble cómo funciona el ser humano: después del polvo, todo volvió a la normalidad en la pareja"
"-Profesor, esto de tener clases de educación sexual está muy bien, pero yo me pregunto ¿porqué se le dice 'polvo' al coito? -Buena pregunta, Andreita. Seguramente el término refiere a un aspecto del acto sexual en suelo de tierra, ejem, a saber, que se levanta polvo y que uno termina echándose polvo en la ropa. De allí también "echarse un polvo". ¿Alguna otra preguntita?"

POLLITOS PASTANDO
persona en posición inclinada, con connotación sexual; coito posterior con la mujer en posición de rodillas o inclinada; cf. la del misionero, a lo perrito, cucharitas, pollo en el velador, pollo con papas fritas, pollo con papas.

"¿hagámoslo pollitos pastando mi amor?"
"ahí estaban los dos, gozando de lo lindo, pollitos pastando los muy perlas"

POLLO
escupo; gargajo; cf. tirar un pollo.

"estaban los liceanos tirando pollos del segundo piso a la calle, los muy ociosos" "que asquerosa esa gente que tira pollos en plena vereda ¿no?"

Pollo con Papas

coito; coito en la posición tradicional, frente a frente, con el hombre en el medio y la mujer con las piernas abiertas; se refiere al acto sexual en posición análoga a la de los trutros del pollo con papas en el centro, representando las piernas de la mujer y los testículos del hombre, respectivamente; cf. cacha, la del misionero, a lo perrito, pollitos pastando, pollo en el velador, pollo con papasa fritas.

"-Carmencita, ¿a usted le gusta el pollo con papas? -Huevón, ¿no podí' pensar en nada más que eso? -Pero si hay que comer también poh; ¿o no te da hambre?"

"-ay doctor, mi marido está engordando mucho… ¿Y qué me recomienda doctor? -Pollo con papas, pues -¿De dieta para él? -Claro; se acuesta usted, pone un trutro para acá, otro para allá, y pa, pa, pa, pa"

Pollo con papas fritas

coito extramarital, aludiendo al encuentro a la hora de almuerzo, en los moteles de Santiago; infidelidad sexual; cf. canita al aire, desliz, cacha, pollitos pastando, pollo con papas, pollo en el velador.

"Carmen, tú y yo, pollito con papas fritas, mañana a las doce y media; yo te paso a buscar"

"el Mauricio con la Teresa están comiendo pollito con papas fritas toditas las semanas los muy calientes"

Pollo en el Velador

coito extramarital a la hora de almuerzo, típicamente en algún motel; coito fugaz a la hora de almuerzo; cf. canita al aire, cacha, cachita, pollitos pastando, pollo con papas, pollo con papas fritas.

"teníamos pollito en el velador todos lo jueves con el Roberto, pero parece que lo anduvieron pillando y se cagó de susto y ahora somos amigos no más de nuevo"

"qué tradición más agradable esa del pollo en el velador; es como que todo Santiago se liga de ese modo ¿no?"

"el Marcos se hizo rico vendiendo pollos a las brasas en los moteles del Centro de Santiago; pa' mí que de ahí que surgió el término del pollo en el velador pa' referirse a la cachita de la oficina"

"propongo un cuadro en el Salón de Honor de la Moneda que se llame Corazón de Chile y presente en forma llana la figura de un pollo sobre un velador"

PONCEAR
besuquearse con varios o varias en una fiesta o reunión; tener varias relaciones amorosas paralelas; cf. atracar, poncio, ponceo.

"a mí me gusta poncear ¿y qué?"

"es excitante poncear; agarrarse a besos con un mino aquí y otro al rato allá…, no sé, una se siente así como libre y llena de vida y abierta al mundo y al momento"

PONCEO
besuqueo y toqueteo con varios en forma alternante y consecutiva; promiscuidad; cf. poncear.

"el mejor invento de la primera década del siglo veintiuno es una práctica social patentada en Chile: el ponceo. Adiós a las costumbres pacatas de los romances monolíticos; ahora es con varias o varios en una misma noche y es lo más rico del mundo"

PONCIO
quien practica el ponceo, es decir, quien se mete amorosamente con varios o varias en forma alternante y consecutiva en una fiesta o reunión; promiscuo; cf. camboyana, poncear, ponceo.

"esa minita es poncia; anda con hartos minos a la vez"

"oiga vecina, mi hija me dijo que ella era poncia y que no le importaba nada lo que yo pensara de eso. Usted sabe qué es eso de poncia? ¿Qué significará?"

PONER CARA DE HUEVÓN
aparentar inocencia; fingir ignorancia; cf. hacerse el huevón, poner cara de.

"-oye, huevón, parece que fui yo el culpable del virus en la empresa: creo que se me metió en el sistema por estar mirando sitios pornográficos -Chucha, la cagaste, pero pon cara de huevón ahora, mira que ahí viene el jefe"

"y ¿qué le voy a decir al Mario, amigui, que me metí con el Rodrigo? -Ni por nada del mundo, Panchita. Tienes que poner cara de huevona no más, hasta el final"

PONER EL GORRO A ALGUIEN

ser infiel; engañar; cf. gorrear, poner los cuernos, hacerle la cama, comerle la color, pegar en la nuca, pellizcar la uva.

"que no te vaya a pillar poniéndome el gorro, porque ahí sí que vas a ver lo que es bueno"

PONER LOS CUERNOS

engañar; ser infiel; cf. ponerle los cuernos, poner el gorro, gorrear, pegar en la nuca, comerle la color, hacerle la cama, pellizcarle la uva.

"en Santiago, ya todos se ponen los cuernos hoy en día"

"¿crees que tu señora te está poniendo los cuernos? Jamás; no lo creo; nunca; ¡pero si la Rosita es una santa!"

PONERLO

penetrar sexualmente; cf. meterlo, mandarlo a guardar, ponérselo.

"mi amor, no recuerdo, ¿se lo puse o no se lo puse anoche?"

"ya pues, perri, póngamelo de una vez"

PONERSE HUEVÓN

fastidiar; molestar; cf. catetear, joder, ponerse pesado, ponerse, huevón.

"ya, puh, Manuel, no te pongai huevón; devuélveme los calzones"

"chiquillas, a los minos es mejor invitarlos de a dos o máximo de a tres a nuestras juntas, si no se ponen muy huevones cuando toman"

PONÉRSELO

penetrar sexualmente; tener coito; cf. meterlo, metérselo, mandarlo a guardar, pescar, culiar, ponerlo.

"y, ¿se lo pusiste o no?"
"mi amor, hace tiempo que no me pesca; ¿cuándo me lo va a poner?"

POPÓ

trasero; nalgas; cf. tambembe, poto, culo, raja, cueva.

"límpiale el popó a la guagua, quieres amorcito?"
"-oiga jovencita, con ese bikini se le ve todo el popó -No es bikini, abuela; se llaman tangas y lo único que cubren es el hoyo del... popó"

POR ATRÁS

penetración por el ano; sexo anal; cf. por Detroit, por el chico, por detrás.

"achúntale, puh Pedro, ¿no ves que eso es por atrás?"
"no, por atrás no, mi amor"
"está de moda por atrás ¿sabías?"

POR CAZUELA

por casualidad; por ventura; quizás; cf. de chiripa, en una de esas, a lo mejor.

"por pura cazuela me encontré con el Manuel en Huérfanos; nos fuimos a comer algo por ahí y justo estaba ahí mismo el Lucho, pegado a una chela el muy perla"
"¿no tendrá usted algún mapa de Santiago por cazuela?"

POR DETRÁS

por el ano; sexo anal; penetración anal; cf. camino de tierra, por Detroit, por el chico, por atrás.

"y hay una práctica, queridos hermanos, que se ha propagado en esta sociedad permisiva y que debemos combatir, porque es anti natura y viene del maligno mismo; es, a saber, meterlo por detrás" "esos curas degenerados pedófilos de mierda penetraban por detrás a esos niñitos que no tenían ni diez años cumplidos"

Por Detroit

penetración por el ano; sexo anal; cf. por el chico, por atrás, camino de tierra, por detrás.

"amorcito, ¿practiquemos por Detroit?"
"la película se llamaba Por Detroit; ¡imagínate el resto! Y mi abuelito, que le gustan los viajes y la geografía, se metió al cine con mi abuelita jurando que iban a pasearse por regiones de Estados Unidos. Salieron verdes del cine y todavía no les sale bien el habla"

Por el Chico

por el ano; sexo anal; penetración anal; cf. por detrás, por atrás, camino de tierra, por Detroit, el chico.

"gordi, ¿probemos por el chico?"
"no sé qué hacer amigui; resulta que mi marido quiere que lo hagamos por el chico todo el tiempo ahora"

Por Huevón

por ser idiota; por no pensar; por ir descuidado; cf. por gil, de puro huevón, de puro gil.

"te pasó por huevón; no se debe manejar en estado de ebriedad"
"por huevón me embargaron la casa"

Por la Cresta

diantre; qué es esto; qué pasa; cómo es posible; qué mal; es expresión que enfatiza la contrariedad; es exclamación de enojo o malestar; cf. cresta, caramba, chucha, mierda, por la chita, por la chucha.

"¡por la cresta, me quemé!"

"hasta cuándo voy a decirles que bajen la música por la cresta"
"por la cresta que molestan esos perros ¿no?"

Por la Chucha
diantre; es enfatizador que marca frustración o enojo; cf. por la chita, por la cresta,
por la mierda, por la miéchica, chucha.

"vengan a comer, por la chucha, ¡hasta cuándo los voy a estar llamando!"
"¡quién cresta llama por teléfono a esta hora, por la chucha!"
"¡hasta cuándo me llaman por teléfono, por la chucha!"

Por la Miéchica
diantre; es marcador de frustración o enojo; cf. por la chita, por la chucha, por la
cresta, por la mierda, miéchica.

"hasta cuándo me hacen esperar, por la miéchica; yo llegué hace una hora aquí y
todavía no me atienden"
"por la miéchica, oiga; devuélvanme la plata de la entrada, mire que esta película
está muy oscura y no se ve nada"

Por la Mierda
diantre; es marcador de frustración o enojo; cf. por la chucha, por la cresta, por la
miéchica, mierda.

"dónde dejé mi celular, por la mierda"
"cuándo vas a cumplir por lo menos una vez con tus obligaciones, por la mierda"
"¡por la mierda que joden esas alarmas de los autos!"

Por las Puras Huevas no Más
en vano; de modo superfluo; sin provecho; cf. por las puras, huevas.

"trabajamos todo el día abriendo este canal por las puras huevas no más: el agua va
a pasar por otro lado"
"estuvimos cargando sacos al hombro toda la mañana por las puras huevas no más;

después llego la grúa y agarraba de a cinco sacos y los despachaba en un dos por tres"

Por Pura Cueva

por una suerte inesperada; por casualidad; cf. por cazuela, de chiripa, mala cueva, cueva.

"por pura cueva no me llamaron para hacer el servicio militar"
"me fue excelente en el examen: me tocaron puras preguntas fáciles por pura cueva"
"por pura cueva me sentaron en primera en este vuelo"

Potazo

caída sobre las nalgas propias; caer sentado; golpe con las nalgas; cf. cuevazo, caerse de poto.

"la típica: cáscara de plátano en la acera, señora con bolsas caminando y…potazo"
"me di un potazo en pleno centro de Santiago el otro día"
"se dio media vuelta y sin darse cuenta me plantó un potazo que me dejó sentadito en el sofá"

Potazo

trasero atractivo; trasero muy sensual; nalgas voluminosas y atractivas; cf. popó, chancho, culo, cueva, suerte, raja, poto.

"- estoy gorda, mi amor; voy a tener que hacer dieta…-Pero gordita, qué se preocupa tanto; además que usted tiene un potazo que me vuelve loco"
"ay, amigui, estoy demasiado gorda de atrás ¿no te parece? -Pero Nachita, ya conoces a los hombres: ¡con ese potazo matas!"

Poto

nalgas; trasero humano; ano; cf. culo, chancho, cueva, suerte, raja, hoyo, potón, potona, potazo, popó, poto pelado, dejar sentado de poto en el suelo.

"mi amor, limpie la guagua, por favor, mire que tiene el poto cochino"

"el Manuel tiene buen poto"
"¡esa mina sí que tiene poto!"

POTO
partes íntimas femeninas; zona inferior femenina; cf. zorra, concha, chucha.

"ya chiquillas, aquí no somos nada francesas: a lavarse el poto toditas"
"ya voy mi amor; espérese que me lave el potito"

POTÓN
persona de trasero grande o ancho; cf. potazo, potona, poto.

"ese glotón del Ramón se ha convertido en un potón"

POTONA
mujer de trasero grande; mujer de buen trasero; cf. culona, tetona, potazo, potón, poto.

"las chilenas se cuidan cada vez más y se han puesto más finitas y menos potonas"
"-Emerilda, ¿has visto esas potonas y esos potones que aparecen por la tele? Es como para no creerlo -Es por la comida chatarra que comen; lo leí en una revista..."
"Lorenzo, mira esa potoncita que va ahí; cosita más rica. ¿Cómo te veríai?"
"pero ¡qué potona que te has puesto, Ramona!"

POTO PELADO
desnudo; trasero desnudo; cf. a poto pelado, poto.

"yo dejo que los niños chicos anden a poto pelado en el verano; es más sano"
"en nuestra era hippie, métale marihuana y a poto pelado por la casa todo el día"
"mira ese potito pelado paseándose por el departamento del frente"

POTO Y CALZÓN
pareja; amigos íntimos; unidos; inseparables; cf.; yunta, uña y carne, media naranja, calzón y poto, ser poto y calzón.

"andan poto y calzón el Roberto con la Nancy"
"yo con mi perro somos poto y calzón"

PREDICAR CON LA PICHULA EN LA MANO

ser hipócrita; ser un farsante en materias morales; vociferar buena conducta en los demás siendo la propia dudosa; cf. ver la paja en el ojo ajeno y no la viga en el propio, el Diablo vendiendo cruces.

"el Lorenzo predica con la pichula en la mano. Imagínate que se puso a pelar a la Mireya por puta, y él se lo pasa en los cines pornográficos todas las tardes y de ahí se va a los bares de minas, el huevón"
"si, así como muestra los exteriores, la tele mostrara también los interiores, veríamos a todo el mundo en la pantalla predicando, hablando y riendo, sosteniendo, cada uno, una enorme pichula en la mano"

PRINGADO

infectado con enfermedad venérea; cf. pringarse, quedar pringado.

"compadre, parece que estoy pringado, ¿qué hago?"
"se lo dije bien clarito al huevón, la próxima vez que te pille pringado te corto los cocos yo misma"
"parece que ando pringado; me pica donde te dije todo el tiempo"
"no te vayas a meter con las minas esas de la esquina, vas a quedar pringado"
"tenemos que usar esta cremita, mi amor, el doctor dice que estamos los dos pringados"

PRINGARSE

contraer enfermedad venérea; infectarse con parásito venéreo; cf. pringado, quedar pringado.

"-¿y qué tengo doctor? -Usted mi amigo, en lenguaje vulgar, se pringó"
"me pringué con una mina en Pichilemu este verano"
"oiga, mi amor, nada de volver aquí pringado de esa pega en el norte, ¡ah!"

Pulento

excelente; bueno; poderoso; magnífico; máximo; supremo; cf. descueve, la raja, capo, macanudo, el pulento.

"pulento concurso de cueca este sábado en el teatro Caupolicán"
"qué pulento este bus, ¡hasta tiene internet!"
"hay un huevón en la esquina de Huérfanos con Ahumada, con una mano levantada hacia el cielo y en la otra, la Biblia, saltando y gritando: gloria a Dios, gloria al Pulento"

Pun

flatulencia intestinal; gas; pedo; viento; cf. tirarse un pun, peo.

"abre la ventana que hay olor a pun aquí"
"Manuel, ¿te tiraste un pun?"

Puncete

flatulencia intestinal; pedo; pedo silencioso; cf. pun, peo.

"mi amor, déjese de tirarse puncetes; ¿cree que no me doy cuenta?"

Punga

delincuente menor; maleante; tipo ruin; pernicioso; tipo vulgar; mala clase; pobre; cf. callejero, roto, pelusa, peliento, picante, huachaca, pato malo, palomilla, cuma.

"anda demasiado punga en el Centro; cuando oscurece, es peligroso"
"Precaución. Facultad de Letras Universidad de El Parto. Cantidad excesiva de académicos punga. Peligro. Niveles tóxicos"
"oye, el huevón punga ese que trajo la Mireya el otro día; parecía puto de esquina el gil"
"-este es un barrio bastante punga ¿no? -Es pobre, pero es un barrio decente"

Puntear

dar toques o empellones el hombre a la mujer desde su parte púdica a la de ella, en general, con las ropas puestas; acercarse el hombre a la mujer por detrás y pulsarla o recorrerla con su parte sexual; cf. baile del punteo, punteo.

"qué rico cuando me puntea, mi amor"
"qué asqueroso cuando un hombre te empieza a puntear en la micro ¿no?"
"a las minas de los café nocturnos les comprai un trago y se dejan puntear"
"…y, en eso, no se escucha un carterazo y una mina gritando: a quién venís a puntear acá roto degenerado, concha de tu madre"

PUNTEO
el toque sexual del hombre a la mujer con su parte íntima sobre la de ella; recorrer el hombre a la mujer frotando en movimientos punzantes su parte íntima sobre ella; movimiento con ropa en el que el hombre y la mujer imitan la penetración sexual; acto de puntear; cf. puntear, baile del punteo.

"-¡qué picante el Rodrigo! Sabes que me dio un punteo mientras bailábamos… -Ay, huevona, no seas pava; si está de moda hace rato; se llama el baile del punteo; hasta los cabros chicos lo están haciendo"

PURAS HUEVADAS NO MÁS
nada importante; nada serio; estupideces; cf. puro hueveo, hueviar, puro.

"no te preocupes de Manuel: dice puras huevadas no más"
"al final, todo lo que se dijo de la descontaminación de Santiago eran puras huevadas no más"

PURO HUEVEO
nada serio; sólo en broma; cf. chacota, hueviar, puro.

"todo eso de la formación integral del estudiante y la cacha de la espada es puro hueveo no más"
"no lo tomes así; no te enojes; es puro hueveo"
"este país es puro hueveo"

PUTA

prostituta; mujer que anda con muchos hombres; mujer que usa el sexo para su éxito social o profesional; cf. puterío, casa de putas, putear.

"a veces converso con la puta de la esquina; me bolsea un cigarro y nos contamos un par de chistes"
"parece puta usted mijita con tantos pololos que se aparece"
"no puede ser que nuestra hija se pinte como puta, pues, mi amor"
"-Es que los hombres son unos machistas y se aprovechan, por eso... -Oye, plop, si la huevona es puta, ¿cachai?"

PUTA

diantre; caramba; es exclamación de sorpresa, enojo, dolor; es también muletilla; cf. pucha, cresta, chucha, puta la huevá.

"puta, disculpe, parece que me equivoqué de habitación"
"oye, pero, puta, no puedo creer que hayas despedido a la nana sólo porque te rompió ese jarrón"
"¡ah, puta; así es que donde la vecinita pidiéndole cigarrillos el fresco!"

PUTA LA HUEVÁ

diantre; qué mal; no puede ser; rayos; cf. pucha, chucha, mierda, crestas, concha 'e su madre, puta.

"¡puta la huevá! Se me acabó el gas y estoy sin plata"
"se me acabaron los minutos del celular ¡Puta la huevá!"
"oye, puta la huevá, siéntense que no se puede ver la película"
"puta la huevá, oh, el Manuel todavía no me devuelve esa guitarra que le presté hace un año"

PUTA MADRE

vividor; don Juan; sinvergüenza; cf. culiado, choro, chuchetas, cachero, picado de la araña.

"Manuel, te has puesto harto puta madre este último tiempo te voy a decir; estás saliendo todos los días a carretear"
"Chile, larga faja de tierra poblada por puta madres"

Puta Madre

caramba; diantre; es interjección aguda y corriente; cf. concha de tu madre, por la chucha, chucha, cresta, mierda.

"puta madre, se me olvidó traer plata"
"no vi que había un poste y choqué al retroceder, por la puta made"
"puta madre, qué mala suerte, se me perdió la billetera en el Estadio"

Puta Madre

es un pimiento o ají muy fuerte; cf. ají, picante, cacho de cabra, ají, ají puta madre.

"no le eche tanto puta madre a ese pebre, compadre"
"este lechón embetúnelo con este aceite de puta madre y déjelo adobarse durante la noche"

Puteada

palabrota, maledicencia; insulto grosero; garabato; cf. chuchada, putear, echar puteadas.

"cuando el Manuel volvió de la playa, la María lo tapó a puteadas"
"no diga tantas puteadas, mi amor, que se ve feo en usted"

Putear

ejercer la prostitución; ofrecer servicio sexual; cometer adulterio; ser promiscuo; coquetear; cf. patinar, puta, puterío.

"ya chiquillas, van a salir a putear esta noche, miren que no tenemos plata ni pa' los puchos"
"-¿profesión? -No, yo no tengo profesión, Su Señoría –Pero, ¿qué hace, cómo se gana la vida? -Puteo, poh; eso hago"

PUTEAR

decir groserías; retar o amonestar a alguien en forma grosera o violenta; cf. echar chuchadas, decir chuchadas, echar puteadas, puteada.

"no putee tanto mi amor que este es un lugar decente"
"el flaco Alberto putea mucho: es un grosero de mierda"
"al Manuel lo putearon en la casa por llegar tan tarde el viernes"
"estamos en el siglo veintiuno, compadre; ya no se putea a los trabajadores"

PUTERÍO

escándalo; entuerto; alboroto; prostíbulo; cf. cagada, cacareo, casa de putas, puta.

"ya todos lo saben, la Universidad de El Parto es un puterío de la gran puta"
"los políticos tienen un puterío de corrupción en el país que ya nadie entiende nada"
"me encontré con un compañero de curso en un puterío en Rancagua; casi no lo reconozco; él se convirtió en mujer entremedio y trabajaba ahora de puta ahí"

PUTO

hombre coqueto; hombre que anda con muchas mujeres; prostituto; cf. puta.

"Manuel, eres un puto de mierda: andas coqueteando con todas mis amigas"
"esas que están en la esquina ¿son putas o son putos?"

Qq

QUEBRADO

amanerado; afeminado; delicado; creído; pretencioso; vanidoso; cf. empaquetado, posero, siútico, pije, mijito rico, creído, tieso, levantado de raja, marica, huevón quebrado, quebrarse.

"no seas quebrado; agarra esas llaves y arregla esa cañería de una vez"

"el Lucho andaba todo quebrado luciendo su nuevo traje Giorgio Armani por Viña"

"me carga la Nacha por lo quebrada que es: se cree la raja, todo porque tiene más plata que nosotros"

"ahora el Jaime ya no se junta con sus amigos de barrio; se ha puesto más quebrado desde que entró a estudiar diseño"

"-el huevón del Rodrigo es un quebrado de mierda; se cree el hoyo del queque con ese convertible que maneja y con su departamentito en Viña -Pura pica que te da, Lorenzo; todo por que tú no tenís ni una bicicleta siquiera"

QUEDAR A LA CHUCHA DE LA LOMA

encontrarse aquello lejísimos; hallarse esa dirección en la lejanía más remota; cf. donde el diablo perdió el poncho, a la cresta, el culo del mundo, la chucha de la loma.

"el hospital quedaba a la chucha de la loma"
"llegamos en bicicleta hasta Los Queñes, que queda a la chucha de la loma, te voy a decir"
"-me lleva al paradero doscientos cuarenta y medio, por favor -Oiga, pero eso queda a la chucha de la loma… Le va a salir un ojo de la cara esta carrera"

QUEDAR CON LA BALA PASADA

frustrarse una réplica; no lograr responder a insulto; no completarse la satisfacción sexual; cf. quedar con cuello, quedar con cogote, quedar con ganas, quedar con las ganas, quedar picado, estar con la bala pasada.

"el tipo me sacó el dedo, me gritó huevón de mierda y apretó cueva en el auto; no alcancé a responder; me quedé con la bala pasada"
"pero mi amor, sigamos, ¿no ve que quedé con la bala pasada?"

QUEDAR CON LAS GANAS

esperar en vano; no producirse lo deseado; frustrarse; fracasar el intento; cf. quedar con cogote, quedar con la bala pasada, quedar con cuello, quedar con ganas, quedarse con las puras ganas, quedarse con las ganas.

"quedaron todos con las ganas de ir al cine; pero se me echó a perder el auto justo cuando íbamos saliendo"
"quedé con las ganas de veranear, pero tuve que trabajar en Santiago todo febrero"

QUEDAR EL DESCUEVE

calzar o sentar muy bien una prenda; sentar bien; resultar bien; cf. quedar la raja, quedar de perilla, quedar, el descueve.

"te queda el descueve esa falda"

"te quedó el descueve el corte de pelo"
"te quedó el descueve tu casa"

QUEDAR HECHO MIERDA

terminar exhausto; estar destruido; quedar destrozado; quedar muy averiado; cf. quedar hecho polvo, quedar hecho pebre, quedar hecho pedazos, quedar hecho papilla, estar hecho mierda.

"con esa caminata por las Siete Tazas quedamos hechos mierda"
"quedamos hechos mierda después del partido"
"quedó hecho mierda el auto, y no fue más que un topón por atrás al otro vehículo"

QUEDAR LA CAGADA

producirse un problema grande; producirse gran confusión; cf. quedar la escoba, quedar la zorra, quedar la tendalada, quedar la casa de putas, quedar la crema.

"iba a quedar la cagada si seguíamos debatiendo, así es que opté por suspender la reunión y proponer una comisión que diera cuenta a la asamblea"
"quedó la cagada en el parlamento: un grupo entró con tomates y los políticos parecían hotdogs con Ketchup"
"-quedó la cagada en el Hogar de Ancianos de Cauquenes -¿Qué pasó, por favor? -No, literalmente… Es que la sopa estaba rancia y los viejitos se agarraron una diarrea de los mil demonios… Las monjitas están pidiendo ayuda de pañales a la gente"

QUEDAR LA CASA DE PUTAS

producirse confusión y alboroto; producirse un problema mayor; cf. quedar la escoba, quedar la crema, quedar la cagada, quedar la zorra, quedar la tendalada, quedar la embarrada, armarse la casa de putas, casa de putas.

"quedó la casa de putas cuando entraron los pacos al recital"
"se puso a temblar y quedó la casa de putas en el supermercado"
"el once de septiembre del dos mil uno quedó la casa de putas en Nueva York"

QUEDAR LA RAJA
sentar o calzar muy bien una prenda; caber perfecto; estar perfecto; resultar bien; ajustarse exactamente; cf. súper, como anillo al dedo, quedar el descueve, quedar a la pinta, quedar de perilla, quedar, la raja.

"te quedan la raja esos pantalones; súper"
"te quedó la raja tu pieza de ese color"
"-¿cómo me quedan estas pantys? -A ver, déjame ver, date vuelta… ¡La raja!"

QUEDAR LA TENDALADA
producirse un alboroto o escándalo; cf. quedar la escoba, quedar la crema, quedar la embarrada, quedar la zorra, quedar la cagada, tendalada.

"quedó la tendalada en La Moneda: se metieron uno mapuches a protestar y se agarraron a lo que es palo limpio con los pacos, mientras los jeques que andaban por ahí llamaban a la calma a los peñi y a trabajar por la diversidad y la pluralidad, pero con valores comunes y espíritu cívico"

QUEDAR LA ZORRA
producirse el caos; producirse el alboroto o escándalo; estallar el conflicto; cf. armarse la grande, quedar la escoba, quedar la crema, quedar la cagada, quedar la tendalada, quedar la embarrada, quedar la casa de putas, zorra.

"después de la fiesta del sábado quedó la zorra en mi departamento; y nadie se quedó para ayudarme a ordenar"
"quedó la zorra en el centro; tacos, bocinazos, mujeres gritando histéricas, los pingüinos corriendo por todos lados y los pacos métale bombas lacrimógenas y guanacos"

QUEDAR PRINGADO
contraer enfermedad venérea; haber contraído enfermedad venérea en relación casual o ilícita; cf. pringarse, pringado.

"qué lata más grande cuando uno queda pringado ¿no?"

"-y ¿qué tengo, doctor? -Usted quedó pringado, pues mi amigo; eso es lo que tiene, pues… -¡No! Pero, doctor, ¿y qué hago cuando mi señora quiera…? -Hágase el huevón, pues hombre, ¿qué más va a hacer? Se da vuelta en la cama, le da la espalda y le comenta lo estresante que está la pega estos días"

QUEDAR RAJA
estar exhausto; terminar agotado; estar embotado; cf. quedar lona, quedar arranado, quedar chato, no poderse ni la raja, estar raja, raja.

"quedé raja después de hacer el amor, gordita"
"quedamos todos raja después del asado y nos fuimos a dormir la siesta"

QUEDARSE CON LA BALA PASADA
frustrarse; frustrarse habiendo estado a punto de realizar el descargo; quedar con las ganas de responder; quedar con las ganas de hacer el amor; cf. quedarse con las ganas, estar con la bala pasada.

"el emperador Bush Primero se quedó con la bala pasada en Irak; el emperador Bush Segundo, la disparó"

QUEDARSE CON LAS GANAS
frustrarse; no lograr lo deseado; no lograr la acción buscada; cf. quedar con cuello, quedarse con la bala pasada, con las puras ganas, quedar con las ganas, quedarse.

"Manuel se quedó con las ganas de ir al cine, porque no tenía plata"
"me quedé con las puras ganas no más puh; la mina dijo que estaba cansada y se fue pa' su casa"

QUEDÁRSELE LA PATITA ATRÁS
ser homosexual; exhibir tendencias o actitudes homosexuales; cf. gay, maricón, marica, fleto, dársele vuelta el paraguas, quemársele el arroz.

"-a ese profesor se le queda la patita atrás, pero parece que no lo reconoce -Es que

no ha salido del closet, por eso…"
"-tiene como seis hijos hombres la comadre y al menos a uno parece que se le queda la patita atrás -¿Es cojo el pobre?"

Qué Manera de Huevear (Qué Manera de Hueviar)
qué molestoso; qué insistencia; qué majadería; qué fastidio; cf. y dale con lo mismo, y dale con que, joder, jorobar, qué manera de jorobar, huevear.

"qué manera de hueviar estas moscas, por la chucha"
"-mi amor, ¿cuándo va a cortar el pasto? -Pero, ¡qué manera de huevear! ¡Por favor! ¡Hasta cuándo me joroban con el pasto!"

Quemársele el Arroz
ser homosexual; tener tendencias o actitudes homosexuales; cf. gay, fleto, marica, maricón, quedársele la patita atrás, dársele vueltas el paraguas.

"al Mario parece que se le quema el arroz, ¿no te parece?"

Quilombo
desorden; escándalo; burdel; cf. bochinche, zorra, escoba, tendalada, casa de putas, kilombo.

"se armó un quilombo el otro día en la Moneda; un choclón humano se metió al Patio de los Naranjos alegando que les estaban quitando sus casas porque no podían pagar las contribuciones"
"-Profe, ¿por qué se dice quilombo? -Los quilombos del Brasil eran campamentos improvisados por esclavos que habían escapado a sus captores; por el carácter rebelde y libertario de estas heroicas empresas, el término pasó a connotar caos, desorden, desenfreno en las lenguas opresoras"

Rr

RAJA
trasero; nalgas; culo; raya o línea que se forma en el trasero; ano; cf. chancho, cueva, poto, la raja.

"feroz raja que se gasta tu amiga la Cristina"
"mi amor, por favor no se rasque la raja en público"
"la vecina tiene una raja de película"

RAJA
agotado; cansado; exhausto; cf. muerto, quedar raja.

"llegaron todos raja del paseo a Nahuelbuta"
"quedé raja después de ese examen"

Raja

borracho; ebrio; embriagado; cf. cuneteado, arriba de la pelota, cocido, al peo.

"estábamos todos raja bailando en el living"
"no debo ni puedo manejar: estoy muy raja"

Raja

suerte; buena fortuna; cf. cueva, la raja, con raja, rajudo.

"la raja que tiene el Manuel: tiene auto, casa en la playa, una mina la raja, estudios universitarios…"
"la rajita que te gastai: te ganaste esa beca a Europa"
"la raja es un préstamo, no una propiedad; te llega y se va"

Rajadiablos

vividor; cf. puta madre, chucheta.

"desde que se separó, el Ricardo está convertido en un rajadiablos; farrea, anda con minas, se escapa a la playa; y hasta se ve más joven y más vital"

Rajado

muy rápido; veloz; apurado; cf. soplado, hecho un cohete, hecho un peo, disparado, a mil.

"el auto pasó rajado"
"ese nuevo tren se va rajado a Chillán"
"-¿y el Manuel? -No sé; salió rajado cuando le dijeron que venía la María"

Rajado

generoso; desprendido; cf. paleta, paleteado, rajarse.

"el Manuel es un tipo rajado: siempre invita"
"igual, es rajada tu vieja; siempre nos pasa plata. Ojalá la mía fuera así…"

Rajar

arrancar; salir rápidamente; salir apurado; irse; cf. apretar cueva, apretar cachete, apretar raja, salir rajado.

"¡rajemos que llegaron los tiras!"
"tienes que rajar de aquí lo antes posible; este lugar es muy tóxico"
"raja de esa universidad mediocre lo antes que puedas"

Rajar

fracasar en un ramo escolar; perder el año académico por mal desempeño; cf. echarse el año.

"voy a rajar en álgebra este año"

Rajar

expulsar a alguien por mal desempeño académico; echar; cf. sacar con viento fresco.

"lo rajaron del Instituto Nacional por mal alumno"
"llegó el viejo de la mina y se acabó la fiesta; nos rajó a todos pa' fuera"

Rajarse

invitar; pagar; contribuir; cf. ponerse; paletearse, rajado.

"yo me rajo: pidan lo que quieran"
"digan lo que digan de él, pero el Manuel se raja todo el tiempo"
"yo me rajo con las chelas y ustedes se ponen con la carne"
"socio, rájese con unas gambitas pa' la micro"

Rajudo

con suerte; afortunado; próspero; cf. suertudo, cuevudo, raja.

"el rajudo del Ernesto se encontró diez lucas"
"¡qué rajudo el Manuel! Se ganó un equipo la raja en un sorteo"

Rasca

pobre; vulgar; mal educado; mala clase; mala calidad; mediocre; cf. roto, peliento, callejero, cuma, último, mala leche, picante, rasqueli.

"había unos rascas pidiendo plata en la plaza"
"no seas rasca, Manuel, cómprale un regalo de cumpleaños a la María"
"cómo puede ser tan rasca la tele chilena, digo yo"
"mira, el tipo es lo rasca, pero no es mal gásfiter"

Raspaje

aborto; aborto clandestino; aborto ilegal; aborto temprano.

"me tuve que hacer un raspaje y el Mario no se puso ni con uno"
"en las poblaciones a veces se hacen raspajes a la mala y las cosas pueden complicarse y todo va a parar a Urgencias en el hospital"

Raya

trasero; nalgas; cf. poto, raja, hoyo, cueva, chico.

"de chicos, los primos jugaban al doctor, a la mamá y al papá, y a mostrarse la raya"

Regenta

dueña o administradora de un prostíbulo; cf. cabrona.

"la regenta tiene que asegurarse de que todas las niñas tengan su carnet de sanidad al día"
"bueno, ya, no nos queda otra en este pueblo fronterizo y de paso… Montemos una casa de huifas; pero yo soy la regenta ¿ya?"

Remojar el Cochayuyo

satisfacerse el hombre penetrando sexualmente a la mujer; penetrar su pene el hombre; tener sexo el hombre; cf. mandarlo a guardar, ponerlo, meterlo, meter el pico, cochayuyo.

"llevamos dos meses embarcados y no hemos visto puerto; cuando lleguemos a Valparaíso vamos a Los Siete Espejos a remojar el cochayuyo sí o sí"

"-gordita -¿Sí? -¿Me vas a dejar que remoje el cochayuyo esta noche? -Por favor, Mario, ¡no puedes ser tan vulgar!"

REVENTADO
vividor en extremo; drogado.

"el Miguel es un huevón súper reventado: farrea duro y parejo, se echa coca hasta por las orejas, y se mete cuanta pastilla encuentra; y pa' más remate, toma fuerte todos los días"

REVENTAR
fastidiar; irritar; enfadar; cf. hueviar, joder, hinchar las pelotas.

"¡me revienta ese tipo! No lo soporto"

RICO
sexualmente atractivo; excitante; sensual; cf. bueno, güeno, cosita, ricura, mijita rica.

"con esos ejercicios que hace todos los días se ha puesto muy rica usted mi amor"
"¡mijita rica! Está más rica que el pan con chancho usted"
"la Javiera está cada día más rica"
"el Manuel es un mino rico, ¿no te parece?"
"-pa' qué te voy a mentir; me pareció harto rico tu marido, te voy a decir -Sí, y harto rico en deudas también el muy gil"

RICURA
preciosura; se usa también para el llamado sexual atrevido y grosero, en general, a mujer; cf. bombón, minón, cosita rica, mijita rica, rica.

"la hermana del Manuel cumplió diecisiete, y está convertida en una ricura"
"¡qué ricura más linda ese hombre, gansa, mira con qué gracia se mueve!"

"-¡ricura! Me la comería así, peladita, sin sal ni nada, mi amor -Cállate, roto de mierda"

ROCA

erección sexual; endurecimiento del pene; cf. caliente, carpa, botar la piedra, andar con roca.

"ando con roca"
"no puedo levantarme mira que se me produjo una roca"
"-¿y esa roca, mi amor? -Es toda suya, gordita, para que la monte cuando quiera"

ROTEQUE

persona vulgar; persona pobre y de clase baja; persona insignificante; cf. peliento, cuma, rasca, roto.

"no sean roteques y denle el asiento a la señora ¿no ven que está embarazada?"
"qué espanto, resulta que ahora la tele se llenó de roteques"
"¡qué horror, Dios mío! De nuevo están de moda los roteques"

ROTERÍA

grosería; vulgaridad; descaro; aprovechamiento; acto reprobable; cf. roteque, roterío, roto.

"las minas de hoy dicen puras roterías todo el tiempo"
"no soporto las roterías"
"es una rotería no saludarlo, pues niña"
"oye, pero devuélvele eso que le debes; sería una rotería de tu parte no hacerlo"

ROTERÍO

gente vulgar; vulgo; gente de baja alcurnia; gentuza; cf. chusma, roteque, rotería, roto.

"el roterío se ha apoderado totalmente de la tele en Chile"
"qué roterío más insoportable este que ha llegado al Congreso de Chile, ¿no te parece?"

"a esto hemos llegado los humanos; es así: el roterío es el chancho que el sistema engorda y engorda en maloliente y hacinada pocilga, para ir devorándoselo paulatinamente en ese mismo proceso; el chancho corre feliz por el chiquero, tenedor y cuchillo en mano, ofreciéndose para que lo carneen y lo carneen y lo carneen"

Roto

vulgar; descarado; mal educado; sujeto indecente; sujeto de mala clase; cf. rasca, punga, cuma, pelusa, peliento, picante, huachaca, rotería, roterío, roteque.

"no seas rota, Josefa, invítalo a pasar"
"usted es un roto de mierda, señor; deje de mirarme las piernas ¿ya?"
"no se junte con esos rotos, pues mi amor; no ve que es gente de la peor laya esa"
"son profesores de español, dicen, pero más parecen rotitos de bar de mala muerte"

Roto

persona del pueblo; persona de clase baja; persona pobre; cf. rotería, roterío, roteque, roto con suerte, roto 'e mierda.

"junto con el huaso, el roto chileno es un personaje típico del país"
"el Condorito es un típico roto chileno"
"nosotros siempre hemos apoyado a la Iglesia en mi familia, oye; porque queremos que no haya más rotos en el país, ves tú. ¿Por qué tiene que haber rotos en Chile, oye? ¿Por qué no podemos ser como Estados Unidos o Suiza, digo yo? ¿No es así, linda?"

Roto

persona; sujeto; cf. tipo, gallo, gil, huevón.

"me pareció un roto bastante choro ese amigo que trajiste, ¿sabís flaca?"
"todos lo encuentran un roto simpático al Manuel"
"mira, lo que pasa es que el Lorenzo es un roto particular, ¿me entendís? Él tiene problemas personales, psicológicos, ¿me entendís? Es un roto con ene trancas, ¿cachai?"

Roto con Suerte

persona con suerte; se usa para hacer notar la suerte de alguien; cf. suertudo, cuevudo, rajudo, roto.

"oye el roto con suerte del Manuel: se ganó un viaje a la Isla de Pascua"

Roto 'e Mierda

sujeto indecente; sujeto vulgar y despreciable; grosero; tipo de mala clase; cf. pobre diablo, rotería, roteque, roto.

"tú, roto de mierda; deja de molestar a las mujeres"
"-intrigan, plagian, roban, se aprovechan de los estudiantes, falsifican méritos... bien deshonestos esos colegas tuyos ¿ah? -Mira, son unos rotos de mierda; eso es todo"
"-no se caiga, mijita rica, afírmese de este palito -ay, roto 'e mierda, ándate a la chucha"

Ss

SABER LO QUE ES CANELA
haber dejado de ser virgen; conocer el placer sexual; gustar del placer sexual; gustar de lo bueno de la vida; cf. saber lo que es bueno, canela.

"oye Fernandita, cuéntame la firme, tú ya sabí' lo que es canela, ¿sí o no?"
"no nos hagamos los cartuchos tampoco; todos aquí somos adultos y sabemos lo que es canela; ¿qué tiene que al gil lo hayan pillado mirando minas en pelotas en la red, ah?"

SACAR LA CRESTA
golpear; pegar; maltratar; castigar; cf. dar flete, sacar la contumelia, sacar la chucha, sacar la mierda, sacar la ñoña, sacarse la cresta.

"por suerte que llegué, Manuel, mira que esos giles te iban a sacar la cresta"

SACAR LA CHUCHA
golpear; maltratar; pegar; castigar; cf. dar flete, sacar la contumelia, sacar la cresta, sacar la mierda, sacar la ñoña, sacarse la chucha.

"si entras a ese local, seguro que te sacan la chucha por lo del otro día"

SACAR LA MADRE
decirle "concha de tu madre" a alguien; insultar verbalmente; cf. sacarle la madre.

"el Manuel le sacó la madre al Marcos"
"¿a quién le vení a sacar la madre, concha e tu madre?"

SACAR LA MIERDA
golpear; maltratar; pegar; castigar; cf. dar flete, sacar la cresta, sacar la chucha, sacar la ñoña, sacarse la mierda.

"Manuel, si te pillo con otra mina te saco la mierda, ¿me oíste?"

SACARLE EL POTO A LA JERINGA
evitar un problema o mal rato; eludir una obligación; excusarse; cf. hacerle el quite, sacarle el quite, sacarle la vuelta.

"los que no hacen el servicio militar le sacaron el poto a la jeringa y los que lo hacen, no han tenido cómo sacarle el poto a esa jeringa"

SACARLE LA CONCHA DE SU MADRE A ALGUIEN
pegarle; golpear a alguien; cf. sacarle la ñoña, sacarle la chucha, sacarle la cresta, sacarle la contumelia, sacarle la mugre.

"el Carlos le sacó la concha de su madre al José cuando supo que se estaba tirando a su hermana"

SACARLE LA CRESTA A ALGUIEN
pegarle; golpear a alguien; maltratar; cf. sacarle la chucha, sacarle la ñoña, sacarle la contumelia, sacarle la concha de su madre.

"el José le sacó la cresta a la Cristina por contarle a su hermano que estaban tirando"
"-Profe, ¿porqué se dice sacarle la cresta a alguien? -Me imagino que tiene que ver con las peleas de gallo; seguramente el gallo que gana se queda con su cresta más intacta que el otro y cuando el que pierde, pierde de veras, se nota porque se queda sin mucha cresta; es decir, le sacan la cresta"

Sacarle la Chucha a Alguien
pegarle; golpear a alguien; maltratar; cf. sacarle la cresta, sacarle la contumelia, sacarle la mugre, sacarle la ñoña.

"antes los padres les sacaban la chucha a sus hijos; ahora, los hijos están presos en sus casas, en sus juegos electrónicos, en sus escuelas, en sus clubes, en sus actividades programadas, en sus orientadores, en sus psicólogos; ya no hay para qué sacarles la chucha; o, mejor dicho, esos otros lugares les sacan la chucha todo el tiempo"

Sacarle los Choros del Canasto a Uno
molestar; irritar; enervar; hacer que uno se enfade; exasperar; cf. tener hasta la tusa, tener hasta la coronilla, tener hasta las huevas, sacar de quicio, sacarle los choros del canasto.

"por favor no le saquen los choros del canasto al Manuel y devuélvanle su bicicleta"
"estos cabros me están sacando los choros del canasto"
"el Rodrigo me saca a veces los choros del canasto con su inmutabilidad absoluta; puede haber un terremoto y él, ahí, tranquilo como si nada"
"Profe, ¿porqué se dice sacar los choros del canasto? -Ejem, el chorero es el que colecta choros por la orilla de mar y por el roquerío para su sustento; para hacerlo, va juntando en un canasto su captura; el canasto queda descuidado cuando el chorero entra en las rocas a pescar y si alguien se aprovecha del momento y le roba choros al chorero éste se enoja mucho, se enfada, se enerva, explota, porque algún maldito le ha sacado los choros del canasto"

Sacar los Trapitos al Sol
hablar sobre las intimidades; revelar pormenores delicados y vergonzosos de un

asunto; *ventilar asuntos privados y embarazosos de la familia; cf. mostrar la hilacha, la ropa sucia se lava en casa.*

"-y tú ¿qué hablai, Madre Teresa? ¿O acaso le hai contado a tus amigas aquí presentes que estai encalillada hasta el cuello y que te metiste con el jefe para conseguirte un ascenso? -Oye, cálmense los dos, por favor; no tienen pa' qué sacar los trapitos al sol ahora, puh; si estamos aquí en buena onda todos"

SACARSE LA CRESTA
caer y golpearse; golpearse; lastimarse; cf. sacarse la chucha, sacarse la mugre, darse un porrazo, darse un costalazo, sacarle la cresta a alguien.

"el Manuel se cayó del guindo y se sacó la cresta"

SACARSE LA CHUCHA
pegarse; golpearse; magullarse; caer y golpearse; cf. sacarse la cresta, sacarse la mugre, darse un costalazo, darse un porrazo, sacarle la chucha a alguien, chucha.

"la Señora Blanca se tropezó con una piedra el otro día y se sacó la chucha"

SACO DE HUEVAS
idiota; estúpido; inepto; cf. huevón, amermelado, asopavo, pavo, gil, mata de huevas.

"saco de huevas, pasaste por encima de mis plantas; fíjate por donde manejas"
"¡pero cómo dejaste el gas puesto, mata de huevas!"

SALIR APRETANDO
correr; arrancar; escapar; salir rápidamente; salir apurado; cf. cascar, rajar, apretar cueva, apretar cachete, apretar raja, apretar, salir apretando cachete, salir apretando raja, salir apretando cueva.

"salgan todos apretando que se recogió el mar y viene una ola gigante"

Salir Apretando Cachete

arrancar rápidamente; escapar; salir rápidamente; salir apurado; cf. cascar, apretar cueva, apretar cachete, apretar raja, apretar, salir apretando cachete, salir apretando raja, salir apretando cueva.

"el Mario salió apretando cachete cagado de susto cuando escuchó los disparos"

Salir Apretando Cueva

arrancar rápidamente; escapar; salir rápidamente; salir apurado; cf. cascar, rajar, apretar cueva, apretar cachete, apretar raja, apretar, salir apretando cachete, salir apretando raja.

"tuvimos que salir apretando cueva porque las llamas ya estaban por todas partes"

Salir Apretando Raja

arrancar rápidamente; escapar; salir rápidamente; salir apurado; cf. cascar, apretar cueva, apretar cachete, apretar, salir apretando cachete, salir apretando raja, salir apretando cachete.

"salimos apretando raja de ese bar de mala muerte; casi nos cogotean ahí mismo esos malandrines"
"pobre niños, presos como animales en las jaulas del sistema educativo; toca la campana del recreo y salen apretando cueva del profe y de la clase al patio a respirar y a jugar"

Salir Como un Peo

salir rápido; salir apurado, irse rápidamente; cf. salir rajado, rajar, apretar cachete, apretar cueva, hecho un peo.

"el Manuel salió como un peo esta mañana: iba atrasado a su nuevo trabajo"

Salir Rajado

irse apurado; partir velozmente; alejarse apresuradamente; cf. salir hecho un peo, salir soplado, rajar, rajado.

"salimos todos rajados del cine cuando empezó a temblar"

Salírsele un Peo
escapársele a uno una flatulencia estomacal; soltar un viento sin querer; cf. cagarse, salírsele, tirarse un peo, peo.

"con la edad, comienzan a salírsele a uno los peos"
"perdón, ¿y eso qué fue? ¿se le salió un peo, mi amor?"

Salta pa'l Lado
no me vengas con esas; no te creo; cf. adónde la viste, córrete, sale pa'allá, ni cagando.

"salta pa'l lado: estai más huevón que te voy a prestar trescientas lucas"
"salta pa'l lado, gil, ¿cuándo vai a lograr que la Vero te dé boleto a vos? ¿A'onde la viste?"

Se le Hace
no se atreve; tiene miedo; cf. aconchársele los meados, hacérsele, hacérsele así el poto, se le hace así el poto.

"apuesto que se le hace decirle al papá de la Anita si la deja ir a la playa con el grupo el fin de semana"

Se le Hace así el Poto
no se atreve; tiene miedo; cf. aconchársele los meados, hacérsele, hacérsele así el poto, se le hace.

"a que se le hace así el poto y no se pone los guantes"

Sentarse en
no observar; despreciar; obviar; cf. cagarse, limpiarse el trasero, limpiarse el poto, limpiarse la raja, no estar ni ahí.

"me siento en el matrimonio: si la María y yo queremos vivir juntos, nos vamos a vivir juntos y ya"
"este gobierno supuestamente socialista se sienta en la clase obrera: las diferencias sociales nunca han sido tan profundas como hoy"

SENTARSE EN EL TRONO
sentarse en la taza del baño a defecar; cf. hacer caca.

"-Manuel, teléfono para ti -Estoy sentado en el trono, mi amor, no puedo contestar, que me llamen más tarde"

SERÁ HUEVÓN
qué estúpido; qué tonto; qué ingenuo; qué ridículo; cf. pavo, gil, mamerto, amermelado, huevón.

"será huevón; encontró una billetera en la playa y la fue a dejar a la Comisaría"
"¡cacha ésta! El Enrique se puso contento cuando le pasaron un parte; me decía que eso demuestra que carabineros hace bien su labor. ¡Será huevón!"

SER BUENA PA'L PICO
gustarle a una mujer el sexo con los hombres; ser puta; es forma de insulto a la mujer que ha andado con muchos hombres o gusta del placer sexual con ellos; cf. puta, gustarle el pico.

"la vecina es harto buena pa'l pico parece; cambia de hombre una vez al mes"
"¡y qué si soy buena pa'l pico! ¿Acaso a los hombres no más les puede gustar el sexo?"
"ah, o sea que una es buena pa'l pico si anda con más de un hombre y ellos, en cambio, son más machos, los muy cínicos"

SER CAGADO
ser mezquino; ser avaro; cf. apretado, amarrado, amarrete, cagado.

"no sea cagado, puh compadre, rájese con una cervecita al menos"

344

SER CALZÓN Y POTO

ser inseparables; ser amigos íntimos; cf. ser el uno para el otro, yunta, media naranja, ser uña y carne, calzón y poto, poto y calzón.

"esos dos son calzón y poto: sólo pa' cagar se separan"

SER CANELA

ser bueno; ser algo apetitoso; ser rico; cf. rico, saber lo que es canela, canela.

"amigui, recién ahora, a mis treinta y cinco años, vengo a descubrir lo que es canela; como que antes no sabía lo que era el sexo ¿cachai?"
"-la mamá de la Silvana tiene como setenta años y todavía no sabe lo que es canela -¿Y cómo sabes tú?"

SER CULO

osar; atreverse; arriesgarse; cf. ser capi, podérsela, culo.

"-¿a que no soi culo de meterte al mar de noche? -a que sí"
"no fui culo de decirle a la Panchita que me había metido con la Laura. Me hice el huevón y le dije que estaba con mucho estudio y con problemas en la casa, y que quería estar solo y que termináramos la relación ahí y bien"

SER CHUECO

ser poco confiable; traicionar; cf. ser poco hombre, ser derecho, chueco.

"no te metas con el Rodolfo: es un huevón chueco de mierda que nunca cumple nada y sólo te quiere para pechártelo todo"
"chueca la amiguita tuya esa; yo le presté mi colección de rock de los ochenta y nunca más supe de ella"

SER CHORO

envalentonarse; ser valiente; ser atrevido; cf. choro, achorarse.

"oye, no tení' pa' qué ser choro, si aquí somos todos buena onda"

SER DEL OTRO BANDO
ser homosexual o lesbiana; cf. marica, maricón, dársele vueltas el paraguas.

"-el vecino parece que es del otro bando ¿ah? -No seai cagüinero, Roberto. Deja a la gente en paz"

SER JUGOSO
manifestar apetito sexual; cf. jugoso, caliente.

"-perdóname que te lo diga pero es medio jugoso tu hermano, ah; el otro ida lo pillé cuarteándose mientras se sentaba la Camila -ay, huevona, perdóname que te lo diga, pero ¿en qué siglo vivís?"

SER POCO HOMBRE
ser cobarde; ser poco confiable; ser traicionero; engañar; cf. marica, maricón, ser chueco.

"no seas poco hombre, Manuel, anda y dile que tiene que devolvernos la plata; si la película se cortó antes de que terminara"
"es poco hombre ese gil del Lorenzo; me dijo que me iba a pagar a su primer sueldo y ya pasó el año y todavía no me paga"

SER POTO Y CALZÓN
ser inseparables; ser amigos íntimos; cf. yunta, media naranja, ser uña y carne, calzón y poto, poto y calzón.

"usted y yo, mi amor, somos poto y calzón"

SER PURO HOCICO
prometer pero no cumplir; fanfarronear; ser un charlatán; cf. ser pura boca, ser puro bla bla.

"este alcalde es puro hocico no más: no ha hecho nada de lo que prometió"
"en este país, los políticos, los curas, los intelectuales y los académicos son como los hipopótamos, puro hocico no más"

Se Supo

se reveló esa intimidad; se exhibió y se vio esa parte íntima; expresión que enfatiza que algo íntimo o especial ha sido dado a conocer; cf. cuarteo, mostrar la hilacha, sacar los trapitos al sol, se supo todo.

"se supo; la Carmen se metió con el Pablo en La Laguna"
"cinco cero contra Brasil; de qué estamos hablando; ahí se supo: no hemos avanzado nada en fútbol en todos estos años"
"-mira esa minita sentada en el banco; está mostrándolo todo… -Sí, se supo…"

Se Supo Todo

se reveló esa intimidad; se exhibió y se vio esa parte íntima; es expresión común para enfatizar o significar que algo especial, íntimo o personal ha sido dado a conocer; cf. cuarteo, mostrar la hilacha, sacar los trapitos al sol, se supo.

"se supo todo: la Carla le puso el gorro al Marcos"
"la Andrea iba subiendo la escalera con una mini y yo y el Manuel justo miramos para arriba y… se supo todo"
"la Secre andaba contenta esta mañana; con eso se supo todo; seguro que ella y el jefe se vieron el fin de semana"

Se va Mojón por el Agua

adiós; se va; es forma despectiva de decir adiós o anunciar partida; cf. adiós mojón por el agua.

"entre otras cosas, la máquina de escribir sacó a la mujer de la casa, le dio un cierto estatus, y la hizo económicamente independiente; pero ya cumplió, vivió sus sesenta años de vida plena, de fiel servicio, y se fue mojón por el agua. Deberíamos hacerle estatuas a las máquinas, no a la gente"

Shao

no; no quiero; vete; basta; no más; es la pronunciación baja o vulgar de 'chao', que toma, así, connotaciones especiales; cf. nica, chao, no pasa.

"no, shao, que el Lucho se las arregle solo, sin mí, de ahora en adelante"
"sabí' qué más flaco, shao, no quiero verte ni en pintura"
"shao, me cambio de banco y ya"

Sin ni Uno
pobre; sin dinero; cf. en la cuerera, pato, en las últimas, en la pitilla, andar corto, sin ni un cobre, quedarse sin ni uno, andar sin ni uno, estar sin ni uno, ni uno.

"estoy sin ni uno compadre así es que no puedo invitar yo"
"fui al Casino de Viña y quedé sin ni uno, por huevón"

Soltársele a Alguien las Trenzas
desinhibirse; desatarse; madurar sexualmente; cf. irse al chancho.

"en la fiesta se nos soltaron las trenzas a todos; quién sabe qué le habrán echado a al ponche"
"¿te acuerdas de la Cati, que era tan quitadita de bulla y no salía nunca y siempre así como mosquita muerta? -Claro, la Cati, la hermanita gansa de la Andrea… -Bueno, ahora la Cati anda con así unos tacos, usa jeans apretaditos de medio tiro y muestra sus buenas pechugas; a la mina se le soltaron las trenzas con tuti"
"-Profe, ¿por qué se dice soltarse las trenzas? -Ejem, alrededor de los doce o trece años de edad, cuando las niñas pasan a ser mujercitas, podían antaño por fin lucir su cabello suelto, es decir, podían soltarse esas púdicas trenzas que, antes de ese revelador período, amarraban su hermosa cabellera. Por asociación al gesto súbito de liberación y apertura a la sensualidad y a la vida adulta, la expresión nombra pintoresca y apropiadamente todo acto exuberante por el deleite de la vida"

Soltársele a Alguien las Trenzas
convertirse un hombre a la homosexualidad; tornarse homosexual; afeminarse; cf. salir del closet, dársele vuelta el paraguas.

"dicen que al Roberto se le soltaron las trenzas; lo vieron paseándose abrazadito con un hombre por el Parque Forestal"

Soruyo

excremento humano; pieza sólida y contundente de excremento humano; cf. araña en el baño, cagada, caca, mojón, bosta, suruco.

"el chistosito del Manuel le regaló un soruyo de plástico al Lorenzo para su cumpleaños; y al otro le encantó el regalo y andaba feliz mostrándolo y poniéndolo en los asientos como cabro chico"

Subírsele el Piojo

alardear; creerse superior; exagerar una ventaja o un éxito circunstancial; de pronto, creerse extremadamente importante; cf. jurar, tirarse los peos más arriba del poto, subírsele los humos a la cabeza.

"al jefe se le sube el piojo todo el rato: jura que él es lo máximo y que todas estamos vueltas locas por él; da risa, porque es así bajito, se viste como las pelotas y anda con mal aliento"
"oye, Roberto, cálmate, no dejes que se te suba el piojo; deja que el Rodrigo guíe el yate"

Suerte

nalgas; trasero; sentaderas; cf. poto, culo, raja, cueva, potazo, chancho.

"oye, Maruja, no te ofendas pero tu mami tiene una feroz suerte; ¿qué edad tiene?"
"vino a verme la Mónica con una mini negra, de cuero; y con esa suerte que tiene; por más que seamos amigos me le tiré al dulce igual…"

Suruco

pieza sólida de excremento humano; trozo aislado y contundente de excremento humano; cf. bosta, cagada, araña en el baño, caca, mojón, soruyo.

"alguien dejó un suruco en el baño"

Tt

'TAI CHORITO
¿tienes algún problema?; ¿me estás provocando acaso?; cf. estar chorito.

"¿tai chorito, huevón?"
"qué te pasa, longi, ¿'tai chorito?"

TAL POR CUAL
idiota; desgraciado; sinvergüenza; cretino; canalla; cf. huevón de mierda, hijo de puta, maricón, cara dura, cara de palo, un tal por cual.

"ese tipo es un tal por cual; dejó embarazada a la mina y después simplemente se viró para siempre"
"estos políticos son unos tales por cuales; discuten unos con otros por las mañanas y por las tardes juegan tenis en el club y se ríen y conversan tomando whisky en los salones de sus casas"

TAMBEMBE

trasero; nalgas; nalgas de bebé; cf. popó, poto, culo, raja, cueva.

"hay que limpiarle el tambembe a la guagua"
"ponle esta crema en el tambembe a la guagua para la irritación"

TANDA

golpiza; paliza; castigo físico; cf. zumba, flete, huaraca, friega.

"a la María le dieron una que otra tanda de niña"
"recibió su buena tanda por haber roto esos cristales"

TANDA

coito; fornicación; cf. cacha, flete, huaraca, zumba, dar tanda.

"aquí en estas viviendas sociales que nos dio el Gobierno se escucha todo; las paredes son de cartón; todos se enteran de todo de los demás; por ejemplo, todos saben que a la vecina le dan tanda todas las noches… Era mucho mejor en la pobla, no tan promiscuo"
"-mi amor, ¿quiere tanda esta noche? -Bueno"

TAPA

no en absoluto; cf. las huevas, pico, pichula, ni cagando, nica, las huifas, las huinchas, cómo no, tapita, hacerle la tapa a alguien.

"tapa que te lo voy a pagar"
"-¿vas a devolverle el estéreo al Rodrigo? -Tapa, ese gil todavía me tiene la guitarra eléctrica…"

TAPITA

no, enfático; la expresión suele usarse con ironía o burla y se acompaña a veces del gesto mismo de imitar un tapado con el puño de una mano y la palma de la otra; cf. las huevas, ni cagando, las huifas, cómo no, pico, pichula, tapa, hacerle la tapa a alguien.

"te hicieron una tapita cuando trataste de pagar como estudiante en el concierto"
"tapita que te voy a mostrar la marca de nacimiento que tengo en los senos"

TARADO
idiota; imbécil; inepto; cf. mamerto, pavo, huevón, saco de huevas, mata de huevas, gil, perno.

"oye, qué tarado el Roberto; no sabe ni hacerse un par de huevos revueltos"
"¡qué tarado! Se me olvidó traer la cámara!"

TENER AGARRADO A ALGUIEN HASTA LAS HUEVAS
mantener a alguien bajo coerción; inhibir la libertad de otro por dependencia o debilidad del último; cf. amarre, tener amarrado.

"ahora que se embarazó, la María tiene al Manuel agarrado hasta las huevas"
"con su porcentaje del cobre asegurado, las Fuerzas Armadas tienen al país agarrado hasta las huevas"

TENER ASÍ LA CUEVA
tener mucha suerte; ser muy afortunado; cf. cueva, tener cueva.

"tiene así la cueva usted mijita; si el carabinero hubiese querido, la lleva detenida por andar manejando sin documentos"
"el Rodrigo tiene así la cueva: el otro día se dio vuelta en moto en Reñaca y no le pasó absolutamente nada"

TENER CUEVA
tener suerte; ser afortunado; cf. tener raja, cueva, tener así la cueva.

"hemos tenido mucha cueva nosotros: padres, un hogar estable, mucho amor, una buena educación ¿qué más se puede pedir?"
"la cueva que tiene el Javier; la mujer le aguanta a la amante y hasta se llevan bien las dos y se ven de vez en cuando"

Tener el Pico Parado

tener erección; cf. tenerlo parado, andar con carpa, parársele el pico, pico.

"mi amor, ahora sí podemos, mire que tengo el pico parado"
"-Profe, los caballos tienen el pico parado, pero para abajo. ¿Está mal usado el término en ese caso? -Pedrito, ¿me está tomando el pelo? -No, Profe, si le pregunto en serio…porque se supone que parado es para arriba, ¿no?"

Tener Hasta las Huevas

fastidiar; tener harto; cf. tenerlo a uno hasta las huevas, tener hasta la tusa, tener hasta la coronilla, sacar los choros del canasto.

"esta ciudad me tiene hasta las huevas: ruido, contaminación, estrés, miseria, delincuencia, violencia"

Tenerlo Chico

contar el hombre con un pene menudo; cf. tenerlo parado, tenerlo grande.

"¿y tu marido lo tiene grande o chico?"

Tenerlo Grande

contar el hombre con un pene grande; cf. tenerlo parado, tenerlo chico.

"oye, amigui, dicen que el Rodrigo lo tiene grande… Tú que anduviste con él, ¿es cierto?"

Tenerlo Parado

estar el pene del hombre erecto; tener erección; cf. parársele el pico, tener el pico parado, andar con carpa.

"pero mi amor, ¿qué pretende? Si no lo tiene ni parado; no va a entrar…"
"Carmela, mira por favor a ese huevón del Rodrigo; ¿es idea mía o lo tiene parado?"

Tener Pa'l Hueveo

molestar insistentemente; jugar con una persona; no tomar en serio a una persona; hacer trabajar en exceso; no mostrar consideración para con alguien; cf. agarrar pa'l chuleteo, agarrar pa'l tandeo, agarrar pa'l hueveo, huevear.

"estos chiquillos de porquería me tienen pa'l hueveo parece; mañana mismo les voy a decir que se laven ellos mismos su ropa sucia"
"oye, parece que la María tiene pa'l puro hueveo al Manuel; la vi el otro día de la manito con el Roberto"

Tetas

senos; pechos; busto; cf. melones, gomas, pechugas.

"la tetas empiezan a salir como a los doce"
"mira que tetas más ricas que tiene esa mujer, por favor"
"no seas tímida, luce tus tetas, que pare eso te las puso Dios ahí"
"doctor, quiero tetas nuevas; ¿cuánto valen?"

Tetuda

con senos grandes; cf. pechugona, tetas, potada.

"me he puesto harto tetuda después del parto"
"¿has visto esos cuadros de Rubens con las mujeres bien tetudas y bien potudas?"

Tirar

fornicar; tener coito; hacer el amor; cf. culiar, darle, hacerlo, echar cachita, echarse un polvo, tirarse a los matorrales.

"estábamos tirando de lo mejorcito, cuando sonó el teléfono"
"el jefe se lo pasa tirando con la secretaria, ahí mismo en su despacho, todo el día"
"tilín tilín, tilín tilán, pillaron al cura tirándose al sacristán"
"el mundo no cambia mucho: el asunto principal sigue siendo tirar"

Tirar
andar juntos un muchacho con una muchacha; emparejarse; cf. pololear.

"no, ya terminé con el Pancho, ahora tiro con el Ernesto"
"la Graciela y el Raúl están tirando hace tiempo"

Tirar
atraer; seducir; cf. calentar, tincarle.

"me tira esa mina"
"le tiraba ese trabajo"
"nos tira esa casa en la playa"

Tirar el Poto pa' las Moras
arrepentirse; desdecirse; cambiar de opinión; acobardarse; cf. echarse para atrás, aconchársele los meados.

"ahora estai tirando el poto pa' las moras y me dices que no sabes si vale la pena sembrar esos potreros a medias conmigo"
"la Derecha ultra y pechoña iba a apoyar a ese candidato populista, pero ahora parece que están tirando el poto pa' las moras"

Tirar los Cagados
insinuarse sexualmente; pretender sexo; realizar un intento sexual; cf. tirarse al dulce, tirar los calzones, tirar los cagados, tirar los churrines, tirarse.

"la vecina me está tirando los cagados hace tiempo"

Tirar los Calzones
insinuarse sexualmente, en general, una mujer a un hombre; pretender sexo; realizar un intento sexual; cf. tirar los cagados, tirarse al dulce, tirar los churrines, tirarse.

"me tiró los calzones la Mireya el otro día -¿Y tú? -Yo, ni corto ni perezoso, se los recogí, poh"
"antes las minas tiraban el pañuelo; ahora, los calzones directamente"

Tirar los Churrines

insinuarse sexualmente; pretender sexo; realizar un intento sexual; cf. tirar los calzones, tirar los cagados, tirarse al dulce, tirarse, churrines.

"-oiga, vecina. -Sí, vecino -¿Y cuándo me va tirar los churrines?"

Tirar Mierda con Ventilador

vilipendiar; despotricar; hablar mal de otro; despotricar a destajo; acusar a todo el mundo; insultar a medio mundo; denunciar a medio mundo; criticar dura y locuazmente; decir la verdad sin compromisos; cf. echar mierda con ventilador.

"cuando se cura, el Manuel empieza a insultar a medio mundo y se ríe de cosas íntimas en los otros: todos nos corremos sutilmente, porque el gil tira mierda con ventilador"

"en pleno Acto Inaugural, el Rector tomó el micrófono y dijo: este Departamento de Español es una vergüenza, la convivencia es hipócrita, la mediocridad es lo que se recompensa, no hay productividad académica, el ejercicio de la lingüística y de la literatura es una pose, muecas de impostores, los oportunistas se asocian en mafias para ocultar su incapacidad y proteger sus abusos, los estudiantes son víctimas, todo desarrollo exitoso pasa a ser rapiña de los parásitos que terminan por consumirlo. En resumen, colega, el Rector tiró mierda con ventilador y le salpicó a medio mundo"

Tirarse

ejecutar intento amoroso; insinuar tener sexo; atreverse a la propuesta amorosa; osar; cf. tirarse al dulce, tirar los calzones, tirar los cagados, tirar los churrines.

"¿y se te tiró el Roberto anoche, cuéntame, si o no?"
"me le tiré y me resultó, así es que todo pasando"

Tirarse al Dulce

pretender sexo; realizar un intento sexual; insinuarse sexualmente; cf. tirar los calzones, tirar los cagados, tirar los churrines, tirarse.

"el Manuel se le tiró al dulce a la María y le llegó un cachuchazo más o menos"
"me le tiré al dulce y me resultó"
"las minas ahora se tiran al dulce igual que los huevones; no están ni ahí"

Tirarse a los Matorrales
realizar el coito; hacer el amor; cf. echar cachita, tirar, echarse un polvo.

"-y, Luchita, ¿estai pinchando con el Mario? -No, amigui, pa nada; con ese anómalo mejor no me meto; todavía no nos tiramos a los matorrales y el huevón ya anda celoso y todo posesivo"
"alabanza al Gran Motel del campesino; donde literalmente uno se tira a los matorrales"

Tirárselas
masturbarse; cf. correrse la paja, tirarse las huevas.

"a esa edad, los muchachos viven tirándoselas"
"no lo moleste, mi amor; déjelo tranquilo; es natural que se las tire en el baño, ¿o quiere que lo haga acá mientras vemos la tele?"

Tirárselas
estar ocioso; no hacer nada, haraganear; ser inútil; cf. tirarse las bolas, tirarse las pelotas, tirarse las huevas, peinar huevos.

"te las estuviste tirando toda la tarde de ayer, pero hoy ayúdame a acomodar la leña"
"ya, poh, chiquillas, no se las tiren y vayan a hacer el almuerzo"

Tirarse las Bolas
masturbarse; cf. tirárselas, tirarse las pelotas, tirarse las huevas.

"doctor ¿es natural que mi hijo se tire las bolas?"

Tirarse las Bolas
estar ocioso; no hacer nada, ser haragán; ser inútil; flojear; cf. peinar huevos, tirárselas, tirarse las pelotas, tirarse las huevas.

"a ver, no se tiren las bolas todo el día, salgamos al jardín a cortar el pasto"

Tirarse las Huevas
masturbarse; cf. tirárselas, tirarse las bolas, tirarse las pelotas, peinar huevos.

"no, mi amor, hoy no que estoy con la mens; va a tener que tirarse las huevas no más"

Tirarse las Huevas
estar ocioso; no hacer nada, ser haragán; ser inútil; flojear; cf. tirárselas, tirarse las bolas, tirarse las pelotas, peinar huevos.

"al flaco lo echaron del trabajo y se pasa el día sin nada que hacer, tirándose las huevas no más"
"vamos, vamos, no te tires las huevas todo el día, haz algo útil; ayuda a tu madre con la casa"

Tirarse las Pelotas
estar ocioso; no hacer nada, ser haragán; ser inútil; flojear; cf. tirárselas, tirarse las bolas, tirarse las huevas, peinar huevos.

"cuando vuelva no quiero verlos aquí en su cuarto tirándose las pelotas"
"los académicos, especialmente los humanistas, se tiran las pelotas toda su vida y les pagan por eso"

Tirarse los Peos más Arriba del Poto
ostentar ser quien no se es; excederse en el gasto por pretencioso; pretender ser más rico de lo que se es; pretender ser más de lo que se es; gastar más allá de los recursos; cf. tirarse un carril, engrupir, tirarse peos más arriba de la cabeza, tirarse un peo.

"ahí esta el huevón del Pancho, en la Dehesa, tirándose peos más arriba del poto; el auto, la casa, la ropa, el club, todo es puro crédito; de repente le va a quedar la cagada"

"no sé, Camila, tú tratando de conquistar al Rodrigo… Yo creo que te estai tirando peos más arriba del poto…"

Tirarse Peos más Arriba de la Cabeza

ostentar ser quien no se es; excederse en el gasto por pretencioso; pretender ser más rico de lo que se es; pretender ser más de lo que se es; gastar más allá de los recursos cf. tirarse los peos más arriba del poto, tirarse un peo.

"en la crisis económica que da inicio al siglo veintiuno, cientos de miles de personas compran casas en Estados Unidos, pero se estaban tirando peos más arriba de sus cabezas; los bancos sabían, claro, pero las financieras ganaban millones por prestar el dinero, de modo que, por años, un flujo arrollador de peos arriba de la cabeza produce una burbuja gaseosa inflamable de dimensiones astronómicas, la que finalmente explota dejando literalmente la mansa cagada"

"ambos presidenciables anuncian que Chile va a dejar de ser un país del tercer mundo en su Gobierno, que seremos un país desarrollado; para variar, se están tirando peos más arriba de la cabeza"

"se acercan las elecciones municipales; los candidatos a alcalde se preparan: el que se tira los peos más arriba de la cabeza gana"

Tirarse un Pedo

soltar un viento; expeler un gas; cf. tirarse un peo, dejar un peo, peorro, peorriento, peo.

"los chiquillos venían compitiendo en el auto a ver quién se tiraba el pedo más fuerte; los muy dijes"

"cochino, te tiraste un peo"

"¿entonces los pedófilos no son los que se tiran pedos señorita?"

"por las noches, teníamos con los hermanos un campeonato llamado Interpeuch: después de apagar las luces, métale tirarse pedos"

TIRARSE UN PEO
peder; soltar un gas; expedir flatulencia intestinal; cf. peorro, peorriento, dejar un peo, tirarse un pedo, peo.

"cochino, te tiraste un peo"
"señorita, aquí atrás los chiquillos se están tirando puros peos, puh"
"alguien se tiró un peo en la micro"
"en la carpa, cuando ya estaba toda la patrulla metida en los sacos, comenzaba el bombardeo de peos más impresionante que puedas imaginarte: todos los scouts tirándose peos por una hora"
"¿quién se tiró un peo?"

TIRAR UN POLLO
soltar un escupo; cf. gargajo, pollo.

"oye, mira, en Europa nadie anda tirando pollos por las calles y aquí en Chile es muy frecuente, fijaté"

TODO PASANDO
es muy bueno; hay de todo; se da de todo, incluso el sexo; sexo incluido; se llega al sexo; sí, también llegamos al sexo; cf. la raja, el descueve, con tuti, pasar de todo.

"todo pasando en esta fiesta"
"fuimos primero a comer y después a bailar; después me invitó a su departamento, y… todo pasando, flaco, todo pasando"
"con mi polola está todo pasando últimamente"
"-bueno, ¿y? ¿Cómo te fue anoche Carmen? -Todo pasando, flaca, todo pasando"

TOMA
no; no en absoluto; exclamación de rechazo a la que a veces, especialmente por hombre, acompaña la sujeción de la zona genital; cf. ni por nada del mundo, como no, ni cagando, pichula, las huevas, pico, toma toma cachito de goma.

"toma que te voy a prestar el auto de nuevo"
"toma que vas a usar la casa en la playa"

Tomar el Micrófono

otorgar sexo oral; chupar el miembro masculino; cf. chuparlo, chupar el pico, corneta, dirigirse al país.

"no puedo esta noche, mi amor, tengo la regla -¿Y qué tiene, mi amor? Tome el micrófono y diríjase al país. Usted sabe que yo voy a votar siempre por usted"
"-la Mireya canta bonito, ¿no te parece? -Sí, y la mina es harto buena pa' tomar el micrófono también"

Tomar Pa'l Hueveo

ignorar; no considerar seriamente; tratar con ligereza; bromear; ridiculizar; cf. huevear, tomar pa'l tandeo, agarrar pa'l hueveo.

"debes comenzar a dejar de tomar pa'l hueveo tus estudios, Rodolfo; concéntrate, porque de otro modo vas a perder el año"
"no me tomen pa'l hueveo que me enojo"

Tomar Pa'l Tandeo

bromear; no tratar seriamente; tratar con frivolidad; cf. huevear, tomar pa'l hueveo, agarrar pa'l tandeo.

"no tomen pa'l tandeo esta excursión; tienen que prepararse bien y aperarse si no quieren arrepentirse cuando estemos en la montaña"
"estuvimos tomando pa'l tandeo al Miguel y, de repente, llegó y se fue"

Toma Toma Cachito de Goma

no en absoluto; ni por nada; claro que no; exclamación de rechazo que, a veces y especialmente en hombres, se acompaña de gesto de la mano en la parte genital; cf. ni cagando, pico, pichula, como no, toma.

"así es que quería que le prestara el auto y la casa de playa el perla: toma toma cachito de goma"

TOPÓN Y PA' DENTRO

contacto genital y penetración sexual seguida; penetración sexual sin preámbulos; cf. la puntita no más, meterlo, ponerlo, mandarlo guardar.

"mi amor, usted es puro topón y pa' dentro; tiene que ser más romántico, ¿me entiende? Tiene que entusiasmarme primero"
"le dije que no podía ser topón y pa' dentro no más la huevada y ¿sabís lo que me hizo? -¿Qué? -me empezó a hacer masajito en los pies -Rico, puh -Sí, rico, pero me quedé dormida, huevona"
"mire compadre, la cosa no es topón y pa' dentro no más; a las minas les gusta el precalentamiento, ¿me entiende? Déle besitos y lámale ahí donde le dije"

TOPÓN Y PA DENTRO

ganar más de la cuenta en una transacción; apropiarse del dinero descaradamente; sacar dinero de un movimiento o transacción en forma indebida; robar dinero por corrupción; cf. la mordida, cortar el queso, ir en la parada, tocar.

"voy, me dice que me quede en la casa porque es un virus que toma cinco días y chao; veinte lucas la consulta, gancho; topón y pa dentro"
"y el alcalde, topón y pa dentro; ¿o tú crees que rinde cuenta de esas platas? Nica"
"los políticos repartiendo el Presupuesto Nacional de todos los chilenos: topón y pa dentro"

TOQUETEARSE

manosearse; tocarse en exceso; cf. correr mano, atracar, toqueteo.

"ya basta de tanto toquetearme, Rodrigo; no seas caliente"
"-¿y te acostaste con él? -No, por favor… Nos estuvimos toqueteando un poco… me gustó, sí"

TOQUETEO

manoseo ligero, generalmente sexual; cf. toquetearse, correr mano, atracar.

"ya chiquillos, María, Manuel, vengan a tomar once y dejen ese toqueteo que tienen en la pieza" "tenemos como un toqueteo rico los dos; no pasa nada, eso sí, porque, igual, él es casado ¿cachai? Pero es como un juego que tenemos"

TORTILLAR
practicar el lesbianismo; acostarse una mujer con otra mujer; cf. lesbis, lela, tortillera.

"estaban tortillando ¿si o no?"
"las pillé tortillando de lo lindo a las dos; ¿qué te parece?"

TORTILLERA
lesbiana; cf. lesbis, lela.

"cuéntame la firme: tú y la Carmen son tortilleras ¿si o no?"
"mi amor, yo sé que usted es tortillera, pero yo soy un hombre moderno, no me hago problemas, así es que cuando quiera hacer tortillas con su amiga me avisa para mirar, ¿ya?"

TRAGARSE UN MELÓN
quedar embarazada; hacerse visible el embarazo; embarazarse fuera de plan; cf. pintarle un niño.

"la Katty se tragó un melón; anda gordita y rebosante"
"¿te tragaste un melón o estás gordita no más?"

TRASTE
trasero; posterior; nalgas; cf. poto, tambembe, popó, culo, raja, cueva.

"oye, pero esa mina no tiene traste"
"ese feroz traste que tiene, mijita, es el mejor antecedente en su currículum"
"el nuevo vecino tiene buen traste ¿cachaste?"

TRONO
retrete; la silla del excusado; cf. water, cagadero, sentarse en el trono.

"¿has visto al Manuel? -Parece que está sentado en el trono"
"disculpa: ¿dónde está el trono en esta casa?"
"¡a lo que hemos llegado! En el aeropuerto veo todo el tiempo a los huevones conversar en el celular con las minas, ¡cagando sentados en el trono!"

TULA
pene; es palabra más bien jocosa para referirse al miembro sexual masculino; cf. Pepito, pirulín, pichula, penca, diuca, pico.

"lávese la tulita también, mijito"
"como a los dos años los niños comienzan a tocarse su tulita"
"-Profe, ¿por qué se dice tula? -La tula es una garza chilena; seguramente es por la forma del cuello del ave"

TÚ SABES QUÉ
sexo; coito; es eufemismo para referirse al acto sexual; cf. donde te dije, hacer eso, hacerlo, usted sabe qué.

"llegué más temprano que de costumbre y los pillé haciendo tú sabes qué en el sofá"

Uu

Una Canita al Aire
un desliz amoroso; un amorío ilícito y fugaz; cf. echarse una canita al aire.

"todos no hemos echado una canita al aire de vez en cuando"
"mi doctor me dijo que una canita al aire me haría bien"
"-¿y qué nombre le piensas poner al hostal? -Una Canita al Aire, pues, Una Canita al Aire"

Una Fiera
mujer brava; mujer exigente; mujer erótica; mujer agresiva en lo sexual; mujer peligrosa.

"cuando se trata de proteger a su Manuel, la María es una fiera"
"esa mina es una fiera en la cama"
"cuidado, mejor no te metas con la Cati; la mina es una fiera"

366

Una Manuela
una masturbación; cf. paja, correrse la paja, hacerse una Manuela, Manuela.

"qué injusticia, Señor, qué injusticia: el Manuel puede hacerse una Manuela, pero no el Mauricio una Mauricia"

Una Peladilla
asalto colectivo a uno del grupo, en general entre escolares de un mismo curso, en el que se le bajan los pantalones y se le llenan de pasta de dientes sus órganos sexuales, peladilla.

"vengo a reclamar porque a mi hijo le hicieron una peladilla, señor director; y a menos que me ofrezca el establecimiento garantías y un arreglo preliminar, yo presento una querella y estoy dispuesta a ir a juicio contra los responsables, por esta ofensa y este perjuicio"
"antes se hacían peladillas duro y parejo en los colegios"

Un Condoro
un error; un desatino; una equivocación; una falta; cf. cagada, mandarse un condoro, condoro.

"el Manuel está haciendo puros condoros últimamente; el último fue dejar la llave del baño corriendo"
"me mandé un condoro más o menos la otra vez; le choqué el auto al tío Rodolfo"
"este país es el país de Condorito y sus condoros"

Un Entierro
coito; coito esporádico y extramarital; expresa irónicamente una excusa por ausencia, con esta connotación sexual; cf. canita al aire, cacha, cachita, pollo en el velador, entierro.

"tengo un entierro esta noche con una minita de la oficina"
"y tú, a estas horas llegando ¿no me digas que vienes de un entierro?"
"el huevón tonto del Juan Carlos le dijo a la jefa que el funeral en el que andaba era con entierro"

Un Moco de Pavo
un asunto insignificante; una minucia; un detalle; cf. la nada misma, un pelo de la cola, moco de pavo, moco.

"el conflicto pehuenche es un moco de pavo, pero el conflicto del norte, con los mineros y los contratistas, ese ya es asunto más serio, más voluminoso, digamos"

Un Puta Madre
un desvergonzado; un gozador; cf. choro, chucheta, puta madre.

"desde que se independizó, el Roberto está convertido en un puta madre, y se le ve feliz como nunca"

Un Tal por Cual
un cretino; un imbécil; un sinvergüenza; cf. tal por cual.

"al final, ese pololo tuyo resultó ser un tal por cual: lo único que quería era un lugar donde vivir y una camita caliente por las noches"

Usted Sabe Qué
sexo; se refiere al acto sexual o al juego íntimo; cf. donde te dije, hacer eso, hacerlo, tú sabes qué.

"ahora que no está su mami, vamos a su casa, mi amor, a usted sabe qué"

Vv

VACA

traicionero; ingrato; engañoso; avaro; cf. mala leche, mala onda, maricón, cagado.

"el Manuel es un vaca de mierda, nunca me devolvió la guitarra"
"no sean vacas y rájense con una chelita que sea"
"oye el huevón vaca ese; le dijo al Profe que tenía que darnos más tareas"
"esa mina es vaca; nunca le cuentes nada porque se lo cuenta después a todo el mundo"

VALER CALLAMPA

no valer nada; ser insignificante; ser inservible; ser despreciable; cf. no valer ni un cobre, valer hongo.

"Manuel, nuestra relación vale callampa"
"la justicia en este país vale callampa: cuando la persigues, por ganar un gato, los

abogados te cobran una vaquilla"
"este título de Profesor Titular de la U de Concepción vale callampa"

VALER HONGO

no valer nada; ser insignificante; ser inservible; ser despreciable; cf. no valer ni un cobre, valer callampa.

"esta educación vale hongo; cuando salí al mercado de trabajo no me sirvió de nada; tuve que aprender todo de nuevo"
"esta carne vale hongo; no sirve para la parrilla"
"oye, esos colegas tuyos de la U de Concepción valen hongo"

VERLE LAS HUEVAS

pretender engañar; creer otro que uno es ignorante o ingenuo; tomar por idiota al otro; pretender abusar impunemente; cf. huevas, vérselas.

"¿me has visto las huevas acaso? Por supuesto que no voy a aumentar mi cuota del seguro: firmamos un contrato por un monto fijo"
"¿te han visto las huevas acaso? Ni cagando dejes que te reduzcan el sueldo"

VERLE EL OJO A LA PAPA

tener por fin sexo; lograr la relación sexual; satisfacer la necesidad sexual con otro; cf. tirar, hacerlo, dar agüita, echar cachita, culiar, matar la gallina, botar el diente, no verle el ojo a la papa.

"oiga, comadre, supongo que usted le ve el ojo a la papa de ves en cuando, ¿no?"
"-y, compadre, ¿cómo le fue el fin de semana? ¿Le vio el ojo a la papa o no le vio el ojo a la papa?"
"en cana, los reos sueñan con verle el ojo a la papa"
"amigui, hace meses que no le veo el ojo a la papa; préstame al Rodrigo ¿ya?"

VERLE LAS HUEVAS

pretender engañar; creer otro que uno es ignorante o ingenuo; tomar por idiota al otro; pretender abusar impunemente; engañar; estafar; embaucar; hacer tonto a alguien; pasar a llevar; cf. hacer huevón, verme las huevas, huevas, vérselas.

"¿me habrán visto las huevas acaso? Por supuesto que no pienso prestarles el auto, si ni siquiera tienen licencia de conductor"
"claro que no voy a pagar cinco mil pesos por el lavado de mi auto ¿Es que me han visto las huevas?"
"¿me has visto las huevas acaso? Por supuesto que no voy a aumentar mi cuota del seguro; firmamos un contrato por un monto fijo"
"¿te han visto las huevas acaso? No, amigui, ni cagando dejes que te reduzcan el sueldo"
"propongo que cada vez que un vehículo pague por usar una vía pública, aparezca en una pantalla gigante una foto con unas enormes huevas… Porque es un hecho que alguien se las está viendo al conductor cada vez que le cobran"

Vérselas

pretender engañar; creer poder engañar; tomar a alguien por tonto; pretender abusar impunemente; abusar; cf. me has visto las pantorrillas, me has visto las canillas, verle las pelotas, verle las huevas.

"¿acaso me las has visto?"
"ese cree que me las ha visto"
"¿es que te las han visto acaso? No dejes que te atropellen así. Si siguen pidiéndote trabajo irremunerado los fines de semana, mándalos a la cresta"

Ww

WENDY

bueno; delicioso; atractivo; sexualmente apetitoso; cf. cosita, rico.

"lorea la mina pa' wendy esa"

"oye, Carmen, está harto wendy tu vecinito del frente, ah"

"en el barrio Estación Central encontramos un restaurante lo wendy; comida casera pa' chuparse los dedos; se llama El Pernil de Venus"

Yy

YEGUA

que causa problemas o dificultades a otros; arpía; lo dice más bien una mujer de otra; cf. peuca, vaca, perra, bruja.

"la jefa es una yegua, nos hace llegar cinco para las ocho y nunca podemos salir antes de las cinco y media"

YUMBINA

afrodisíaco femenino; afrodisíaco; de acuerdo a cierta mitología popular chilena, la yumbina se le da a las vacas para estimular su pareo con el toro y cuando se le da a las mujeres, éstas se vuelven locas de excitación sexual.

"parece que el marido le daba yumbina, porque tuvieron quince hijos"

"consíguete yumbina y le ponemos a la coca-cola de las minas en la fiesta…"

"la Tere parece que toma cereales de yumbina al desayuno; cómo será de seca pa' la cama que le dicen la camboyana"

"-Profe, ¿existe la yumbina o es puro mito no más? -Sí, Pedrito, existe. Es el extracto de la corteza del árbol africano de la yohimba y es un afrodisíaco tradicional de África occidental"

Zz

ZAMBA CANUTA
alboroto; agitación; escándalo; cf. zafarrancho, quedar la zamba canuta.

"quedó la zamba canuta el otro día en la casa de la Nacha; parecía orgía romana la huevá"

ZAPATEAR
ser infiel; engañar; cf. gorrear, poner el gorro, zapatear la nuca.

"la mujer del ciego es buena pa' zapatear"
"la vi en el centro; andaba con su jefe; parece que andaba zapateando porque se cortó entera"

ZAPATEAR LA NUCA
ser infiel; engañar; cf. poner el gorro, zapatear.

"parece que la María le está zapateando la nuca al Manuel"
"pa' mí que la vecina le zapatea la nuca a su marido con el conserje"

ZORRA

vagina; vulva; entrepierna; sexo femenino; cf. poto, champa, concha, chucha, choro, chorito.

"mi amor, póngase calzones que se le ve la zorra sentada mirando la tele"
"-Profesor, por qué se dice zorra por... bueno usted sabe... -Supongo que es por la forma y aspecto del hocico y rostro del animal, Andreita..."

ZORRA

mujer ingeniosa; mujer engañosa; mujer artificiosa; cf. yegua, vaca, peuca, perra.

"bien zorra tu amiguita; descubrió solita el secreto de la fortuna de la familia"
"es zorra la vecina; con sus intrigas, ella controla todo el vecindario"

ZORRA

escándalo; confusión; caos; pelea; cf. cagada, crema, escoba, quedar la zorra.

"se armó la zorra en la oficina el otro día. Llegó un gil de impuestos internos y el jefe se agarró a combos con el sujeto. Tuvieron que separarlos las secretarias"
"-¿viste la zorrita en el programa de anoche? -No ¿qué pasó? -Agárrate. La Angélica Olé Valí se sacó la blusa y mostró sus tetas a las cámaras y la Geisha Chanquina se le tiró encima con sus garras abiertas; entretanto, la Ceci Reloco le repartía patadas a la Patita Maldotado. La zorra, amigui, la zorra"
"Profesor, ¿por qué se dice zorra por alboroto? ¿Qué tiene que ver la... bueno, usted sabe, con un alboroto? -Es cierto que suena obsceno, pero el origen puede ser otro, una alegoría campestre. Cuando la zorra se acerca al gallinero, el cacareo y alboroto que se produce es tremendo; realmente se arma una zorra ahí adentro..."

ZORRUDO

suertudo; afortunado; exitoso; se dice en general del hombre afortunado o exitoso; cf. cuevudo, rajudo, zorra.

"el Manuel es un zorrudo de mierda: primero heredó la casa de Isla Negra de su abuelita, después se ganó un auto en un sorteo de su tarjeta de crédito y ahora un tío le dejó una parcela en el Cajón del Maipo"

ZUMBA

castigo; golpiza; derrota; cf. tanda, zurra, zumbar.

"Pedrito se llevó una zumba por perder la plata"
"zumba total: Brasil cuatro, Chile cero"

ZUMBA

fornicación; coito; cf. flete, tanda, castigo, dar zumba, zumbar.

"todas las noches la misma historia: zumba en el departamento de arriba"

ZUMBAR

castigar; golpear; flagelar; cf. fletar, zurrar, lumear, huasquear, dar huaraca, dar zumba.

"lo zumbaron a ese boxeador"
"el marido la zumbaba todos los viernes cuando llegaba curado a la casa, hasta que la mina se cabreó y le plantó un cuchillazo en pleno pecho; salió libre al tiro porque fue en defensa propia"

ZUMBAR

desvirgar; tener coito; fornicar; cf. fletar, dar tanda, dar camote, lumear, castigar, dar huasca, dar huaraca, dar zumba.

"estábamos zumbando de lo lindo en plena luna de miel, cuando no se nos manda el catre abajo; fue el orgasmo más profundo de mi vida"

II
PERSONAJES Y QUERELLAS DE LA FAUNA CHILENA

Nota

En la lista que sigue se incluyen algunas caracterizaciones humanas típicas y en circulación en Chile. Muchas se encuentran en el compendio central. Se trata de categorías populares de uso corriente, generalmente censuradas como "vulgares" o "extremadamente vulgares." Sin embargo, son, al igual que buena parte de las expresiones del glosario central, "groserías" empleadas por todos diariamente, en su momento, en el Chile de hoy. Las expresiones de esta lista son "apelativos categóricos", el nombre que le damos a las caracterizaciones que hacemos de los individuos que nos rodean en el mercado de las clasificaciones populares cargadas de intención. El uso que tienen estos apelativos categóricos es el de la imputación, del elogio o insulto calificados, de la caracterización de personalidad, de la identificación o de la exclusión, de la aceptación o el rechazo, en general, de la inclusión categórica con valor social. Aquí encontramos, personalizadas, alabanzas, aclamaciones, adulaciones, celebraciones corrientes, y también, y más típicamente, cargos ordinarios, acusaciones, imputaciones, incriminaciones, reproches de todo tipo, querellas populares que se ventilan por doquier y a diario en las cortes de la selva chilena actual.

Como se apreciará, muchas veces hay caracterización específica por aparente gradación. Así, por ejemplo, está el "huevón", el "huevón tranquilo", el "huevón choro", el "huevón de mierda" y el "huevón culiado". Más allá de ser tipos de huevones, estos compuestos representan tipos humanos particulares, caracterizaciones o acusaciones independientes entre sí.

No se intenta aquí exponer todas las combinaciones, que es tarea, en principio, imposible, sino unas pocas imputaciones frecuentes y típicas que ofrecen una muestra del gustillo local por la apelación categórica. Como el nativo podrá apreciar, la escala de intensidad anterior es característica -una suerte de declinación de los apelativos.

Un par de notas para la sintaxis de estos compuestos: "Huevón" puede ser núcleo de todos los personajes formados a partir de sustantivos, adjetivos, participios y frases preposicionales (e.g. "un ladrón", "un huevón ladrón"; "un cagado", "un huevón cagado"; "una loca", "una huevona loca"), formando así un nuevo personaje. Especificadores como "culiado" y "de mierda", se pegan a cualquier personaje, formando un nuevo personaje. Cuando ambos especificadores se pegan a un mismo personaje, o núcleo, su orden acuñado es el expuesto (e.g. "un ladrón", "un ladrón culiado", "un ladrón de mierda", "un ladrón culiado de mierda") Esto último, sumado a lo anterior, resulta en secuencias como "un huevón ladrón culiado de mierda". Hay ciertas preferencias establecidas sobre estas especificaciones para producir los personajes y querellas del caso y se anotarán las más obvias en la muestra. La lista de especificadores es abundante y creciente e incluye, además de los mencionados, "concha de su madre", "mala onda", "cagado", "sinvergüenza", "roto", "hijo de puta", "chucheta", "cabrón", "maraco", "con cueva", "puta", "conchudo", "bueno para nada", "rajado", "chupapatas", "enrollado", "sobrado", entre incontables otros.

Sobre las reglas sintácticas de fondo, éste no es el lugar para su desarrollo. Su formulación apunta a los principios de generación infinita en la composición apelativa categórica en general. Se trata de principios de formación que organiza bastante más que el material de esta fauna. En líneas generales, la colocación observa la siguiente jerarquía, en la que el núcleo lo ocupa el elemento con la categoría más "a la izquierda", en la representación lineal estándar: sustantivo, adjetivo, participio, frase preposicional. En nuestra muestra, por ejemplo, una secuencia aceptable es "huevón ladrón maricón culiado sinvergüenza de mierda", y no, por ejemplo, "culiado ladrón huevón maricón de mierda sinvergüenza" (!*) Sin embargo, lo que en un contexto dado ocupe el lugar del núcleo no es asunto predecible en términos superficiales, guiándose por el significado o el contenido de las palabras. Así, por ejemplo, si estoy hablando de un "huevón" puedo calificarlo de "rasca" obteniendo un "huevón rasca", que es frase acuñada; pero si estoy hablando de un "rasca" puedo calificarlo de "huevón" obteniendo la frase no acuñada de "rasca huevón". En el primer caso estoy hablando de un tipo de huevón, en el segundo, de un tipo de rasca. En el primer caso tenemos un personaje, especie estable de la fauna; en el segundo, tenemos un animalillo esporádico, creado para la ocasión. En el primer caso tenemos una querella calificada en los códigos de la ley de la selva chilena; en el segundo, una imputación fugaz.

Un par de aclaraciones: Estos nombres aparecen aquí con el artículo indefinido "un", como en "un volado", "un punga", "un chuchetas", etc. Esto los distingue de la determinación por el artículo definido ("el volado", "el punga", etc.) El indefinido es la forma típica del uso categórico de estos apelativos en la caracterización humana: "el Manuel es un huevón de mierda", "has lo que quieras, José, pero no te transformes en un pelusa bueno para nada", "ojo, hay un pato malo en la esquina". Además, estas caracterizaciones son un grupo especial de nombres, aparte de, por ejemplo, los nombres de oficios, como "carpintero" y otras calificaciones, como "inmoral." El uso del indefinido en los contextos de caracterización humana es el criterio seguro de que se trata de un apelativo categórico: con el indefinido se acusa a alguien de ser algo, o se insulta a alguien por ser algo, o se estigmatiza a alguien de un modo, o se pondera a alguien específicamente.

Por último, el género masculino se emplea en el entendido que éste es, en general, neutro con respecto a los sexos. La mayoría de los apelativos aplica a ambos sexos, a menos que el uso del femenino señale lo contrario.

No se han incluido apelativos categóricos menos exclusivos de Chile, como "un político", "un visionario", "un zorro", que extenderían la muestra demasiado y le restarían el sabor local que se pretende.

PERSONAJES Y QUERELLAS

una alimaña
una arpía
una bala (ambos sexos: "la María es una bala en álgebra", "Manuel es una bala")
una beata (una beata de mierda)
una bestia (ambos sexos)
una bruja
una buena mujer
una cartucha (una huevona cartucha)
una cartuchona
una cosita rica
una china
una chula
una dama (toda una dama)
una gata fiera
una fiera

una india (una india de mierda)
una india fiera
una loca
una mala mujer
una mierda (ambos sexos)
una mina
una mina buena
una mina cartucha
una mina de lujo
una mina más o menos
una mina rica
una monja fea
una mujer de armas tomar
una mujer esforzada
una mujer honrada
una mujerzuela
una patín
una puta
una puta caliente
una puta de mierda
una rubia despampanante
una santa
una señorita decente
una vieja
una viaja cagüinera
una vieja con bigotes
una vieja culiada
una vieja de mierda
una vieja fea
una vieja metete
una vieja pesada
una vieja sapa
una yayita
una yegua loca

un aguafiestas
un amarrete (un huevón amarrete)
un amigo de sus amigos
un angelito
un apretado (un huevón apretado)
un aprovechador
un arrastrado (un arrastrado de mierda)
un arribista (un arribista de mierda)
un as del volante
un baboso
un barrero
un barsa
un bicho raro
un blufero
un bolsero
un borracho
un buen amigo
un buen chato
un buen hombre
un bueno para nada
un buitre
un burro
un caballero (todo un caballero)
un caballo loco
un cabezón
un cabrón
un cachero (un huevón cachero)
un cacho
un cachurero
un cafiche
un cagado (un huevón cagado)
un caliente (un caliente de mierda)
un caluga (un huevón caluga)
un callejero

un camorrero
un canchero (un huevón canchero)
un capo (un huevón capo)
un cara de raja (un huevón cara de raja)
un cargante
un carrilero (un huevón carrilero)
un cartucho (un huevón cartucho)
un cascarrabias
un caso perdido
un cerdo
un cero a la izquierda
un clasista (un clasista de mierda)
un coimero
un comecura
un comilón
un concha 'e su madre
un conchudo
un corrido (un huevón corrido)
un creído (un huevón creído)
un cuatiquero
un cuentero
un cuevudo
un culiado de mierda
un curado
un curahuilla
un cura marica
un chalado
un chancho (un chancho de mierda)
un chiflado (un huevón chiflado)
un chiste
un chivero (un huevón chivero)
un choro (un huevón choro)
un chuchetas
un chueco (un huevón chueco)

un chulo (un huevón chulo)
un chupamedias
un chupapatas
un dejado
un desastre
un despelotado
un despistado
un diablo
un don nadie
un engrupidor
un enano maldito
un esperpento
un farrero
un farsante
un fijado (un fijado de mierda)
un filete
un fleto
un fracaso
un fresco
un fresco de raja
un ganso
un garabatero (un garabatero de mierda)
un gil (un huevón gil)
un goleador
un gorrero (un huevón gorrero)
un gozador
un grosero (un huevón grosero de mierda)
un grupiento (un huevón grupiento de mierda)
un guatón
un guatón culiado
un guatón pesado
un guatón simpático
un hijito de su papá
un hijo de puta

un hinchabolas
un hinchahuevas
un hinchapelotas
un hombre de palabra
un hombre de pelo en pecho
un hombre esforzado
un hombre fiel
un hombre hecho y derecho
un hombre honesto
un hombre trabajador
un hocicón (un hocicón de mierda)
un huaso (un huaso de mierda)
un hueviador
un huevón
un huevón buena onda
un huevón cagado
un huevón cartucho
un huevón culiado
un huevón choro
un huevón chucheta
un huevón de mierda
un huevón mala leche
un huevón ordinario
un huevón ordinario de mierda
un huevón peliento
un huevón peliento de mierda
un huevón rasca
un huevón siútico
un huevón siútico de mierda
un huevón tranquilo
un jaibón
un jetón
un lacho
un ladilla

un ladrón (un ladrón de mierda)
un lameculos
un lanza
un latoso
un loco del volante
un loro
un lunático
un llorón
un maestro chasquillas
un malandrín
un malandro
un maletero (un huevón maletero)
un maluco (un huevón maluco)
un mandón (un huevón mandón)
un manitos de hacha
un manitas largas
un maraco
un maricón (un maricón de mierda)
un marihuanero
un marullero
un mata'e huevas
un mateo (un huevón mateo)
un mijito rico
un milico cuadrado
un milico culiado
un minón
un mirón
un mocoso (un mocoso de mierda)
un mono
un mosquita muerta
un mugriento (un mugriento de mierda)
un ñato cualquiera
un narigón
un pacato (un huevón pacato)

392

un paco buena onda
un paco culiado
un paco maricón
un pajarito
un pajarón
un pajero (un huevón pajero)
un paleta (un huevón paleta)
un paltón (un huevón paltón)
un pan de Dios
un patudo (un huevón patudo)
un pasado pa' la punta (un huevón pasado pa' la punta)
un patán (un huevón patán de mierda)
un patero (un huevón patero)
un patiperro
un pechador (un pechador de mierda)
un pechoño
un pedigüeño (un huevón pedigüeño)
un pelador (un pelador de mierda)
un pelotas
un pelotudo
un peliento (un huevón peliento de mierda)
un pelusa
un pendejo (un pendejo de mierda)
un peorro
un perico cualquiera
un personaje (todo un personaje)
un pesado (un huevón pesado)
un pez gordo
un picado (un huevón picado)
un picado de la araña
un picante (un huevón picante)
un pichicatero
un pije (un pije de mierda)
un pillo (un huevón pillo)

un pinganilla
un plato
un pobre diablo
un pobre huevón
un poto loco
un punga (un huevón punga)
un puta madre
un quebrado (un huevón quebrado)
un quedado (un huevón quedado)
un quemado (un huevón quemado)
un quitado de bulla (un huevón quitado de bulla)
un rajadiablos
un rajado (un huevón rajado)
un rayado (un huevón rayado)
un reculiado de mierda
un renacuajo
un resentido (un huevón resentido de mierda)
un reventado
un reverendo idiota
un roble
un ropero
un rosquero
un roto (un roto de mierda)
un sabelotodo
un sabihondo
un sabio
un sangre de pato (un huevón sangre de pato)
un santo
un sapo (un huevón sapo)
un siútico (un siútico de mierda)
un sobrado (un huevón sobrado)
un soplón (un soplón de mierda)
un suertudo (un huevón suertudo)
un taimado (un huevón taimado)

394

un tal por cual
un taquillero (un huevón taquillero)
un tipo encachado
un tipo mala leche
un tonto fome
un tonto grave
un tonto útil
un tronco
un vaca (un huevón vaca)
un vago (un vago de mierda)
un vendido
un viejo
un viejo culiado
un viejo huevón
un viejo de mierda
un viejo verde
un vivaracho (un huevón vivaracho)
un zángano
un zorrudo (un huevón zorrudo)

www.ingramcontent.com/pod-product-compliance
Lightning Source LLC
Chambersburg PA
CBHW071220290326
41931CB00037B/1475